ENZYKLOPÄDIE
DEUTSCHER
GESCHICHTE
BAND 17

ENZYKLOPÄDIE
DEUTSCHER
GESCHICHTE
BAND 17

HERAUSGEGEBEN VON
LOTHAR GALL

IN VERBINDUNG MIT
PETER BLICKLE,
ELISABETH FEHRENBACH,
JOHANNES FRIED,
KLAUS HILDEBRAND,
KARL HEINRICH KAUFHOLD,
HORST MÖLLER,
OTTO GERHARD OEXLE,
KLAUS TENFELDE

DIE MITTELALTERLICHE KIRCHE

VON
MICHAEL BORGOLTE

2. Auflage

R. OLDENBOURG VERLAG
MÜNCHEN 2004

Bibliografische Information der Deutschen Bibliothek
Die Deutsche Bibliothek verzeichnet diese Publikation in der Deutschen
Nationalbibliografie; detaillierte bibliografische Daten sind im Internet
über <http://dnb.ddb.de> abrufbar.

© 2004 Oldenbourg Wissenschaftsverlag GmbH, München
Rosenheimer Straße 145, D-81671 München
Internet: http://www.oldenbourg.de

Das Werk einschließlich aller Abbildungen ist urheberrechtlich geschützt. Jede
Verwertung außerhalb der Grenzen des Urheberrechtsgesetzes ist ohne Zustimmung des Verlages unzulässig und strafbar. Das gilt insbesondere für Vervielfältigungen, Übersetzungen, Mikroverfilmungen und die Einspeicherung und Bearbeitung in elektronischen Systemen.

Umschlaggestaltung: Dieter Vollendorf
Umschlagabbildung: Darstellung der Confessio im Fuldaer Sakramentar von ca. 975. Niedersächsische Staats- und Universitätsbibliothek, 2° Cod. Ms. theol. 231, fol. 187r
Gedruckt auf säurefreiem, alterungsbeständigem Papier (chlorfrei gebleicht)
Gesamtherstellung: R. Oldenbourg Graphische Betriebe Druckerei GmbH, München

ISBN 3-486-20026-7 (brosch.)

Vorwort

Die „Enzyklopädie deutscher Geschichte" soll für die Benutzer
– Fachhistoriker, Studenten, Geschichtslehrer, Vertreter benachbarter Disziplinen und interessierte Laien – ein Arbeitsinstrument sein, mit dessen Hilfe sie sich rasch und zuverlässig über den gegenwärtigen Stand unserer Kenntnisse und der Forschung in den verschiedenen Bereichen der deutschen Geschichte informieren können.

Geschichte wird dabei in einem umfassenden Sinne verstanden: Der Geschichte der Gesellschaft, der Wirtschaft, des Staates in seinen inneren und äußeren Verhältnissen wird ebenso ein großes Gewicht beigemessen wie der Geschichte der Religion und der Kirche, der Kultur, der Lebenswelten und der Mentalitäten.

Dieses umfassende Verständnis von Geschichte muß immer wieder Prozesse und Tendenzen einbeziehen, die säkularer Natur sind, nationale und einzelstaatliche Grenzen übergreifen. Ihm entspricht eine eher pragmatische Bestimmung des Begriffs „deutsche Geschichte". Sie orientiert sich sehr bewußt an der jeweiligen zeitgenössischen Auffassung und Definition des Begriffs und sucht ihn von daher zugleich von programmatischen Rückprojektionen zu entlasten, die seine Verwendung in den letzten anderthalb Jahrhunderten immer wieder begleiteten. Was damit an Unschärfen und Problemen, vor allem hinsichtlich des diachronen Vergleichs, verbunden ist, steht in keinem Verhältnis zu den Schwierigkeiten, die sich bei dem Versuch einer zeitübergreifenden Festlegung ergäben, die stets nur mehr oder weniger willkürlicher Art sein könnte. Das heißt freilich nicht, daß der Begriff „deutsche Geschichte" unreflektiert gebraucht werden kann. Eine der Aufgaben der einzelnen Bände ist es vielmehr, den Bereich der Darstellung auch geographisch jeweils genau zu bestimmen.

Das Gesamtwerk wird am Ende rund hundert Bände umfassen. Sie folgen alle einem gleichen Gliederungsschema und sind mit Blick auf die Konzeption der Reihe und die Bedürfnisse des Benutzers in ihrem Umfang jeweils streng begrenzt. Das zwingt vor allem im darstellenden Teil, der den heutigen Stand unserer Kenntnisse auf knappstem Raum zusammenfaßt – ihm schließen sich die Darlegung und Erörterung der Forschungssituation und eine entsprechend gegliederte Auswahlbibliographie an –, zu starker Konzentration und zur Beschränkung auf die zentralen Vorgänge und Entwicklungen. Besonderes Gewicht ist daneben, unter Betonung des systematischen Zusammenhangs, auf die Abstimmung der einzelnen Bände untereinander, in sachlicher Hinsicht, aber auch im Hinblick auf die übergreifenden Fragestellungen, gelegt worden. Aus dem Gesamtwerk lassen sich so auch immer einzelne, den jeweiligen Benutzer besonders interessierende Serien zusammenstellen. Ungeachtet dessen aber bildet jeder Band eine in sich abgeschlossene Einheit – unter der persönlichen Verantwortung des Autors und in völliger Eigenständigkeit gegenüber den benachbarten und verwandten Bänden, auch was den Zeitpunkt des Erscheinens angeht.

Lothar Gall

Inhalt

Vorwort des Verfassers 1

I. Enzyklopädischer Überblick

   A. Grundlagen
      1. Mission und Bistumsorganisation 3
      2. Könige, Fürsten und Ratsobrigkeiten in der
         Leitung der Kirche 18
      3. Klerus und Laien 33

   B. Lebenskreise der Kirche
      1. Bischöfe und Domkapitel 38
      2. Regularkanoniker und Kollegiatstifte 47
      3. Das kirchliche Leben auf dem Lande und in
         der Stadt 51

II. Grundprobleme und Tendenzen der Forschung

   A. Grundprobleme
      1. Kirchengeschichte im Spannungsfeld von
         Glauben und Wissenschaft 61
      2. Verfassungs- und sozialgeschichtliche Zugänge zur
         deutschen Kirchengeschichte des Mittelalters 66
      3. Universalkirche und Partikularkirchen 70

   B. Tendenzen der Forschung
      1. Der institutionelle Rahmen
         1.1 Mission und Bistumsorganisation 76
         1.2 Königtum, Fürstentümer und Kirche 80
         1.3 Papsttum und Synoden 87
         1.4 Archidiakonate, Dekanate, Pfarreien und
            Eigenkirchen 95
      2. Die soziale Wirklichkeit
         2.1 Bischof und Domkapitel 102

2.2 Regularkanoniker und Kollegiatstifte 108
2.3 Niederklerus und Laien in Stadt und Land ... 113
2.4 Caritas und Stiftungswesen 119

III. Quellen und Literatur

Abkürzungen 123

A. *Quellensammlungen und Regesten* 123

B. *Literatur*
1. Allgemeines zur Kirchengeschichte 125
2. Handbücher, Lexika, übergreifende
   Darstellungen zur Kirchengeschichte 126
3. Bistumsgeschichten und Bischofsbiographien ... 128
4. Mission und Bistumsorganisation 129
5. Königtum und Episkopat 132
6. Landesherrliches Kirchenregiment und
   geistliche Fürstentümer im Spätmittelalter 136
7. Zum Verhältnis von Papsttum und deutscher
   Kirche 137
8. Bischof, Domkapitel und Partikularsynoden 138
9. Regularkanoniker und Kollegiatstifte 139
10. Der Landklerus 141
11. Klerus und Bürgerschaft............... 143
12. Bruderschaften, Caritas und Stiftungswesen 144

Register
1. Personen 147
2. Orte 151
3. Sachen 154

Themen und Autoren 157

Vorwort des Verfassers

Die Geschichte der „deutschen" Kirche des Mittelalters wurde bisher nur einmal auf so knappem Raum wie in diesem Buch dargestellt: durch Albert Werminghoff vor 85 Jahren. Im Unterschied zu Werminghoff, der eine verfassungsgeschichtlich-systematische Abhandlung bot, soll hier aber Forschung als Prozeß augenfällig werden, wie es der Konzeption der ganzen Reihe entspricht. Die Geschichte der Kirche wird also weniger erzählt – was in diesem Rahmen auch ganz unmöglich wäre – , als der Zugang zu ihr durch historische Längsschnitte und in Querschnitten durch die Forschungslage gewiesen. Ich habe mich darum bemüht, alle wichtigen Forschungstendenzen der gegenwärtigen deutschen Mediävistik zu berücksichtigen und in Zitaten auch selbst zu Wort kommen zu lassen. Gelegentliche Seitenblicke auf die Entwicklungen in unseren Nachbarländern sollen wenigstens den europäischen Horizont offenhalten. Nicht ganz verzichten wollte ich darauf, eigene Akzente zu setzen, doch habe ich meine Hauptaufgabe nicht darin gesehen, eine persönliche, d.h. stärker selektive Darstellung zu geben.

Trotzdem wird jeder Leser etwas vermissen, aber das kann bei einem Thema dieses Zuschnitts auch gar nicht anders sein. Ich möchte ausdrücklich darauf hinweisen, daß in anderen Bänden dieser Reihe verwandte Themen zur Sprache kommen, die deshalb hier ausgeklammert wurden. Besonders genannt seien die Beiträge von Matthias Werner über die religiösen Bewegungen, von Arnold Angenendt über die Formen der Frömmigkeit, von Wilfried Hartmann über den Investiturstreit und von Heribert Müller über die kirchliche Krise des Spätmittelalters. Größte Beschränkungen mußte ich mir im Literaturverzeichnis auferlegen. Man kann gewiß nicht sagen, daß hier „nur das Wichtigste" berücksichtigt wurde, da manches sehr Wichtige notgedrungen fehlt. Die Auswahl der Titel richtete sich danach, ob sie einen Forschungszweig repräsentieren und den Zugang zur aktuellen Diskussion bahnen können. Entsprechendes gilt für die Quellensammlungen und Regestenwerke.

Für einen intensiven Gedankenaustausch, der weit über das Vorhaben dieses Buchs hinausgegangen ist, danke ich herzlich dem verantwortlichen Herausgeber, Otto Gerhard Oexle. Zu danken habe ich auch dem Gesamtherausgeber Lothar Gall sowie dem Verlag für ihre Geduld mit dem Autor, der zeitweilig andere Arbeiten vorziehen mußte. Stefan Esders, Frank Rexroth, Michael Rothmann, Susanne Schäfer und Felicitas Schmieder gilt mein Dank für viele Gespräche und praktische Hilfen; dankbar erinnere ich mich heute auch an viele Studenten in Freiburg und Frankfurt, die durch ihre Aufmerksamkeit und Kritik manche Klärung des probeweise Vorgetragenen ermöglicht haben. Nicht zuletzt danke ich meiner Frau Claudia, die die Entstehung des Buches nicht erduldet, sondern – im Gegenteil – durch eigenes Engagement und historisches Verständnis gefördert hat.

Freiburg/Frankfurt am Main, Ostern 1991   Michael Borgolte

I. Enzyklopädischer Überblick

A. Grundlagen

1. Mission und Bistumsorganisation

Die Anfänge des Christentums reichen auf dem Boden des mittelalterlichen Reiches in die Römerzeit und in die Provinzen westlich des Rheins und südlich der Donau zurück. Nicht so sehr Soldaten als vielmehr zugewanderte Handwerker, Kaufleute und Beamte aus dem südlichen Gallien, aus Italien und dem Orient dürften die ersten Christen an der römischen Grenze gewesen sein. Vermutlich hatten sie sich zuerst in Vereinen zusammengeschlossen, trieben aber noch keine organisierte Mission. Für Mainz und Köln lassen sich gegen Ende des 2. Jahrhunderts schon christliche Gemeinden erschließen; sie standen vermutlich unter Presbytern oder Diakonen, da sich das Prinzip der bischöflichen Gemeindeleitung selbst im Mittelmeerraum erst um 200 n.Chr. durchsetzte. Zentrale Organisationsform des römisch geprägten Christentums wurde das Bistum mit einem festen Bischofssitz; dem Vorbild der Zivilverwaltung folgend, bildeten die Provinzen und *civitates* mit ihren jeweiligen Hauptorten das Schema kirchlicher Einteilung. Noch in vorkonstantinischer Zeit dürfte auch im später deutschen Gebiet der eine oder andere Bischofssitz entstanden sein. So ist in Trier, der Hauptstadt der Provinz Belgica I, die Bischofskirche wohl um 260/270 gegründet worden, und das spätere Trierer Suffraganbistum Metz wird in etwa die gleiche Zeit datiert. Im alpenländischen Binnen-Noricum wird im Kontext der Verfolgungen am Beginn des 4. Jahrhunderts ein Bischof für Poetovio (Pettau an der Donau) genannt. Als das Christentum die Gleichberechtigung mit anderen Religionen erlangt hatte (311/313), verbreitete es sich an Maas, Mosel, Rhein und Donau weiter, und zwar ohne wesentliche Stützung durch die staatliche Gewalt. Die kaiserlichen Opferverbote haben

Christianisierung der Provinzialrömer

Erste christliche Gemeinden

Erste Bischofssitze: Trier, Metz, Poetovio (Pettau)

aber sicher dazu geführt, daß der Glaube besonders in Armee und Beamtenschaft Anhänger gewann. Da das Christentum ursprünglich eine städtische Religion war, sind auf dem Lande zuerst die Großgrundbesitzer konvertiert, die zugleich Provinzial- oder städtische Beamte waren. In der Antike setzte die Bekehrung generell beim Einzelnen an. Nach der Lehre des Kirchenvaters Augustinus sollte sie freiwillig erfolgen und schon vor der Taufe innerlich vollzogen sein. War der Kandidat durch Predigen (*evangelizare*) zum Übertritt gewonnen, mußte er vor der Taufe noch den Katechumenat durchlaufen. Vorerst ist von einer eigentlichen Landmission in den Rhein- und Donauprovinzen nichts überliefert, auch wenn der Trierer Bischof Maximin (†346) die Priester der *vici* Kobern und Karden geweiht zu haben scheint.

Antike Missionsmethode

Als erster Bischofssitz im Rheinland ist Köln nachgewiesen (313 und 314); es folgen Mainz, Straßburg, Tongern (342/3/6), vielleicht zur gleichen Zeit auch Worms, Speyer, Kaiseraugst und Verdun, sowie etwas später Toul (um 400/450). Das um 500 gegründete Bistum Arras liegt außerhalb des späteren deutschen Reichsgebietes, doch wurde der Bischofssitz selbst noch vor 600 nach Cambrai diesseits der Reichsgrenze verlegt. Für Noricum und Raetien sind nach Poetovio bis zum 6. Jahrhundert Chur, Teurnia (St. Peter im Holz, bei Spittal), Lauriacum (Lorch), Aguntum (Stribach bei Lienz), Celeia (Cilli) und Säben sowie vielleicht Virunum (auf dem Zollfeld bei Klagenfurt) und Augsburg belegt. Sie lagen mit Ausnahme von Lauriacum allesamt im inneralpinen Gebiet, wo die römische Munizipalverfassung stärker ausgebildet war als im Alpenvorland. Im Vergleich mit den Hauptorten der zivilen und militärischen Verwaltung der Römer zeigt sich, daß keinesfalls jeder weltliche Hauptort auch eine gleichwertige kirchliche Stellung erhalten hat. Andererseits ist Sabiona (Säben), das in der römischen Administration von Raetia II keinen entsprechenden Rang hatte, zum Bischofssitz geworden.

Bistumsgründungen: Köln, Mainz, Straßburg

Norische und raetische Bischofssitze

Kaum erkennbar ist in spätrömischer Zeit die Ausbildung der Kirchenprovinzen. Der Metropolit von Lyon könnte Ende des 2. Jahrhunderts zugleich für die germanischen Provinzen amtiert haben, bevor die Bischöfe von Trier, Mainz, Köln und Besançon für ihre Provinzen (Belgica I, Germania I und II, Maxima Sequanorum) die Metropolitenwürde erlangten. In Trier scheint sich diese Rangerhöhung über einen längeren Zeitraum erstreckt zu haben (4.-6. Jahrhundert). Für die Bistümer in Raetien und Noricum kommen Mailand, Sirmium und Aquileia als Metropolen in Betracht;

Kirchenprovinzen in der Spätantike

1. Mission und Bistumsorganisation

einziger sicherer Anhaltspunkt für eine Provinzialgliederung dieser Gebiete in der Spätantike ist aber die Unterschrift des Bischofs von Chur in den Akten der Provinzialsynode von Mailand 451.
Die römische Herrschaft an Rhein und Donau endete Mitte/ Ende des 5. Jahrhunderts durch die Germaneneinfälle, die auch zu einer Repaganisierung führten. Dabei hatte die Christianisierung der Germanen selbst schon mehr als hundert Jahre zuvor und weitgehend auf dem Boden des römischen Reiches eingesetzt. Wieviele Germanen noch im Dienst des römischen Staates – in Verwaltung und Heer – Christen geworden sind, läßt sich allerdings kaum messen; gegen beträchtliche Erfolge der herkömmlichen Bekehrungsarbeit spricht eine Auswertung christlicher Grabsteine auf den Friedhöfen von Trier. Die eigentliche Germanenmission, die kirchengeschichtlich weithin als Anfangsepoche des Mittelalters überhaupt gilt, brachte einen grundlegenden Wechsel der Missionsmethode mit sich: An die Stelle der spontanen Mission trat die organisierte, die auf Kollektive statt auf Einzelne zielte, bei den Spitzen von Völkern, Stämmen und Sippen ansetzte und von dort „nach unten" weiterwirkte. Begründet war dies in der Struktur der abgelösten „Gentilreligionen" [H.-D. KAHL], denen die universalistische und zugleich individualistische Ausrichtung des Evangeliums ursprünglich fremd war. Da Adel und Königtum bei den heidnischen Stämmen eine besondere religiöse Stellung innegehabt hatten, mußte das Christentum durch die Germanen „zunächst als Adels- und Herrschaftsreligion aufgenommen und weitergegeben" werden [K. SCHÄFERDIEK]. Auf die Wortverkündigung kam es weniger an als auf den Beweis, daß Christus gegenüber den Stammesgöttern der Stärkere war; in der Zerstörung heidnischer Idole und Kultstätten praktizierten die Glaubensboten die „Tatmission". Mittelalterliche Bekehrungspraxis ließ dem Einzelnen also kaum Spielraum für eine eigene Entscheidung. Trotzdem dürfte „die augustinische Forderung des prinzipiell im letzten freien Taufentschlusses – unbeschadet aller Gewaltmaßnahmen gegen heidnische Tempel und Haine – bis tief ins Hochmittelalter hinein als kirchliche Norm festgehalten worden" sein [KAHL]. Die Taufe selbst, die nur noch durch reduzierte Belehrungen vorbereitet wurde, sah man als entscheidenden Zielpunkt missionarischer Arbeit an; sie wird in zeitgenössischer Überlieferung geradezu mit „zum Christen machen" umschrieben. Tatsächlich konnte ja auch nur der Getaufte die Sakramente empfangen, deren Heilswirkung wiederum seinen Glauben stärken würde. Die kirchliche „Nacharbeit", die erst allmählich das Chri-

Wandel der Missionsmethoden

stentum der konvertierten Völker und Gruppen festigte, stützte sich denn auch weniger auf Lehre und Verkündigung; „sondern das Mitleben mit der Kirche in langen Fristen, im Empfang der Eucharistie und der anderen Sakramente, im Mitfeiern der Feste, in der Bußdisziplin, der Heiligenverehrung, dem Beten für Lebende und Tote ließ die Getauften im Laufe der Jahre, vielleicht der Generationen, zu Christen werden wie alle anderen" [G. TELLENBACH].

Konversion der Ostgermanen

Der erste große germanische Stamm, der sich dem Christentum zuwandte, waren die Westgoten im Donau-Schwarzmeer-Raum. Die Westgoten nahmen im 4. Jahrhundert nicht das katholische, sondern das homöische (arianische) Bekenntnis an. Von ihnen gelangte das Christentum zu den anderen ostgermanischen Völkern (Ostgoten, Gepiden, Vandalen, Alanen, Rugiern, Herulern, Skiren, zeitweilig auch Burgundern, Spanien-Sweben und Langobarden), sei es schon im balkangotischen Raum, sei es durch innergermanische Weitergabe bei der Wanderung. Alle diese Stämme drangen in das untergehende Römerreich ein, und einige von ihnen errichteten auf ehemaligem Reichsboden eigene Staaten mit „Landeskirchen". Das homöische Christentum hatte bei den ostgermanischen Völkern zwar jahrzehntelang Bestand und reichte z.T. bis ins Mittelalter hinüber; auf lange Sicht erlag es jedoch politisch-militärischer Gewalt oder der größeren Attraktivität des Katholizismus. Von größter Bedeutung für die Geschichte Europas wurde die Glaubensentscheidung der Franken, eines westgermanischen Volkes. Ihre Christianisierung hatte, anders als diejenige der Westgoten an der Reichsgrenze im Osten, die Landnahme auf provinzialrömischem, und zwar gallischem Boden zur Voraussetzung. Am Weihnachtstag des Jahres 498 oder 499 ließ sich der salfränkische König Chlodwig in Reims durch den katholischen Bischof Remigius taufen, und diesem Beispiel sollen sogleich 3000 seiner Krieger gefolgt sein. Die Entscheidung Chlodwigs für die katholische Kirche war zwar nicht durch eine geschichtliche Erfahrung bei den Franken vorbereitet, sie wurde aber durch deren Berührung mit der gallischen Kirche nahegelegt. Der zweifellos lange und komplexe Prozeß der Christianisierung ging bei den Franken ohne schwere Erschütterungen und Widerstände vor sich: „A spiritual revolution was never in question" [J.M. WALLACE-HADRILL]. Der weiteren Ausbreitung des Katholizismus kam zugute, daß Chlodwig und seine Söhne ein fränkisches Großreich schufen, die Westgoten aus Gallien verdrängten, die Alemannen unterwarfen, die Reiche der Burgunder und der Thüringer beseitigten und sogar auf die römischen Provinzen Raetia

Christianisierung der Franken

1. Mission und Bistumsorganisation

II und Noricum übergriffen. Im Norden des Frankenreiches waren 561 noch die Friesen und die Sachsen unabhängig, im Osten die Slawen.

Die Kirchenorganisation im Frankenreich konnte nur noch teilweise auf der römischen Hinterlassenschaft aufbauen. Denn der Zusammenbruch der Provinzen und eine allgemeine Verarmung der Bevölkerung an den Grenzen hatte schwere Störungen des religiös-christlichen Lebens herbeigeführt, besonders bei den Großkirchen. Fast überall weisen die Bischofslisten für Jahrzehnte oder Jahrhunderte Lücken auf, die auf Unterbrechungen der Bischofsreihen selbst hindeuten. Lediglich in Trier war der Bischofsstuhl kontinuierlich besetzt. In Bayern waren binnen-norische Bistümer durch ihre Bischöfe noch am Ende des 6. Jahrhunderts belegt, dazu das Bistum Säben. Sie sind bald darauf eingegangen, weil ihnen der Rückhalt an der staatlichen Organisation fehlte, oder den Saweneinfällen zum Opfer gefallen, die sich schon gegen die im Lande siedelnden Bajuwaren richteten. Als einziges Bistum hat in Raetien und Noricum wohl Chur durchgehend bis ins Frühmittelalter existiert, während Säben wahrscheinlich zeitweise unterbrochen war. Anders als bei den rheinischen Bistümern, in denen im 6./7. Jahrhundert wieder Bischöfe bezeugt sind, wurde die raetisch-norische Bistumsorganisation mit Ausnahme von Chur und Säben vollständig vernichtet.

Störung des kirchlichen Lebens durch Germanen

Die Neugründung von Bistümern, die in fränkischer Zeit nötig wurde, erfaßte auch germanische Gebiete, die nur teilweise oder gar nicht unter römischer Herrschaft gestanden hatten. Das gilt schon für das um 600 errichtete Bistum Konstanz. Konstanz lag unmittelbar südlich von Bodensee und Rhein an der Stelle eines römischen Kastells. Sein Sprengel – später einer der größten im Reich – umfaßte stärker romanisierte, christianisierte und von der Kirchenorganisation erfaßte Gebiete südlich des Hochrheins sowie von den Römern schon im 3. Jahrhundert aufgegebene, wohl kaum missionierte Landschaften zwischen Oberrhein, Neckar und Iller. Im Laufe der Zeit wurde das Bistum deckungsgleich mit dem Herrschaftsbereich des Herzogs der Alemannen, der in Überlingen, in der Nähe von Konstanz, residierte. Neben dem Herzog dürfte auch der fränkische König Dagobert I. (623-639) an der Gründung beteiligt gewesen sein, das Bistum aus Königsgut dotiert und seine Grenzen wenigstens im Osten abgesteckt haben. Nach Norden zu waren die Grenzen noch jahrhundertelang offen. Die Ausdehnung des Bistums folgte hier sicher den Landerwerbungen der Bodensee-

Gründung des Bistums Konstanz

klöster St. Gallen und Reichenau, die mit dem Bischofssitz eng verbunden waren. Von Westen her drangen allerdings seit dem 7. Jahrhundert die alten rheinischen Bistümer vor und suchten die von ihnen missionierten Gebiete kirchenorganisatorisch zu erfassen. So riegelte im Nordwesten das fränkische Bistum Speyer eine weitere Expansion von Konstanz ab, während Straßburg noch Mitte des 8. Jahrhunderts die rechtsrheinische Ortenau an sich ziehen konnte. Über die Alemannenmission des 7. Jahrhunderts ist nichts Näheres bekannt.

Missionsbischöfe in Bayern: Rupert, Emmeram, Corbinian

Die Bayern wurden dem Christentum in mehreren Missionskampagnen gewonnen. Unsicher ist man über die Tragweite einer im 7. Jahrhundert vom burgundischen Luxeuil ausgehenden irischen Mission. Um 700 haben die drei Missionsbischöfe Rupert in Salzburg, Emmeram in Regensburg und Corbinian in Freising gewirkt. Alle drei Bischöfe galten später als Gründungspatrone ihrer Diözesen, doch waren sie tatsächlich Vorsteher kleiner Mönchs- oder Klerikergemeinschaften ohne festen Sprengel. Die wohl von ihnen und ihren Helfern ausgegangenen Missionsimpulse wurden durch frühe adlige Klostergründungen in Bayern ergänzt. In der mainfränkischen Herzogsresidenz Würzburg erlitt um 689 der irische Glaubensbote Kilian das Martyrium.

Noch unter den merowingischen Frankenkönigen besiegte deren Hausmeier Pippin der Mittlere, Angehöriger des künftigen Herrschergeschlechts der Karolinger, um 689/690 den Friesenfürsten Radbod; nachdem ältere, von Köln ausgegangene Missionsbemühungen keinen dauerhaften Erfolg gebracht hatten, leitete Pippin

Bekehrung der Friesen durch Willibrord

jetzt die endgültige Bekehrung der Friesen ein. Dabei verband er sich mit angelsächsischen Mönchsmissionaren, die – geprägt von der Geschichte der eigenen insularen Kirche – der universalmissionarischen Vision Roms anhingen. Pippins Partner in Friesland wurde der Northumbrier Willibrord. Für die Mission der Friesen stand Willibrord zunächst das *castrum* Antwerpen zur Verfügung; 695 wurde er in Rom zum Erzbischof der *gens Frisonum* geweiht, und wenig später erhielt er durch die fränkische Reichsgewalt das Kastell Utrecht als Bischofssitz zugewiesen. In Friesland sollte eine eigene Kirchenprovinz entstehen, die Rom direkt unterstellt würde. Damit schloß Willibrord „die fränkische Führung für den Gedanken einer kirchlich-institutionellen Beziehung zum römischen Stuhl" auf [W. H. FRITZE]. Allerdings konnte der Plan einer eigenen friesischen Kirchenprovinz nicht verwirklicht werden; durch einen erneuten Vorstoß der Friesen gegen die fränkische Herrschaft

1. Mission und Bistumsorganisation

715/16 brachen die schon geleisteten kirchlichen Aufbauarbeiten zeitweilig wieder zusammen. 719/22 wurde Utrecht zwar wiedererrichtet, jedoch nur als einfacher Bischofssitz. Personelle Basis für das Wirken Willibrords (†739) waren das von ihm im Moselgebiet gegründete Mönchskloster Echternach und das nach englischem Vorbild an der Martinskirche von Utrecht errichtete Domkloster. Beide Kommunitäten wurden offenbar anfangs mit Willibrords angelsächsischen Gefährten besetzt.

Wichtigster Nachfolger Willibrords in der von England ausgehenden Kontinentalmission wurde der Mönch Winfrid aus Wessex, der später den Namen Bonifatius erhielt. Ausgestattet mit einer Missionsvollmacht Papst Gregors II. und einem Schutzbrief des Hausmeiers Karl Martell vollendete der Angelsachse 723 die Mission im hessisch-thüringischen Grenzraum durch Fällung der Donar-Eiche zu Geismar. Als Kirchenorganisator erlangte Bonifatius eine noch größere Bedeutung denn als Missionar. Im Auftrag des Papstes und mit Zustimmung Herzog Odilos sowie der Großen des Landes errichtete Bonifatius 739 in Bayern eine Diözesaneinteilung, die in Grundzügen bis heute besteht. Er weihte Bischöfe für Regensburg, Salzburg und Freising, während er in Passau schon einen durch Papst Gregor III. konsekrierten Oberhirten vorfand. Alle vier Orte waren Herrschaftszentren, die auch für herzogliche Residenzen in Betracht gezogen wurden. Etwas später konnte der angelsächsische Erzbischof und päpstliche Legat in Hessen und Thüringen ebenfalls Bistümer errichten; wegen des Widerstandes des fränkischen Episkopats, besonders des Bischofs von Mainz, war er dafür auf die Unterstützung der Hausmeier Karl Martell (741) oder Karlmann (742) angewiesen. Im Hinblick auf die ausersehenen Plätze Erfurt, Büraburg und Würzburg äußerte Papst Zacharias 743 berechtigte Zweifel an der städtischen Struktur, die kirchenrechtlich vorgeschrieben war; doch handelte es sich jedenfalls um befestigte Orte im Besitz der fränkischen Reichsgewalt.

Mit dem Plan, im Frankenreich die Metropolitanorganisation wieder zu errichten, scheiterte Bonifatius trotz karolingischer Unterstützung am einheimischen, von adliger Lebensart geprägten Episkopat. Nachdem er 747/748 den Bischofsstuhl in Mainz bestiegen und seinen Schüler Lul zu seinem Nachfolger designiert hatte, ließ er Büraburg und Erfurt im Verband der Mainzer Diözese aufgehen; Bonifatius hatte somit alte Ansprüche der Mainzer Bischöfe auf die Missionsgebiete in Hessen und Thüringen selbst anerkannt. Der wohl für Erfurt geweihte Bischof Willibald konzentrierte sich nun

(Marginalien: Bonifatius; Diözesanbischöfe in Passau, Regensburg, Salzburg und Freising; Bistumsgründungen in Hessen und Thüringen)

Bischof Willibald von Eichstätt auf das gleichfalls von Bonifatius gegründete Kloster Eichstätt im bayerischen Nordgau. Durch Willibald (†787) entwickelte sich Eichstätt allmählich zu einem vollgültigen Bistum.
Bonifatius (†754) hatte bei der Christianisierung noch die Festlandssachsen aussparen müssen, die dem stammverwandten Angelsachsen besonders am Herzen lagen. Als Karl der Große dieses Werk in Angriff nahm, blieben die Angelsachsen daran führend beteiligt, auch wenn Mitarbeiter aus vielen Stämmen zu einer „Multinationalität der Glaubenspredigt" unter den Sachsen beitrugen [E. FREISE].
Bekehrung der Sachsen Im Unterschied zu früheren Missionskampagnen spielte Gewalt bei der Sachsenbekehrung eine herausragende Rolle. Die militärische Unterwerfung zog sich von 772 bis 804 hin; Karl glaubte, die Integration des widerspenstigen Stammes nur durch drakonische Strafen und strenge Gesetze sowie durch Zwangstaufen erreichen zu können. Mission stand also im Dienst der Politik, die Franken führten regelrechte „Missionskriege". Schon 776 und 777 fanden Massentaufen statt, und die Einteilung Sachsens in Missionssprengel sollte durch „Nacharbeit" die Bildung eigener Bistümer vorbereiten. Diese Missionsgebiete wurden 777/780 verschiedenen geistlichen Institutionen des Frankenreiches zur Betreuung übergeben, darunter besonders angelsächsisch geprägten Kirchen und Klöstern (Fulda, Würzburg, Amorbach, Neustadt, Echternach, Utrecht; ferner Lüttich). Wie und wann sich der Übergang zu regulären bischöflichen Diözesen vollzogen hat, ist im einzelnen schwer erkennbar **Bistümer Paderborn, Bremen, Verden, Minden, Münster, Osnabrück** und in der Forschung umstritten. Kaum haltbar ist die These, die sächsischen Bistümer Paderborn, Bremen, Verden, Minden, Münster und Osnabrück seien während des Aufenthalts Papst Leos III. bei Karl dem Großen 799 in Paderborn geschaffen worden. Man hat keine Diözesanerrichtung nach königlichem Dekret anzunehmen, sondern mit einem Verlauf zu rechnen, welcher der sehr unterschiedlichen Genese der späteren Bistümer angemessen war. Keiner der sechs Orte entsprach zwar einer *civitas,* doch rühmte eine zeitgenössische Quelle ihre natürlichen Vorzüge und ihre große Bevölkerungszahl. Die Plätze wurden wohl auch unter dem Aspekt der Suche nach leistungsfähigen geistlichen Gemeinschaften ausgewählt, die zu Domstiften aufsteigen konnten. Die Weihen der ersten Diözesanbischöfe konzentrierten sich um das Jahr 805, also gegen Ende der Sachsenkriege. Das System der sächsischen Bistümer **Entstehung weiterer sächsischer Bistümer** wurde in der Zeit von Karls Sohn und Nachfolger Ludwig dem Frommen ergänzt durch Halberstadt (814), Hildesheim (815) und Hamburg (831). Obwohl sich die Sachsen gegen die Unterwerfung

1. Mission und Bistumsorganisation

und Christianisierung durch die Franken hartnäckig gewehrt hatten, söhnten sie sich überraschend schnell, nämlich bis zum Ende des 9. Jahrhunderts, mit dem Sieger aus.

Die Zusammenfassung der Bistumsorganisation in Kirchenprovinzen, die Bonifatius noch mißglückt war, gelang ebenfalls unter Karl d. Gr. und Ludwig d. Fr. (Trier ca. 780, Mainz 782, Köln 795, Salzburg 798, Hamburg 832?). Problematisch war dabei, daß Hamburg zunächst keine Suffragane hatte und den Auftrag erhielt, die Mission bei Schweden, Dänen und Ostseeslawen, d.h. bei Völkern durchzuführen, die dem Reich nicht angehörten. Schon 847 wurde Bischof Ansgar durch die Dänen aus Hamburg vertrieben, doch konnte er dafür das vakante Bistum Bremen übernehmen. Durch päpstlichen Entscheid wurden Bremen und Hamburg endgültig 906/908 zu einer einzigen Diözese unter Hamburger Führung vereinigt.

<small>Kirchenprovinzen Trier, Mainz, Köln, Salzburg, Hamburg</small>

Nach der Christianisierung der Provinzialrömer und derjenigen der Germanen ist die Bekehrung der Slawen die dritte Missionswelle, die die deutsche Kirche im Mittelalter geprägt hat. Auch wenn die organisierte Slawenmission bis in die Mitte des 8. Jahrhunderts zurückreichte, wurde sie erst durch die Ottonenkönige vom werdenden deutschen Reich aus mit Nachdruck betrieben. Dabei ging die militärische Unterwerfung der Westslawen jenseits von Elbe und Saale der Bekehrung und der „Einkirchung" durch Bistumsgründungen voraus, und diese sollten wiederum die noch labile politische Expansion befestigen. Man spricht von „indirekten Missionskriegen" [C. ERDMANN]. Auch wenn das Herrscherethos jeden König des frühen Mittelalters zur Mission verpflichtete, qualifizierten bedeutende Christianisierungserfolge auch für das Kaisertum. So ist für Otto I. „der Bedingungszusammenhang zwischen Heidenkampf und -mission einerseits, der Kaiserwürde anderseits nach dem Vorbild des ersten Frankenkaisers nachweislich Richtschnur gewesen" [H. BEUMANN]. Die neu geschaffenen Bistümer wurden der Reichskirche unter großen Konflikten ein- und angegliedert, die besonders die Metropoliten entzweiten. 948 richtete Otto d. Gr. in Brandenburg und Havelberg Bistümer für die Wenden ein; im selben Jahr sind auch die ersten Bischöfe für Ripen, Schleswig und Aarhus belegt. Während diese drei Diözesen politisch zum Königreich Dänemark gehörten, wurden sie kirchlich dem Erzstuhl von Hamburg-Bremen unterstellt; dieser erhielt damit die kirchenrechtlich erforderlichen Suffragane. Brandenburg und Havelberg wurden dagegen der Mainzer Kirchenprovinz eingegliedert. Schon bei sei-

<small>Bekehrung der Slawen. „Indirekte Missionskriege" der Ottonen</small>

<small>Bistümer Brandenburg und Havelberg</small>

nen ersten Bistumsgründungen erbat und erlangte Otto die Zustimmung des Papstes. Mit Hilfe Roms, aber gegen den Widerstand des Erzbischofs von Mainz und des Bischofs von Halberstadt setzte Otto auch die Errichtung eines Erzbistums Magdeburg als Missionszentrale durch. In einem Mandat des Kaisers von 968 wurden Magdeburg alle Slawen östlich von Elbe und Saale zugewiesen, während Papst Johannes XIII. die Ausdehnung der neuen Kirchenprovinz dem weiteren Fortgang der Mission überließ. Zunächst wurden Magdeburg neben den neugegründeten Sorbenbistümern Merseburg, Zeitz und Meißen auch Brandenburg und Havelberg unterstellt. In Oldenburg (Holstein) entstand wohl 972 ein eigenes Missionsbistum für die Abodriten, das Hamburg zugeschlagen wurde. Noch unter Otto d. Gr. scheint auch ein Bistum für Prag beschlossen worden zu sein (973); erst 976/977 wurde aber der Sachse Thietmar zum ersten Bischof geweiht. Gleichzeitig ist auch ein Bischof für Mähren bezeugt, der entweder direkt oder durch Neugründung die Tradition der altmährischen Kirchenorganisation fortsetzte. Ein Bischofssitz ist in Mähren erst 1063 belegt (Olmütz). Beide Bistümer wurden der Mainzer Metropole unterstellt, die so für die Verluste an Magdeburg entschädigt wurde. Die Gründung des Bistums Prag darf freilich nicht allein aus der Perspektive des Reiches gesehen werden; an ihr war auch Herzog Boleslav maßgeblich beteiligt, der seinem Land eine eigene kirchliche Ordnung verschaffen wollte.

Unter den Nachfolgern Ottos d. Gr. stagnierte die Kirchenorganisation weitgehend, ja sie erlitt schwere Einbrüche. Otto II. bot 981 selbst die Hand zur Auflösung des Bistums Merseburg, die 1004 rückgängig gemacht wurde. Ein großer Slawenaufstand des Jahres 983 zerstörte die Wendenbistümer Brandenburg und Havelberg sowie das Domstift Oldenburg und löste einen allgemeinen Rückfall ins Heidentum aus. Weiter im Osten, bei Polen und Ungarn, etablierten sich damals eigene Kirchenordnungen. Die polnische Landeskirche mit Gnesen als Erzstift (1000) schränkte Magdeburgs Rolle in der Mission ebenso ein wie die ungarische (Gran 1001) diejenige Salzburgs und Passaus. Etwas später konzipierte Heinrich II. das von ihm gegründete Bistum Bamberg vielleicht als „zweite Slawenmetropole" nach Magdeburg [J. FRIED]. Bei der Abgrenzung der neuen Diözese mußte der Würzburger Oberhirte Einschränkungen hinnehmen; später fiel auch ein Teil des Bistums Eichstätt an Heinrichs Gründung. Papst Johannes XVIII. unterstellte Bamberg, das wie Würzburg zur Kirchenprovinz Mainz gehörte, seinem Schutz. Aus weiteren päpstlichen Auszeichnungen – der Verleihung des Pal-

1. Mission und Bistumsorganisation 13

liums (erstmals 1053) und der regelmäßigen Weihe durch den Papst (seit 1106) – wuchs Bamberg eine Sonderrolle zu, die im 13. Jahrhundert zur völligen Exemtion aus dem Mainzer Metropolitanverband führte.

Im Norden versuchte der abodritische Herrscher Gottschalk zusammen mit Erzbischof Adalbert von Hamburg-Bremen in den sechziger Jahren des 11. Jahrhunderts ein neues Bekehrungswerk; in Oldenburg, Mecklenburg und Ratzeburg, den politischen Zentren der Wagrier, Abodriten und Polaben, sollten christliche Kathedralen offenbar an die Stelle heidnischer Kultstätten treten, doch machte ein neuerlicher Aufstand des Jahres 1066 alles zunichte. Jegliches kirchliche Leben in den Slawenlanden zwischen Elbe und Peene war für mehr als acht Jahrzehnte erloschen; eine slawische Landeskirche, wie sie in Böhmen und Polen entstand, konnte im Abodritenland nie mehr errichtet werden. *Keine Landeskirche im Abodritenland*

Am Ende der Salierzeit umfaßte das Reich 42 Bistümer in sechs Kirchenprovinzen; zu externen Metropolitanbezirken gehörten ferner Cambrai (Reims), Basel (Besançon) und Trient (Aquileia). Vergleicht man die Menge der deutschen Bischofssitze mit dem halb so großen Frankreich (77) oder mit dem noch kleineren Italien (117), so zeigt sich eine geringe Dichte der kirchlichen Großorganisation. Die frühere und stärkere Urbanisierung der alten römischen Gebiete im Verhältnis zum freien Germanien hatte also dauernde Folgen für die Struktur der Bistumsorganisation im Mittelalter. Die Größe der deutschen Bistümer übertraf mit durchschnittlich 13000 km^2 diejenige der Nachbarländer um ein Vielfaches. Dazu kommt ein inneres Ungleichgewicht: ausgedehnten Diözesen wie Prag (52000 km^2), Salzburg (43000 km^2) oder Konstanz (36000 km^2) standen bescheidene Sprengel wie Verdun, Worms (je 3000 km^2) und Merseburg (2000 km^2) gegenüber. Als seit Beginn des 12. Jahrhunderts in Deutschland eine von Westen kommende Städtegründungswelle einsetzte, die die Siedlungsstruktur des Reiches tiefgreifend veränderte, blieb die Bistumsorganisation stabil. Im Spätmittelalter waren im Reich Städte ohne Bischof der Normalfall. *Geringe Dichte der Bistümer*

Die Bischofskirchen breiteten sich nur noch mit der Ostsiedlung weiter aus. Das Königtum hatte an dieser Entwicklung keinen Anteil mehr; der führenden Rolle der Fürsten an der Neukolonisation entsprechend, geriet der Ausbau der Bistümer in den Sog der Territorialisierung. Schon das 1140 geschaffene Bistum der Pommern, die durch den Bamberger Bischof Otto I. bekehrt worden waren (1124/5-1128), beruhte auf dem Herrschaftsgebiet der einheimi- *Ostsiedlung und Bistumsgründungen. Pommern (Kammin)* schen Herzöge. Kirchenrechtlich wurde das neue Bistum unter päpstlichen Schutz gestellt und den beiden konkurrierenden Metropolen Magdeburg und Gnesen entzogen; 1188 wurde es vollständig exemt. Zum Bischofssitz avancierte zunächst Wollin, ein wichtiges Fernhandelszentrum an der Küste, bevor um 1175 eine Verlegung nach Kammin, der Residenz des pommerschen Herzogs, erfolgte.

Ein dynamischer Faktor bei der Ausdehnung der Bistumsorganisation blieb der Erzstuhl von Hamburg-Bremen. Nach dem Mißerfolg von 1066 und der Konkurrenzgründung eines dänischen Erzbistums in Lund 1103/4 nahm die Hamburger Kirche seit dem zweiten Viertel des 12. Jahrhunderts Mission und Kolonisation zwischen Elbe und Peene auf. Erzbischof Hartwig I. erneuerte 1149 die Bischofssitze in Oldenburg und Mecklenburg, geriet darüber aber in *Bistumsgründun-* Streit mit dem Sachsenherzog Heinrich dem Löwen. Dieser plante *gen Heinrichs des* die vollständige Eingliederung des slawischen Küstenstreifens bis *Löwen* zu Peene und Oder in seinen Herrschaftsbereich und beanspruchte im selben Gebiet auch das Recht der Bischofsinvestitur für sich. In einem staufisch-welfischen Interessenausgleich gewährte Kaiser Friedrich I. dem Löwen 1154 das Recht, „in der Provinz jenseits der Elbe" Bistümer zu errichten und – in Vertretung des Königs – die Investitur zu erteilen. Zusammen mit Ratzeburg, das 1154 wiedererrichtet wurde, gab es nun drei Bistümer, die einem Landesfürsten unterstanden; dies war ein Novum in der Geschichte des Reiches. Im Jahr 1160 verlegte Heinrich Oldenburg nach Lübeck, Mecklenburg nach Schwerin; an die Stelle der alten slawischen Herrschaftsmittelpunkte traten deutschrechtliche Städte, die ihre Existenz bzw. ihren Status ebenfalls dem Welfen verdankten.

Reorganisation Ähnlich wie der Sachsenherzog hat sich sein Konkurrent Al-
Havelbergs und brecht der Bär um die Wiederherstellung untergegangener ottoni-
Brandenburgs scher Bistümer verdient gemacht. Beim Aufbau seiner eigenen Landesherrschaft, der Markgrafschaft Brandenburg, reorganisierte er die Bischofssitze Havelberg (1151) und Brandenburg (1161/65).

Im Zuge der Ostsiedlung griff die Mission ethnisch erneut aus und erfaßte die baltischen und ostsee-finnischen Völker. Diese Konversion unterschied sich aber in doppelter Hinsicht grundlegend von den älteren Werken der Bekehrung: Einmal dadurch, daß ihr von mehreren Ländern her Impulse zuflossen; zum andern durch ihre Verbindung mit dem Kreuzzugsgedanken, wie ihn besonders Bernhard von Clairvaux vor dem – mißglückten – „Wendenkreuzzug" von 1147 vertreten hatte. Bernhard hatte zum direkten Missionskrieg aufgerufen, dabei allerdings kaum speziell die Wenden

1. Mission und Bistumsorganisation

im Auge gehabt; seine unerbittliche Alternative „Vernichtung oder Bekehrung" „wollte er auf alles ohne Unterschied angewandt wissen, was an Heiden, wo auch immer, in der bezeichneten Richtung wohnte, bis zu den Enden der begrenzten Welt (...). Eine solche Konzeption bewaffneter Zwangsmission hatte vor 1147 theologisch wie kanonistisch als ungeheuerlich gegolten, wenn sie auch gelegentlich praktiziert worden war", und „blieb auch weiterhin, was den Hauptstrom kirchlicher Geistes- und Rechtsgeschichte angeht, unrezipiert" [KAHL]. Die Wirksamkeit des Kreuzzugsgedankens zeigte sich schon bei den ersten Bemühungen um die Christianisierung der baltischen Völker. Den französischen Zisterzienser Fulco, den Erzbischof Eskil von Lund vor 1167 zum Bischof der Esten geweiht hatte, unterstützte Papst Alexander III. 1171 mit einem Ablaß für alle Kämpfer gegen die heidnischen Esten, der demjenigen für die Pilger zum Heiligen Grab entsprach. Die etwas später einsetzende Mission der Liven bediente sich jedoch zunächst friedlicher Mittel. Der Chorherr Meinhard aus dem oldenburgischen Missionskloster Segeberg zog nach 1182, angeregt durch die Ostseefahrten Lübecker Kaufleute, an die untere Düna, errichtete eine Kirche in Üxküll und wurde 1186 durch den Erzbischof von Hamburg-Bremen zum ersten Bischof von Livland geweiht. Abgesehen von möglichen Absprachen mit seinen Ordensoberen und mit dem Bischof von Lübeck handelte es sich um eine Aktion aus „privater" Initiative. Der Widerstand der Liven nach Meinhards Tod (1196) veranlaßte jedoch seinen Nachfolger, den Zisterzienser Bernhard von Loccum, 1198 einen ersten Zug deutscher Kreuzfahrer nach Livland zu führen, bei dem er selbst den Tod fand. Der dritte Bischof, Albert, erschien im Jahr 1200 mit Missionaren, Kreuzfahrern und Kaufleuten an der Düna; im Laufe seines Episkopats gründete er Riga (1201), verlegte dorthin den Bischofssitz (1202) und errichtete eine bischöfliche Landesherrschaft. Ein alter Weggefährte Meinhards, Theoderich von Treiden, schuf 1202 den Schwertbrüderorden, der anstelle der dem Papst unterstehenden Kreuzfahrer eine eigene bischöfliche Streitmacht darstellen sollte. Als die Unterwerfung der Liven und Letten mit Hilfe des Schwertbrüderordens vollendet war, trug Bischof Albert sein Bistum König Philipp auf und nahm es von diesem zu Lehen (1207). Die gewaltsame Christianisierung der Esten führte sodann zur Gründung der Bistümer Leal (1211; seit 1224 in Dorpat) und Ösel-Wiek (1228). Die gleichzeitige Unterwerfung Semgallens und Kurlands wurde ebenfalls in Bistumsgründungen abgeschlossen (1218 bzw. 1232). Was die Bistümer

<small>Missionskriege im Baltikum</small>

<small>Christianisierung der Liven</small>

<small>Bistum Riga</small>

<small>Estnische Bistümer</small>

Livland (Riga) und Dorpat betrifft, so wurden 1225 die rechtlichen Bindungen an das Reich noch einmal intensiviert: beide wurden als Marken in den Reichsverband aufgenommen, die Bischöfe erhielten den Rang von Reichsfürsten.

Mission bei den Prussen

Bei der Christianisierung der Prussen, die zwischen Weichsel und Memel siedelten, gab es eine ähnliche Entwicklung wie in Livland. Der Zisterziensermönch und Missionar Christian, vielleicht aus dem Kloster Kolbatz in Pommern, wurde 1215 zum Bischof der Prussen geweiht und erzielte einige Erfolge bei der gewaltlosen Bekehrung. Nach einem Aufstand rief der polnische Herzog Konrad von Masowien 1225/26 den Deutschen Orden zu Hilfe, doch bevor dieser die Sicherung des Grenzlandes zu den Prussen übernahm, gründete Christian 1228 einen eigenen Ritterorden von Dobrin. Der Prussenbischof entschied sich also selbst für die bewaffnete Mission. Mit Hilfe des Deutschen Ordens konnte Preußen dann zwischen 1231 und etwa 1285 unterworfen werden. Bei der kirchlichen Organisation des Landes standen die Ansprüche Christians zunächst dem Streben des Deutschen Ordens nach Landesherrschaft entgegen, das sich auf Urkunden Kaiser Friedrichs II., des Herzogs von Masowien und des Papstes stützte. 1243 gelang es dem päpstlichen Legaten Wilhelm von Modena, unter Mißachtung Christians, die vier Bistümer Kulm, Pomesanien, Ermland und Samland zu circumscribieren. Das Land selbst teilte der Beauftragte Roms zu zwei Dritteln dem Orden und zu einem Drittel den Bistümern zu. Bischöfe und Deutscher Orden waren keiner weltlichen Herrschaft unterworfen, sondern selbst Landesherren. Da es dem Orden gelang, drei der vier Domkapitel zu inkorporieren (Kulm 1264, Pomesanien 1284, Samland 1285/94) und die Bischofsstühle weitgehend mit seinen Leuten zu besetzen, verstärkte sich seine Dominanz. Allerdings ist die landesherrliche Gewalt der Bischöfe rechtlich und auch faktisch keineswegs beseitigt worden. Im Jahr 1245 wurden die livländischen, estnischen und preußischen Bistümer unter der Leitung des Erzbistums Riga zu einer eigenen Kirchenprovinz zusammengefaßt. Der Erfolg der Zwangsmission bei den Prussen war jedoch von zweifelhafter Qualität. Das Heidentum behauptete sich in den Ländern an der östlichen Ostsee beharrlich und verschwand erst unter dem Einfluß von Reformation und Gegenreformation. In Heiligenkreuz (Samland) glaubte ein Pastor noch 1734 notieren zu müssen, daß es keine Heiden mehr gebe.

Errichtung von Bistümern durch den päpstlichen Legaten

Deutscher Orden und preußische Bistümer. Riga Erzbistum

Wie im Osten der Grenzen, so gab es auch innerhalb des Reiches Tendenzen, Bistümer zum Zweck der Landesherrschaft neu zu

1. Mission und Bistumsorganisation

gründen. Den Anfang machte der Erzbischof von Salzburg. Zu seiner Diözese gehörte Kärnten, das von seinem Sitz aus nur schwer erreichbar war, besonders im Winter. Deshalb richtete schon Erzbischof Gebhard 1070 mit Erlaubnis des Papstes ein eigenes Bistum in Gurk ein. Dem neuen Bischof wurde kein eigener Sprengel zugewiesen; er sollte vielmehr nur Vikar des Salzburger Erzbischofs sein. Auch König Heinrich IV. stimmte der Gründung 1072 zu. Papst und König verliehen dem Salzburger Erzbischof das Recht, den Gurker Bischof selbst zu wählen, zu ordinieren und zu weihen, der Salier verzichtete sogar auf die Investitur mit Ring und Stab. Damit hatte Salzburg gegenüber Gurk eine singuläre Rechtsstellung erlangt: dieses war ein Salzburger Eigenbistum. Auf dem Grund und Boden des Erzbistums konnte der Salzburger Oberhirte im Mittelalter noch drei weitere derartige Eigenbistümer errichten (Chiemsee, 1216; Seckau, 1218; Lavant, 1225).

Salzburger Eigenbistümer

In Böhmen hatten die Přemysliden schon seit dem 11. Jahrhundert die Schaffung eines eigenen Erzbistums angestrebt. Dieser Wunsch war um so dringender, als die Erringung der Königswürde seit 1085 den Fürsten dazu zwang, sich von einem landfremden Erzbischof krönen zu lassen. Erst Karl IV. gelang es jedoch 1344, Prag und Olmütz aus dem Mainzer Metropolitanverband zu lösen und Prag vom Papst zum Erzstift erheben zu lassen. Um Prag ein weiteres Suffraganbistum zu verschaffen, wurde gleichzeitig die Prämonstratenserabtei Leitomischl in Ostböhmen in einen Bischofssitz umgewandelt und territorial mit Dekanaten der Prager und der Olmützer Diözese ausgestattet. Karls Streben nach weiteren Bistümern war aber erfolglos; insbesondere gelang es ihm nicht, das schlesische Bistum Breslau, das politisch seit 1327 von Polen an Böhmen gekommen war, von der polnischen Metropole Gnesen zu trennen.

Prag Kirchenprovinz durch Karl IV.

Im Böhmen benachbarten Österreich hatten sich auch die Babenberger seit dem 12./13. Jahrhundert darum bemüht, ihre Landeshoheit durch Errichtung eines Bistums in der herzoglichen Residenzstadt Wien zu vollenden. Lange Zeit scheiterten derartige Pläne an dem zuständigen Diözesan in Passau bzw. an dem Metropoliten, dem Erzbischof von Salzburg. Erst der Habsburger Kaiser Friedrich III. konnte mit Hilfe des Papstes in Wien und 1469 gleichzeitig in Wiener Neustadt Bistümer errichten.

Friedrich III. und die Bistümer Wien und Wiener Neustadt

2. Könige, Fürsten und Ratsobrigkeiten in der Leitung der Kirche

Die moderne Trennung von Kirche und Welt war dem Mittelalter fremd. Kaiser und Könige, Fürsten und städtische Obrigkeiten beanspruchten und erhielten daher auch Anteil an der Leitung der Kirche. Andererseits wurde jede Art politischer Regierung religiös legitimiert. Eine besondere Stellung kam dem König zu. Er stand der Kirche nicht in einem spannungsreichen Verhältnis gegenüber, gehörte ihr aber auch nicht wie ein gewöhnlicher Laie an. Seine Position war sui generis, er stand zwischen Priesterschaft und Volk. Im Pontificale Romano-Germanicum findet sich für den frühmittelalterlichen Herrscher die treffende Bezeichnung *mediator cleri et plebis*. Die Regierung des Monarchen hatte, wie die Kirche selbst, einen religiösen Endzweck; jede Regierungshandlung war Gottesdienst, das Reich ein „Kirchenreich" [A. MAYER-PFANNHOLZ]. Im früheren Mittelalter war königliche Regierung „nicht bloß Gewinnung, Vermehrung und Behauptung von Macht (...), nicht bloß mehr oder weniger geplante und mehr oder weniger sittlich bestimmte Politik, sondern Schaffung von Ordnung in letztlich ungeteilter geistlicher und profaner Sphäre" [TELLENBACH]. Vornehmste Aufgabe des Königs war es, Frieden zu schaffen und zu erhalten. Regierung bestand aber geradezu in der Liturgie von Königswahlen, Königssalbungen und Königskrönungen, im Feiern hoher Feste, wie Weihnachten, Ostern und Pfingsten, an kirchlich hervorragenden Orten, im kirchlichem Zeremoniell bei Einzügen in Städte, Pfalze, Dome oder Klöster. Herrscherliche Urkunden wurden im Namen Gottes ausgestellt und nach den Jahren der Menschwerdung Christi datiert. Der ganze Lebensrhythmus des Hofes richtete sich am kirchlichen Festkalender aus.

Sonderstellung des Königs in der Kirche

Salbung und Krönung Der einzigartige sakrale Charakter des Königtums hat seine deutlichste Manifestation in der Salbung und Krönung beim Herrschaftsantritt gefunden. Nach dem Vorbild alttestamentlicher Könige galt der Monarch aufgrund der Weihe als *christus Domini*, als Gesalbter des Herrn. Unmittelbares Vorbild der Königssalbung waren wohl die Taufsalbungen, die Priester bzw. Bischof (Firmsalbung) zu vollziehen pflegten. Der Herrscher wurde wie ein Bischof mit Chrisam gesalbt und erhielt wie dieser Insignien, etwa Ring und Stab. Anders als dem Bischof wurde aber dem König in der Weihe selbst keine Weihegewalt verliehen, und diese ist von den Monar-

2. Könige, Fürsten und Ratsobrigkeiten in der Leitung der Kirche

chen des Mittelalters auch nicht beansprucht worden. Nachdem Salbung und Krönung beim westfränkischen Königtum schon Mitte des 9. Jahrhunderts gebräuchlich gewesen waren, wurde die Salbung im ostfränkisch-deutschen Reich zuerst im Jahr 911 an Konrad I. vollzogen. Seit Otto I. (936) wurden die deutschen Herrscher des Mittelalters in der Aachener Pfalzkapelle gekrönt und gesalbt (zuletzt Ferdinand I. 1531); als Koronator fungierte der Erzbischof von Köln (endgültig seit 1052). Otto I. hat auch die Tradition begründet, daß der deutsche König – und nur er – den Anspruch auf die Kaiserkrone erheben konnte; es war Ottos normsetzende Entscheidung, die Kaiserkrone in Rom und von der Hand des Papstes entgegenzunehmen. Bis Mitte des 15. Jahrhunderts ist es dabei geblieben, daß nur ein rechtmäßig gewählter und in Aachen gekrönter deutscher König in Rom Kaiser werden konnte. Auch wenn das Kaisertum das Prestige der Könige enorm steigerte, darf seine praktische Bedeutung nicht überschätzt werden; es gab dem König keine andere Rechtsstellung. Jeder christliche König des Mittelalters, nicht nur der Kaiser, galt als *defensor ecclesiae,* und *ecclesia* wurde dabei stets universal verstanden. [Aachen als Krönungsort] [Deutsches Königtum und Kaiserwürde]

Die Führungsrolle des Königs in der Kirche des ottonischen und frühsalischen Reiches drückte sich besonders in der maßgeblichen Mitwirkung an der Vergabe der Bischofsstühle aus, für die Kandidaten häufig aus der Hofkapelle bestellt wurden. Noch der Reichsbischof Thietmar von Merseburg (†1018) betonte energisch, daß das Recht zur Vergabe der Bistümer allein „unseren" Königen und Kaisern zukomme, „die auf unserer Pilgerfahrt als Stellvertreter für den höchsten Lenker bestellt sind; und nur sie stehen zurecht über allen Hirten, denn es wäre sehr unpassend, wenn Männer, die Christus um seinetwillen als die Ersten auf Erden eingesetzt hat, einer anderen Herrschaft unterständen als derer, die wie der Herr durch den Glanz der Weihe und der Krone alle Sterblichen überragen" (Chron. I,26). Allerdings hat der Herrscher, der in den Quellen als Handelnder in Erscheinung tritt, oft selbst unter dem Druck adliger (Familien-)Interessen gestanden. Die Ottonen – mit Heinrich II. als Höhepunkt – haben die Domkirchen auch mit Reichsgut, ja mit ganzen Reichsabteien materiell ausgestattet; seit spätottonischer Zeit sind ihnen sogar Grafschaften übertragen worden. Dafür waren die Bischöfe den Herrschern zum *servitium regis* verpflichtet. Zu diesem gehörte die Gastungspflicht für den reisenden Königshof oder für königliche Beauftragte; hatten die ersten Ottonen sich noch vornehmlich in ihren Pfalzen und bei Reichsklöstern aufgehalten, so [Königsrecht bei der Bischofswahl] [Dotation der Bistümer durch den König. Pflichten der Reichskirchen] gewannen seit Heinrich II. die Bischofsstädte als Aufenthaltsorte des Königshofes die größte Bedeutung. Die Bischöfe übernahmen auch rechtlich-politische Aufgaben; so war Brun von Köln zugleich Herzog von Lothringen. Die Oberhirten mußten dem Herrscher ferner Heereskontingente stellen und selbst an Heerfahrten teilnehmen. Man hat beobachtet, daß beispielsweise bei den Italienzügen Heinrichs II. die Äbte gegenüber den Bischöfen ganz zurücktraten und sich der Herrscher auch für seinen Polenfeldzug vornehmlich des Beistandes sächsischer Bischöfe versichert hat. Zu den Leistungspflichten der Reichskirchen zählten Gebete und liturgische Opfer, die für den König, seine Familie und das Reich regelmäßig und in großer Zahl darzubringen waren. Die im Recht des Reiches stehenden Kirchen bildeten nach J. Fleckenstein insgesamt die ottonisch-salische Reichskirche (dazu unten S. 72).

„Reichskirche" nach J. Fleckenstein

Seit der Mitte des 11. Jahrhunderts erhoben sich im Reich und anderswo Stimmen der Kritik gegen die Praxis der königlichen Kirchenleitung. Wipo, der Biograph Konrads II., warf dem ersten Salier vor, er habe für die Vergabe des Bistums Basel von dem Kandidaten Ulrich viel Geld angenommen; danach habe Konrad zwar gelobt, dieses Vergehen künftig zu vermeiden, doch habe er sich daran nicht konsequent gehalten. Die Verfehlung des Königs – die Simonie (*simoniaca haeresis*), das Geben und Nehmen von Geld für geistliche Gaben – war in der Kirche zwar von jeher verdammt worden, wurde sonst aber nur Laien, nicht dem Gesalbten des Herrn selbst, zum Vorwurf gemacht. Tatsächlich hat Konrad seine Rolle als Haupt der Reichskirche gar nicht anders wahrgenommen als Heinrich II. vor ihm, doch hatten sich die Urteilsmaßstäbe verschoben. Erst Konrads Sohn Heinrich III. genügte den strenger gewordenen Normen. Heinrich war von den religiösen Stimmungen seiner Zeit tief berührt und machte sich mit dem Kampf gegen die Simonie die Hauptforderung der Kirchenreformer selbst zu eigen. 1046 veranlaßte er sogar Papst Gregor VI. zum Rücktritt, der zwar persönlich sittenstreng und hochangesehen war, jedoch nur durch erhebliche Geldzahlungen zum Pontifikat hatte gelangen können. Durch die Einsetzung deutscher Reichsbischöfe auf der Cathedra Petri (Clemens II., Damasus II., Leo IX., Viktor II.) ebnete der Herrscher überdies der Reform den Weg nach Rom. Als Heinrich III. im Oktober 1056 unerwartet verstorben war, sorgte Papst Viktor II., zugleich Bischof von Eichstätt, persönlich dafür, daß der noch unmündige Heinrich IV. den Karlsthron in Aachen besteigen konnte; und nach Viktors eigenem Tod (28.7.1057) bestimmte die

Neues Verständnis der Simonie

Heinrich III. als Reformer

2. Könige, Fürsten und Ratsobrigkeiten in der Leitung der Kirche 21

Kaiserswitwe Agnes als Regentin des Reiches ihren Kaplan Gundekar zum neuen Bischof von Eichstätt, den sie vor der Weihe mit Ring und Stab investierte. Das ottonisch-salische Prinzip der Regierung mit Hilfe eines loyalen Episkopats hatte sich in kritischer Lage des Reiches bewährt.

Grundsätzlich in Frage gestellt wurde diese politisch-kirchliche Ordnung erstmals durch den aus Lothringen nach Rom gekommenen Kardinal Humbert von Silva Candida. In seiner Schrift *Adversus Simoniacos* kritisierte Humbert 1058 die Beteiligung von Laien an der Bischofserhebung. Er sah namentlich im Investiturbrauch die Anmaßung der Sakramentespendung durch Laien. Seine grundsätzlich formulierten Einwände richtete der Kardinal auch speziell gegen die Könige und Kaiser; er billigte den gesalbten Herrschern also keine Sonderstellung mehr zu. In aller Schärfe griff er die Ottonen und daneben wohl auch die Kaiserin Agnes an. Ohne Zweifel bargen Humberts Ideen eine Sprengkraft in sich, die die ottonisch-salische Kirchenherrschaft gefährden konnte; in der Forschung ist aber umstritten, ob Humberts Lehren durch seine Zeitgenossen überhaupt zur Kenntnis genommen wurden, und vor allem, ob sie Hildebrand-Papst Gregor VII. beeinflußt haben. [*Humbert von Silva Candida*]

Seit Leo IX. (†1054) haben die Päpste den Kampf gegen Simonie und Nikolaitismus (Priesterehe) zu den Hauptanliegen der Kirchenreform gemacht; Leo schärfte diese Ziele auf Synoden ein, die er selbst in Frankreich und Deutschland abgehalten hat. Seine Nachfolger Alexander II. (1061-73) und Gregor VII. (1073-85) verbanden die Reformanliegen mit dem Streben nach universaler bischöflicher Gewalt des Papstes, nach dem Universalepiskopat. Weder die Reichsbischöfe, deren Stellung und Rechte durch die zentralistische Politik Roms in Frage gestellt wurden, noch der König waren jedoch bereit, widerstandslos zurückzuweichen. Im Interesse der Reform knüpften Alexander und Gregor Verbindungen mit dem Laienadel im Salierreich an, wenn sich Gelegenheit dazu ergab. Als Gregor VII. am Jahresende 1074 an der Reformbereitschaft der deutschen Bischöfe verzweifelte und auch bei Heinrich IV. keine Unterstützung fand, wandte er sich an die süddeutschen Herzöge Rudolf von Schwaben und Bertold von Kärnten. Er forderte sie auf, gegen Simonie und Priesterkonkubinat ohne Rücksicht auf die Bischöfe tätig zu werden. Der Papst unterlief die Königsebene und berief sich bei seinem die Reichsverfassung mißachtenden Vorgehen auf die Gefährdung der Seelen. [*Reformpapsttum*]

In dem berühmten Streit zwischen *regnum* und *sacerdotium*

22 I. Enzyklopädischer Überblick

Gregor VII. und Heinrich IV.

(dazu ausführlicher die Darstellung des Investiturstreits durch W. Hartmann) gelang es Gregor VII., den deutschen Episkopat von Heinrich IV. zu trennen. Auf der Fastensynode von 1076 bannte der Papst den König, sprach ihm aber noch vorher die Herrschaft über Deutschland und Italien ab, löste alle Untertanen vom Treueid und verbot ihnen, Heinrich fürderhin als König zu dienen. Bannung und Absetzung Heinrichs IV. durch den Papst waren ungeheure Vorgänge, die die Zeitgenossen erschüttert haben. Gregor leitete das Recht, den König aus seinem Amt zu entfernen, aus der petrinischen Binde- und Lösegewalt her und setzte den Papst an die Spitze der kirchlichen Hierarchie. Der von den Fürsten 1077 erhobene Gegenkönig Rudolf von Rheinfelden verzichtete gegenüber seinen Wählern u.a. auf das Investiturrecht bei den Bischofseinsetzungen.

Investiturverbot von 1078

Das erste allgemeine Investiturverbot verkündete jedoch Gregor VII. erst im November 1078. In den Vordergrund des Kampfes zwischen Regnum und Sacerdotium trat die Frage der Investitur erst, nachdem Heinrich IV. 1106 im Bann gestorben war. Heinrich V. hielt an seinem angestammten Recht beharrlich fest, weil nach herkömmlicher Auffassung erst die Amtseinweisung mit den geistlichen Symbolen Ring und Stab den Anspruch des Herrschers auf Leistungen der Investierten für das Reich begründete. Eine entscheidende rechtliche Konstruktion zur Lösung des Investiturproblems wurde deshalb die Unterscheidung von Spiritualien und Temporalien. Die Spiritualien, d.h. die Einweisung in die bischöfliche Würde, das geistliche Amt, sollten dem Herrscher zwar genommen werden; von diesen konnte man aber die Übergabe der weltlichen Rechte und Besitzungen trennen, die fortan allein den Leistungsanspruch des Herrschers legitimierte. Neben Ring und Stab als geistliche Investitursymbole trat dementsprechend das Szepter als weltliches Zeichen der Rechtseinweisung. Die Verleihung der Regalien begründete nach der allmählich entstehenden Theorie zur Lösung des Investiturproblems auch die Forderung eines Treueids der Bischöfe für den König. Durch den Fidelitätseid traten die mit weltlichen Gütern ausgestatteten Prälaten zum Herrscher in das Verhältnis des Lehnsmannes zum Lehnsherrn. Die direkte ottonisch-salische Königsherrschaft über die Kirche wurde durch die Lehenshoheit des Reiches über die Regalien der Kirchenfürsten ersetzt, die

Wormser Konkordat von 1122

Reichskirche wurde feudalisiert. Die rechtsförmliche Lösung des Investiturstreits brachte für das Reich das Wormser Konkordat von 1122, das zwischen Heinrich V. und Papst Calixt II. abgeschlossen wurde. Der Kaiser verzichtete darin auf die Investitur mit Ring und

2. Könige, Fürsten und Ratsobrigkeiten in der Leitung der Kirche 23

Stab und konzedierte die freie Wahl. Calixt hingegen erlaubte die königliche Präsenz bei der Wahl und Eingriffe des Herrschers beim Wahldissens. Er gestand ferner zu, daß die Regalien vor der Weihe verliehen werden, und zwar mit dem Szepter. Für Burgund und Italien wurden in dieser Hinsicht Sonderregelungen vereinbart. Der Papst erkannte an, daß aus der Regalieninvestitur Pflichten des Investierten gegenüber dem Herrscher erwuchsen; diese waren aber nicht näher definiert. *Fidelitas* (Treueid) und *hominium* (Mannschaftsleistung) wurden im Wormser Konkordat nicht erwähnt.

Auch wenn die päpstlichen Zugeständnisse von 1122 vielleicht nur für Heinrich V. persönlich bestimmt gewesen waren, nutzten auch dessen Nachfolger die ihm gewährten Rechte. Schon Lothar III. (†1137) war bei der Hälfte der näher bekannten Bischofserhebungen persönlich anwesend und hat bei ungefähr zwei Dritteln die Regalieninvestitur vor der Weihe vollzogen. Allerdings gingen die Prälaten jetzt, wie auch unter Konrad III. (†1152), kaum noch aus der Hofkapelle hervor. Friedrich I. (1152-90) entschied häufiger auch bei zwiespältigen Wahlen. Im Unterschied zu seinen beiden Vorgängern bestand Barbarossa auf dem Hominium und den Servitienpflichten, die den geistlichen Fürsten aus der Regalienbelehnung erwuchsen. Er nutzte die materielle Leistungskraft der Reichskirchen, indem er das „Regalienrecht", d.h. die Einkünfte eines Hochstifts in Sedisvakanzen, und das „Spolienrecht", den persönlichen Nachlaß der Bischöfe, beanspruchte. Auch politisch stützte sich Friedrich wieder verstärkt auf die geistlichen Großen. Erzbischöfe, Bischöfe, Pröpste und Äbte begleiteten ihn oft über weite Strecken seines Itinerars und berieten ihn bei seinen Verhandlungen mit der Kurie. In ihrem Denken über das Kaisertum haben Friedrich und seine Mitarbeiter allerdings keine neuen Entwürfe entwickelt, sondern bei den späten Saliern angeknüpft. Schon in seiner Wahlanzeige an den Papst von 1152 hatte sich der Staufer ganz auf den Boden der traditionellen Lehre von den zwei Gewalten gestellt, die gemeinsam die Welt zu regieren hätten. 1157 legte er im Streit mit Hadrian IV. dar, daß Königtum und Kaisertum kraft der Wahl der Fürsten unmittelbar von Gott stammten, und im selben Jahre gebrauchte die Reichskanzlei erstmalig den Ausdruck *sacrum imperium*. Man sieht also, wie wenig davon die Rede sein kann, daß Kirchenkampf und Investiturstreit zu einer Entsakralisierung des Königtums geführt haben.

Die Staufer wahrten zwar politisch den Einfluß des Königtums auf die Kirche, die Entwicklung im ganzen tendierte aber in eine

[Marginalien: Kirchenpolitik Lothars III.; Kirchenpolitik Friedrichs I.; Königtum nicht durch den Investiturstreit entsakralisiert]

andere Richtung. Herrscher, Fürsten und sonstige Laien wurden zunehmend von den Bischofswahlen ausgeschlossen. Mit unterschiedlicher Schnelligkeit, aber gleichbleibender Konsequenz gewannen bis zum Beginn des 13. Jahrhunderts die Domkapitel bei der Besetzung der Bischofsstühle das alleinige Recht. Damit war allerdings noch nicht der Endpunkt erreicht. Die Gregorianer hatten nicht nur intendiert, den Königen und Fürsten bei der Bestellung der Bischöfe den bestimmenden Einfluß zu nehmen, sondern dafür auch dem Papst ein weitgehendes Mitspracherecht zu sichern. Dieses Postulat setzte Rom während des 13./14. Jahrhunderts durch, indem sich die Päpste durch „Reservationen" die Vergabe der Bistümer selbst vorbehielten.

<small>Wahlrecht der Domkapitel</small>

<small>Päpstliche Reservationen</small>

<small>Reichskirchen in der Territorialisierung</small>

Noch gravierender als die Änderungen der Wahlpraxis war es für das Königtum, daß Bischofssitze und auch Reichsabteien in den Sog der Territorialisierung gerieten. Dieser Prozeß reichte in die Zeit der Unmündigkeit Heinrichs IV. zurück, verstärkte sich aber seit Beginn des 12. Jahrhunderts. Bedeutenden Adelsfamilien gelang es – wie den Grafen von Saarbrücken im Falle von Mainz –, ganze Hochstifte in ihre Hände zu bekommen. In Köln wurde der Erzstuhl zum Zentrum eines Lehnshofes, der das Gebiet zwischen Rhein und Maas erfaßte. Diese überragende geistlich-weltliche Machtstellung erkannten die Staufer, die am Niederrhein nur über eine schmale eigene Territorialbasis verfügten, auch an. Als Konrad III. 1151 den zum Kölner Erzbischof gewählten Arnold II. von Wied mit den Regalien des Bischofsamtes belehnte, stattete er ihn darüber hinaus mit den Regalien des *ducatus* aus. Unter Erzbischof Rainald von Dassel (†1167) begann das Kölner Erzstift dann auch ins südliche Westfalen auszugreifen; die lehnrechtlich fundierte Kölner Herzogsgewalt wandelte sich in ein Gebietsherzogtum. Wie schon 1151 in bezug auf das niederrheinische Gebiet, sanktionierte die Reichsgewalt später auch in Westfalen die Territorialpolitik des Kölner Erzstifts. Als der Welfe Heinrich der Löwe 1180 gestürzt und sein sächsisches Herzogtum geteilt wurde, fiel je ein Dukat an Philipp von Köln bzw. an Bernhard von Anhalt. Der Erzbischof und seine Nachfolger erhielten als Schenkung und als Lehen des Reiches den westfälischen Bereich des Kölner Bistums und das gesamte Bistum Paderborn. Einen anderen geistlichen Dukat hatte der Bischof von Würzburg in Ostfranken inne.

Während geistliche und weltliche Große nach der Landesherrschaft strebten, suchte das Königtum die Magnaten durch das Lehnswesen an das Reich zu binden. Schon Lothar III. hatte dem

2. Könige, Fürsten und Ratsobrigkeiten in der Leitung der Kirche 25

Lehnrecht neue Impulse gegeben, vor allem aber betrieb Friedrich I. die Feudalisierung der Reichsverfassung. Während seiner Regierung bildete sich der „jüngere Reichsfürstenstand" heraus, eine rechtlich definierte adlige Führungsgruppe, die von der Mehrzahl der Großen abgehoben war. Zu den Reichsfürsten, die ein Lehen unmittelbar vom König erhalten hatten, gehörten u.a. die Bischöfe sowie die Äbte und Äbtissinnen der Reichsklöster und -stifte. Die Zahl der geistlichen Fürsten war viel höher als die der weltlichen. Es ist für die Stauferzeit ein Verhältnis von 99:22 errechnet worden. Die Reichsfürsten wurden zu Teilhabern der Reichsgewalt neben dem König.

_{Bischöfe, Äbte und Äbtissinnen als Reichsfürsten}

Um der lehnrechtlich konzipierten Königsherrschaft der Staufer gegenüber den landrechtlich fundierten Gebietsherrschaften des geistlichen und weltlichen Adels Festigkeit zu verleihen, hätte es einer Erbmonarchie wie in den westeuropäischen Nachbarländern oder im sizilischen Normannenreich bedurft. Heinrich VI., der Sohn Friedrichs I., scheiterte jedoch 1196 mit seinem „Erbreichsplan" am Widerstand vor allem des niederrheinischen Adels unter Führung des Kölner Erzbischofs. Nach Heinrichs frühem Tod trug eine Doppelwahl 1198 dazu bei, daß die Königsrechte des Wormser Konkordats verlorengingen. In einer Urkunde vom 22. März 1209 konzedierte Otto IV., daß künftig jede Einflußnahme des Königs auf Bischofswahlen entfallen sollte; ferner gab der Welfe das Spolien- und Regalienrecht auf. Einige Jahre später bestätigte der Staufer Friedrich II. (1212-1250) die Zugeständnisse König Ottos an die Kurie; in der Goldbulle von Eger (1213; 3. Fassung) ist sogar ausdrücklich die Zustimmung der Reichsfürsten vermerkt. Den Spolienverzicht erklärte Friedrich noch einmal in der *Confoederatio cum principibus ecclesiasticis* von 1220. Dieses erste von drei „Fürstengesetzen" Friedrichs sanktionierte im übrigen die landesherrlichen Befugnisse der deutschen Kirchenfürsten und baute diese weiter aus. Der Herrscher selbst hatte den geistlichen Fürstentümern den Weg zu geschlossenen Großimmunitäten gewiesen.

_{Verlust der Königsrechte bei der Bischofsbestellung}

_{Vereinbarung Friedrichs II. mit den geistlichen Fürsten}

Im Spätmittelalter blieb das Königtum von einer „sakralen Aura" umgeben [E. SCHUBERT]; eine Säkularisierung der geistlich fundierten Herrschaftslegitimation ist keineswegs festzustellen. Obwohl das Reich eine Wahlmonarchie war, ein Geblütscharisma also nicht in Betracht kam, wurde den deutschen Herrschern die Kraft zugeschrieben, das Wetter zu beeinflussen und die Ernteerträge zu heben. König bzw. Kaiser und das Reich standen sich in dualistischer Struktur gegenüber; ebenso wie der König war das Reich aber

_{Sakralität von König und Reich}

in die sakrale Sphäre eingebunden. Die aus der Zeit Barbarossas stammende Formel *sacrum imperium* wurde weiterverwendet, wechselte aber mit dem Reichstitel *Romanum imperium* ab. 1254 tauchte dann erstmals die kombinierende Neubildung *sacrum Romanum imperium* auf. In seiner Auseinandersetzung mit den Päpsten ließ Ludwig der Bayer (†1347) sogar in Analogie zur *sacrosancta ecclesia* vom *sacrosanctum imperium* sprechen. Aus diesen und anderen Elementen entwickelte sich bis zum Ausgang des Mittelalters der Titel *Heiliges Römisches Reich deutscher Nation*, der erstmals 1512 als offizielle Titulatur des Reiches verwendet wurde. Die übernatürliche Wurzel des Reiches kam darin zum Ausdruck, daß etwa Ludwig der Bayer vom *imperium a celesti maiestate nobis traditum et conmissum* sprach (MGH Const. 6.1 Nr. 778 v. 1330). Mit einem neuzeitlichen Staat darf das spätmittelalterliche Reich keineswegs verwechselt oder gar gleichgesetzt werden: „Weder ist das Reich in seinem Selbstverständnis ein Staat, also eine weltliche Anstalt ohne religiöse Legitimation – dies waren nicht einmal die nationalen westlichen Staatsgebilde – noch war die Reichsgewalt der obersten Kirchengewalt überzuordnen oder auch nur von dieser restlos abzutrennen. Vor allem aber war dieses Reich in seinem gliedhaften Bestand ein Gefüge geistlicher und weltlicher feudaler Herrschaften, die eine solche Verstaatung unmöglich machten. Es war ein Mischgebilde geistlicher und weltlicher Gewalten, in dem die Kirchenfürsten zugleich Reichsfürsten und Stützen der Reichsgewalt waren (...). Das Reich versteht sich politisch mitsamt und neben der Kirche als Träger und Teil der Christenheit, es hat immer seinen religiösen Ursprung festgehalten, und indem es seine Funktion in der Christenheit mit der Kirche teilte, konnte die Kirche nicht Objekt seiner Gewalt werden" [H. ANGERMEIER].

Religiöses Fundament der Königswahlen

Durch das Wahlverfahren zur Bestimmung der Könige wurde die Herrschaft keineswegs profaniert. Man glaubte bei allen Auseinandersetzungen und handfesten Wahlversprechen, daß die Kur des Königs auf göttliche Inspiration zurückgehe. Erstmals 1257 lag die Königswahl ausschließlich in den Händen der sieben Kurfürsten: der Erzbischöfe von Mainz, Köln und Trier, des Pfalzgrafen bei Rhein, des Herzogs von Sachsen, des Markgrafen von Brandenburg und des Königs von Böhmen. Die Zusammensetzung dieses Gremiums war unausgewogen und trug dazu bei, große Teile des Reiches der Krone zu entfremden. Innerhalb des Kurkollegs dominierte von Anfang an die rheinische Gruppe, die politisch zugleich den kräftigsten Kontrapunkt zur Hausmacht der Luxemburger und

2. Könige, Fürsten und Ratsobrigkeiten in der Leitung der Kirche 27

der Habsburger im Osten darstellte. Im Bereich der rheinischen Königswähler wurde auch seit 1257 in Frankfurt traditionell die Kur vollzogen, während seit 1308 in der Kölner Stadt Rhens die tatsächliche Entscheidung über den Kandidaten fiel.

Die spätmittelalterlichen Könige waren darauf angewiesen, zwischen ihrem Hof und der Reichskirche ein Beziehungsnetz zu knüpfen; wegen des häufigen Wechsels der Dynastien mußten die meisten von ihnen mit dieser Arbeit jeweils aufs neue beginnen. Wichtigstes Instrument der königlichen Kirchenpolitik blieb die Besetzung der Bischofsstühle. Der Ansatz für die königliche Einflußnahme lag jetzt vor allem in der Regalienleihe. Im Spannungsfeld mit den konkurrierenden Ansprüchen der Domkapitel bzw. regionalen Adelsgruppen und der Kurie eröffnete sich den Herrschern oft zusätzlicher Handlungsspielraum. So ist es Ludwig dem Bayern in Kooperation mit den Kapiteln gelungen, in zahlreichen Fällen ihm genehme Persönlichkeiten gegen die vom Papst providierten Kandidaten durchzusetzen. Den entgegengesetzten Weg hat Karl IV. (†1378) eingeschlagen. Er konnte seine Vertrauensleute häufig im Zusammenspiel mit dem Papst gegen den Willen der Domkapitel plazieren. Bei einem Viertel bis zu einem Drittel der Bischofsbestellungen im Reich hat Karl entscheidend mitgewirkt, vor allem freilich in seinem Hausmacht-Königtum Böhmen, recht erfolgreich auch im süddeutschen Raum, kaum dagegen im königsfernen Norddeutschland. Das Große Abendländische Schisma, welches das Papsttum zwischen 1378 und 1417 in zwei, zuletzt sogar in drei Oboedienzen spaltete, verschaffte dem deutschen König weitere Möglichkeiten, besonders bei strittigen Wahlen.

Personalpolitischer Einfluß des Königs auf die Reichskirchen

Auch was die niederen Kirchenämter betrifft, wußte der spätmittelalterliche Herrscher seine Rechte geltend zu machen. Wo er den Patronat innehatte, konnte er seine Kandidaten auf erledigte Benefizien präsentieren. Eine weitere Institution spätmittelalterlicher Kirchenherrschaft war die „Erste Bitte"; danach durfte der Herrscher bei jedem Stift oder Kloster für die erste nach seiner Krönung freigewordene Pfründe einen verbindlichen Besetzungsvorschlag machen. Vor allem Friedrich III. (†1493) hat dieses Machtmittel mit Hilfe des Papstes auszubauen verstanden. Allerdings bedeutete die königliche Präsentation noch nicht unbedingt, daß der Begünstigte in den Genuß der Stelle kam. Der zuständige kirchliche Obere, etwa der Bischof oder der Vorsteher eines Klosters oder Stifts, mußte den Benannten noch in seine Pfründe einweisen, was immer wieder zu jahrelangen Konflikten führte.

Rechte des Königs an Pfründen

Kirchliche Krise im Spätmittelalter

Im Spätmittelalter geriet die Kirche in eine offene Krise, die den Zeitgenossen als wirkliche Gefährdung erschienen ist. Insbesondere der Fiskalismus der Kurie seit ihrer Übersiedlung nach Avignon am Beginn des 14. Jahrhunderts, das Große Schisma seit 1378 und – was Deutschland angeht – der Streit zwischen Ludwig dem Bayern und den Päpsten sind dafür verantwortlich gewesen. Auch wenn sich ein Herrscher wie Siegmund (†1437) um die Reform von Kirche und Reich bemüht und die Konzilien von Konstanz (1414-18) und Basel (1431-49) unterstützt hat, blieben alle Erneuerungsversuche stecken. Das durch Friedrich III. 1448 mit Nikolaus V. abgeschlossene Wiener Konkordat garantierte den Päpsten weiterhin starke Eingriffsrechte bei der Pfründenvergabe und stellte insgesamt einen enttäuschenden Abschluß der Reformbemühungen für das Gebiet des Reiches dar. Die Deutschen glaubten im späteren 15. Jahrhundert, zum bevorzugten Objekt der päpstlichen Finanzpolitik geworden zu sein; ihr Verdruß und ihre antirömischen Gefühle steigerten sich noch durch den von der Kurie geförderten Ablaßhandel.

Das spätmittelalterliche deutsche Königtum ist seinen hohen Aufgaben kaum gerecht geworden; man spricht geradezu von dem „überforderten König" [P. MORAW]. Nach dem Scheitern eines hegemonialen Königtums in staufischer Zeit konnte der „moderne Staat" nicht im Reich, sondern nur in den Territorien entstehen.

Landesherrliches Kirchenregiment

Die Landesherren des Spätmittelalters trieben eine selbständige Kirchenpolitik, sie strebten nach dem „landesherrlichen Kirchenregiment". Darunter wird „die Leitung und Verantwortung für das äußere Kirchenwesen, für das sichtbar und rechtlich verfaßte Gebilde ‚Kirche'" verstanden [I. FRANK]. Nachdem die Figur des Kaisers für die Kirchenleitung praktisch keine Rolle mehr spielte, wurde seit dem Ende des 14. Jahrhunderts die Frage erörtert, ob die Christenheit nicht mehrere Häupter haben könne. Der englische Magister John Wyclif (†1384) redete beispielsweise einer Aufteilung des Kirchenregiments auf viele „Päpste" das Wort und stellte die These auf: *ubi ecclesia, ibi papa*. Zu seiner Zeit wurden die Gedankengänge Wyclifs zwar in der Theorie noch abgelehnt, praktisch aber entwickelte sich in Deutschland aus dem *princeps sub ecclesia* der *princeps in ecclesia*. Das kirchenherrschaftliche Selbstverständnis der spätmittelalterlichen deutschen Fürsten wird in mannigfachen Quellenzeugnissen überliefert. So soll Rudolf IV. von Österreich (†1365) gesagt haben: *Egomet volo esse papa, archiepiscopus, episcopus, archidyaconus, decanus in mea terra* (MGH SS 9, 832).

2. Könige, Fürsten und Ratsobrigkeiten in der Leitung der Kirche

Das landesherrliche Kirchenregiment wurzelte in der Zeit des Schismas und der Reformkonzilien; da in Konstanz und Basel die Gesamtreform der Kirche mißlungen war, konnten nur noch in Ländern und Territorien Teilreformen durchgeführt werden. Das von den Landesherren besonders im Bereich des Klosterwesens ausgeübte *ius reformandi et visitandi* kann geradezu als der Kern der fürstlichen Kirchenhoheit vor der Reformation angesehen werden. Andererseits war die Kurie im Konflikt mit dem Konziliarismus darauf angewiesen, mit den Fürsten zusammenzuarbeiten; indem sie mit ihnen Konkordate abschloß, sanktionierte sie deren Herrscherstellung. Als Haupt der Kirche seines Landes beanspruchte der Territorialfürst für sich auch das Gottesgnadentum. Der Habsburger Rudolf IV. machte beispielsweise geltend, *daz wir in allen unsern fürstentumen, landen und herschaften alle freyheit, recht und gewonhaiten ufsetzen und abnemen, stiften und stören mugen mit keyserlicher gewalt* [zit. TH. STRAUB]. Signifikant für die Ideologie der Reichsfürsten waren neben ihren Herrschaftszeichen – Titeln und Anreden, Wappen, Siegeln, Bannern, Kronen, Zeremonien sowie der Herrschaftsarchitektur in Residenz, Grablege und Hofkirche – die Stiftungen, die sowohl frommen und caritativen Zwecken dienten als auch die Untertanen an die politische Herrschaft erinnerten. Die Präsenz der Fürsten im Lande sicherten ebenso regelmäßige Jahrtage in zentralen Orten des Territoriums.

Im einzelnen trat freilich jede Landesherrschaft anders in Erscheinung, da sie jeweils verschiedene Einzelrechte bündelte: „Den Regelfall eines deutschen Territoriums gibt es nicht. Jede werdende Landesherrschaft hat ein individuelles Gesicht und weist andere Entwicklungsphasen auf" [MORAW]. Insgesamt lassen sich im spätmittelalterlichen Reich ungefähr 30 bis 40 weltliche Territorien zählen; ihnen zur Seite hat es etwa 95 geistliche Fürstentümer gegeben. Die weltlichen Herren suchten ein geschlossenes Territorium u.a. dadurch zu bilden, daß sie die Hochstifte ihres Bereichs ihrem Einfluß unterwarfen oder gar die Ausdehnung der Diözesen mit den Grenzen der eigenen Herrschaft zur Deckung brachten. Erfolgreich waren in diesem Sinne besonders die Habsburger und die Herzöge von Sachsen. Da die Bischöfe selbst zur Landesherrschaft strebten und nach der Hochstiftsvogtei trachteten, bildeten die Bistumsbesetzungen den wohl signifikantesten Ansatzpunkt säkularer Kirchenpolitik. Typisch war, daß die Fürstenfamilien ihre nachgeborenen Söhne oder Halbprinzen mit Bistümern oder anderen Prälaturen zu versorgen suchten. Ein Ideal spätmittelalterlicher Fürsten war die

Individuelle Entwicklung in den einzelnen Territorien

Zentralisierung ihrer Herrschaft in einer Residenz mit Landesbischof und Landesuniversität und die Versorgung der für die moderne Verwaltung benötigten Beamten durch kirchliche Pfründen, vor allem an Stiftskirchen. Allerdings haben die Landesherren auch den Niederklerus zu kontrollieren gesucht, der mit den Gläubigen unmittelbar in Berührung stand. Das *ius patronatus laicale* konnten sie aber nur in unterschiedlichem Maße in ihre Hand bekommen. In Bayern verliehen die Wittelsbacher nach einem Register des 16. Jahrhunderts, das wohl die Verhältnisse schon des 15. Jahrhunderts wiedergeben dürfte, 46 Pfarreien sowie 86 Kaplaneien und Messen; der Löwenanteil der Patronatsrechte lag bei Bischöfen, Domkapiteln, Klöstern und Stiften. In Württemberg unterstanden nach einer Aufstellung von 1555 von 1050 Pfründen des Landes 447 dem herzoglichen Patronat. Personalpolitik war jedoch nicht das einzige Instrument landesherrlicher Mitregierung in der Kirche. Von besonderer Bedeutung waren die Steuer- und die Rechtspolitik. Die Fürsten stellten Steuerforderungen an die landsässige Geistlichkeit und versuchten – komplementär dazu – alle fremden Steuer- und Leistungsforderungen auszusperren oder mindestens zu kontrollieren. Deshalb mischten sich die Landesherren auch in Steuerforderungen ein, die die Bischöfe selbst bei Klöstern und Pfründinhabern erhoben. Das klerikale Gerichtsstandsprivileg, das zu Übergriffen in den laikalen Bereich tendierte, suchten die Fürsten ebenfalls zu beschneiden.

Die geistlichen Fürstentümer waren eine Besonderheit des engeren Heiligen Römischen Reiches. Wie bei den weltlichen Fürstentümern läßt sich eine große Formenvielfalt beobachten. Geistliche Fürsten waren Erzbischöfe und Bischöfe, Äbte von Benediktinerklöstern und Äbtissinnen von Kanonissenstiften. Im Unterschied zu den weltlichen Herrschaften handelte es sich um „Wahlmonarchien", es fehlte also die Kontinuität einer Erbdynastie. Insbesondere bei der Erhebung landfremder Bischöfe, die den Domkapiteln durch Papst, König oder weltliche Fürsten aufgedrängt wurden, ergaben sich Spannungen und Entwicklungsbrüche. Eine andere Eigenheit der geistlichen Fürstentümer war die vorgegebene Zentralität in Bischofssitz, Kloster oder Stift. Auch beim Aufbau einer flächendeckenden Verwaltung mochten die geistlichen Fürsten gegenüber den weltlichen im Vorteil sein, verfügten sie doch über den Klerus, der bis weit ins Spätmittelalter hinein ein Schriftmonopol innehatte. Die Ursprünge der geistlichen Landesherrschaften lagen in der Entstehungszeit der geistlichen Institute selbst; bei Hochstif-

2. Könige, Fürsten und Ratsobrigkeiten in der Leitung der Kirche 31

ten, den Fürstentümern der Bischöfe, gingen sie in die fränkische Zeit, ja in die Spätantike zurück. Den Kernbestand bildeten häufig königliche Schenkungen: Grundherrschaften mit Immunitäten, Klöster, Grafschaften, Wald- und Sumpfgebiete, Regalien, seltener aber Herzogsrechte (nur Köln und Würzburg). Während des 13. und 14. Jahrhunderts wurden die geistlichen Territorialstaaten durch den Bau und Ausbau von Burgen sowie die Befestigung von Städten und Orten gesichert. In den Burgen konnten zugleich Ämter untergebracht sein, die die Steuern und Abgaben einzutreiben hatten. Mindestens in den Kanzleien waren in der Regel Kleriker tätig. Die Entwicklung der geistlichen Territorien verlief keineswegs geradlinig oder gar ständig aufsteigend. Die ambitionierte Territorialpolitik von Kurköln brach bald, nachdem sie unter Konrad von Hochstaden (†1261) ihren Höhepunkt erreicht hatte, in der Schlacht bei Worringen 1288 zusammen. Der Kölner Machtbereich zersplitterte in eine Vielzahl kleinerer Territorien. Auch in Trier konnte der „Territorialstaat" der großen Erzbischöfe Balduin (†1354) und Kuno (†1388) von deren Nachfolgern nicht behauptet werden.

Ein Gottesgnadentum nach Römer 13,1 beanspruchten neben den Herrschern und Fürsten auch die städtischen Räte. Sie haben sich in der kommunalen Epoche der Stadtgeschichte seit der Wende des 12./13. Jahrhunderts ausgebildet: „Der Rat verstand sich als eine christliche Herrschaft und Obrigkeit, die Verantwortung für die Kirche und Sorge um die Förderung des Gottesdienstes, um das Seelenheil und eine christliche Lebensführung der Bürger trug. Er war um das Heil der Stadt besorgt, denn es hing von der religiössittlichen Verfassung der Einwohnerschaft ab, ob Gott die Stadt zur Strafe für Vergehen mit Unwettern, Hungersnöten, Seuchen und äußeren Feinden heimsuchte oder nicht. Die Ratsherren begaben sich vor Sitzungen zur Messe – manchenorts in eine eigene Ratskapelle oder in die Bürgerkirche –, hatten ihre eigene Kerze in der Kirche und ließen für verstorbene Kollegen Memorien lesen. Für Amtsgeschäfte und zur Akzentuierung seiner Stellung suchte der Rat die (sakrale) Sphäre; deshalb nahm er Amtseinsetzungen in Kirchen- und Klosterräumen vor und hielt dort Rats- und Gerichtssitzungen ab. Im Ratssaal erinnerte ein Bildnis des Jüngsten Gerichts den Rat an seine Verantwortlichkeit und Rechenschaftspflicht. Aus seiner Fürsorge für Stadt und Bürgerschaft leitete er vielfach Ansprüche auf ein städtisches Kirchenregiment ab. So erließ er Verordnungen gegen unziemliches Verhalten in den Gotteshäusern, gegen leichtfertiges Schwören, gegen Auswüchse des Fastnachtstreibens, gegen

Gottesgnadentum der städtischen Räte

Konkubinate, zur Heiligung der Sonn- und Feiertage und zur Einhaltung der Fastenzeit" [E. ISENMANN]. Man hat sogar vom „halbgeistlichen Charakter" der mittelalterlichen Stadtregierung gesprochen [B. MOELLER]. Vielleicht am augenfälligsten trat die Kirchenleitung des Stadtrates bei den regelmäßig abgehaltenen Prozessionen in Erscheinung. Obwohl die Umzüge mit Reliquien oder mit dem Allerheiligsten ihrem Ursprung nach eine Institution des kirchlichen Kultes waren, wurden sie doch oft erst auf Initiative des Rates hin eingerichtet. So stiftete der Braunschweiger Rat 1388 die Fronleichnamsprozession zum Dank für einen militärischen Sieg über die askanischen Herzöge, und zur Abwehr der Pestgefahr veranlaßte der Rat von Hildesheim 1439 eine Prozession von Klerus und Volk um die Stadt. Die Reliquien des Stadtpatrons trugen, wie im Falle des hl. Auctor in Braunschweig, die Ratsherren selber.

Ratspatronate Im Streben nach der Gemeindeautonomie bemühten sich die Städte darum, die Patronate ihrer Pfarrkirchen und das Pfarrerwahlrecht zu erwerben. Wie schwierig das war, zeigt das Beispiel der Reichsstadt Ulm. Die alte Pfarrkirche lag als Feldkirche mit einem großen Sprengel außerhalb der Stadtmauern, Patronatsherr war das weitab gelegene Kloster Reichenau (Bodensee). 1376 konnte die Stadt bei der Abtei sowie beim Bischof von Konstanz erwirken, daß die Pfarrkirche in den Mauerring verlegt werden durfte; hier entstand seit 1377 das großartige Münster, das die gesamte Bevölkerung aufnehmen konnte. Das Pfarrpatronat konnte die Stadt aber erst 1446 für die immense Summe von 25000 Gulden erwerben. Andernorts waren die Bürger weniger erfolgreich. In Esslingen am Neckar lag das Patronatsrecht für die Pfarrkirche seit 1213 unangefochten beim Domkapitel von Speyer. Der Rat der Stadt konnte sich 1321 lediglich das Patronatsmonopol auf die niederen Pfründen sichern. Derartige Stellen für Vikare, Altaristen, Meßpriester, Kapläne usw. wurden mit Ausnahme der sozialen Unterschichten von allen Gliedern der Gesellschaft gestiftet, vor allem freilich von der bürgerlichen Oberschicht. Die Übertragung der Patronate an den Rat der Stadt war durchaus häufig. So hat der Rat von Brandenburg im Archidiakonat des Dompropstes nur 6% der Pfründen selbst errichtet, aber über 31% der Präsentationsrechte verfügt. Es gab viele Städte, in denen der Rat fast keine Rolle bei

Kommunalisierung der Pfründenpolitik spielte (z.B. Rostock). Ein wichtiger Ansatz-
des Spitalwesens punkt städtischen Kirchenregiments waren die Spitäler, die im Mittelalter stets zu den kirchlichen Einrichtungen zählten. Im Laufe des 13./14. Jahrhunderts übernahm das organisierte Bürgertum im Zuge

2. Könige, Fürsten und Ratsobrigkeiten in der Leitung der Kirche 33

der „Kommunalisierung" allenthalben die Leitung der caritativen Einrichtungen und verdrängte dabei die Laienbruderschaften als deren ältere Träger. Spitalmeister und Spitalpriester wurden durch den Rat bestellt. Auch die Niederlassungen der Bettelorden wurden seit dem ausgehenden 14. Jahrhundert immer mehr der Kirchherrschaft des Rates unterworfen. So waren die Mendikanten-Konvente „quasi-städtische Institutionen" [A. HERZIG] oder „Stadtklöster" [R. KIESSLING]. Bettelorden und Ratsherrschaft

3. Klerus und Laien

In den Gesellschaften der antiken Mittelmeerwelt hat es keinen Klerikerstand gegeben. Im Neuen Testament wurde der Begriff „kleros" noch für das ganze christliche Volk gebraucht. Zum ersten Mal trennte der Verfasser des ersten Clemensbriefes gegen Ende des 1. Jahrhunderts den Klerus von den übrigen Christen. Er betonte die Pflichten eines jeden Gemeindemitglieds in seinem Stande und stellte die „Laien" als die nicht mit einem Gemeindeamt Betrauten der Gesamtheit der Amtsträger, der Priester und Diakone gegenüber. Bei den Kirchenvätern des 3. Jahrhunderts setzte sich diese Unterscheidung durch, so daß Eusebius in der Zeit Konstantins d. Gr. von zwei Lebensformen schreiben konnte: die eine sei dem Dienst an Gott geweiht und halte sich von Ehe, Handel und Besitz fern; die andere sei den in der Welt üblichen Verhaltensweisen verhaftet und nehme deshalb einen untergeordneten Rang ein. Die Abgrenzung (und Bewertung) der beiden Ordines bildete fortan ein Leitmotiv christlicher Ständelehre. Im 12. Jahrhundert definierte Gratian in seinem Handbuch des Kirchenrechts (C. 12 q. 1 c. 7), die beiden *genera* der Kirche folgendermaßen: *Duo sunt genera Christianorum. Est autem genus unum, quod mancipatum diuino offitio, et deditum contemplationi et orationi, ab omni strepitu temporalium cessare conuenit, ut sunt clerici, et Deo deuoti, uidelicet conuersi ... Aliud uero est genus Christianorum, ut sunt laici ... His licet temporalia possidere ... His concessum est uxorem ducere, terram colere, inter uirum et uirum iudicare, causas agere, oblationes super altaria ponere, decimas reddere, et ita saluari poterunt, si uicia tamen benefaciendo euitauerint.* Bei einer bloßen geistlich-religiösen Sonderstellung des Klerus ist es aber nicht geblieben; schon in der Spätantike war diese durch eine politische, rechtliche und wirtschaftliche Privilegierung ergänzt worden. Die ersten christlichen Kaiser hatten dem Entstehung des Klerus

Gratians Definition von Laien und Klerikern

34   I. Enzyklopädischer Überblick

Immunitäts- und Gerichtsstandsprivileg des Klerus

Klerus das *privilegium immunitatis* verliehen, ihn also von öffentlichen Diensten und Leistungen sowie vom Kriegsdienst befreit; diese Maßnahme hatte eine biblische Grundlage in dem deuteropaulinischen Satz *nemo militans Deo implicat se negotiis saecularibus* (2 Tim 2,4). Dieser Norm entsprach eine andere Maxime des Apostels Paulus, daß, wer Dienst tue in der *militia Christi*, seinen Lebensunterhalt von anderen beanspruchen dürfe (1 Kor 9,7; 2 Kor 11,8). Auch von der weltlichen Straf- und Zivilgerichtsbarkeit wurde der Klerus seit dem 4. Jahrhundert befreit (*privilegium fori*). Gleichzeitig wurde der Klerikerstand durch die Forderung nach sexueller Enthaltsamkeit abgegrenzt und hervorgehoben. Unter dem Einfluß des Mönchtums, das von Anfang an auf Ehelosigkeit gegründet war, wurde schon im 5.Jahrhundert für die Zulassung zum Klerus der volle Zölibat verlangt.

Dreiständelehre und funktionale Dreiteilung der Gesellschaft

Die Einteilung der Gesellschaft in die beiden Stände des Klerus und der Laien war seit der Entstehung des Mönchtums (Anf. 4. Jahrhundert) obsolet geworden. Um die veränderte soziale Wirklichkeit zu erfassen, bedurfte es eines neuen Deutungsschemas. Bahnbrechend wirkte dabei Augustinus, der *tria genera hominum* unterschied (Sermo de urbis excidio 1,1), nämlich die *praepositi, qui regunt et gubernant Ecclesiam* (den Klerus), die *continentes* (Mönche) und die *conjugati* (Laien). Etwa seit Beginn des 11. Jahrhunderts trat neben das augustinische Schema eine weitere Ordnungsvorstellung: das Schema der funktionalen Dreiteilung. Es gliederte die Gesellschaft in *oratores, bellatores* und *laboratores,* faßte also den Klerus und die Mönche unter einem Begriff zusammen und stellte ihnen die Laien in zwei Gruppen gegenüber. Das neue Schema trug wiederum einer gesellschaftlichen Umwälzung Rechnung: der Entstehung der Stände von Rittern und Bauern. Im Reich hat wohl der Bischof Gerhard von Cambrai zuerst das Schema der funktionalen Dreiteilung verwendet (um 1036). Am Beginn des 13. Jahrhunderts setzten auch die volkssprachigen Adaptionen ein; so heißt es in Freidanks „Bescheidenheit": *Got hât driu leben geschaffen / gebûre, ritter unde pfaffen* (hrsg. v. H. E. BEZZENBERGER, 1872, 27,1-2).

Deutungsschemata der sozialen Wirklichkeit waren nicht bloß Schemata der Erfahrung und der Deutung, sondern brachten auch „Wirklichkeit hervor, weil sie durch die Vermittlung eines Sinnes der Wirklichkeit Handeln (ermöglichten) und zum Handeln anleiten (konnten)" [O. G. OEXLE]. Dementsprechend lag in einer Unterscheidung wie derjenigen zwischen Klerus und Laien eine Norm,

3. Klerus und Laien

die der sozialen Wirklichkeit nicht immer voll gerecht wurde. „Es darf deshalb die Frage gestellt werden, wie ‚wirklich' eigentlich die Unterscheidung zwischen Klerus und Laien in einzelnen Jahrhunderten jeweils gewesen ist, ob es ‚den' Klerus und ‚die' Laien als Stände überhaupt immer in derselben Weise gegeben hat, wie die Bezeichnungen suggerieren" [OEXLE].

Der engste Kontakt zwischen Klerus und Laien wurde auf lokaler Ebene hergestellt, vor allem in der Pfarrei. Neben dem Bistum war die Pfarrei die „lebenskräftigste und am klarsten in Erscheinung tretende kirchliche Einheit (...). In ihr empfing der Christ die Taufe, feierte den Gottesdienst, nahm an der Eucharistie teil, unterzog sich der Kirchenbuße, leistete Oblationen und Abgaben, betete mit für das irdische und ewige Heil, hoffte auf die Fürbitte seiner Mitchristen vor und nach dem Tod und erhielt seine letzte Ruhestätte" [TELLENBACH]. Bei der Bildung der Pfarreien waren die Bischöfe allerdings auf den Beistand der Laien angewiesen. Sie mußten die in ihrem Sprengel ansässigen Grundherren um materielle Hilfe ersuchen, um die pastorale Betreuung aller Gläubigen zu gewährleisten. In Regionen wie Bayern, in denen sich die Bistümer verhältnismäßig spät ausbildeten (739), waren laikale Kirchengründungen in erheblichem Umfang sogar der kirchlichen Großorganisation vorausgegangen. Derartige „Eigenkirchen" [U. STUTZ] waren ein Attribut der Grundherrschaft und deshalb nicht auf die germanisch besiedelten Gebiete beschränkt; schon bei Griechen und Römern und später auch bei Slawen lassen sich Eigenkirchen nachweisen. Über die Eigenkirchen behielt der Gründer, gleichgültig ob es der König, ein Fürst, ein sonstiger Laie oder eine geistliche Institution war, vermögensrechtlich die uneingeschränkte Verfügungsgewalt; dazu hatte der Herr das Recht, den Priester einzusetzen, den man deshalb „Eigenpriester" nennt. Die Nutzungsrechte des Herrn an der Kirche wurden wirtschaftlich besonders attraktiv, wenn es ihm gelang, seine Kirche zur Pfarrkirche aufzuwerten. Aber auch wenn das nicht geschah, wurde die bischöfliche Gewalt über Klerus und Kirchenwesen durch die Eigenkirchenherren empfindlich eingeschränkt.

Die Karolinger und die Päpste bemühten sich damals darum, das Eigenkirchenwesen rechtlich zu ordnen. Karl der Große bestimmte, daß zwar die Eigenkirche im Ganzen veräußert oder vererbt, daß ihr aber kein einzelnes Zubehör entzogen werden dürfe (802). Ludwig der Fromme setzte in seinem Kirchenkapitular von 818/819 fest, daß die Kirchenherren in Zukunft keine Unfreien

Pfarrei als Kernzelle religiösen Lebens

Grundherrliche Kirchengründungen

Eigenkirchengesetzgebung der Karolinger

mehr anstellen dürften und den Eigenkirchengeistlichen aus dem kirchlichen Grundbesitz eine Hufe für ihren Unterhalt zu überlassen hätten. Andererseits wurde ihnen die freie Auswahl des Eigenpriesters garantiert – der Bischof durfte nur bei schlechtem Lebenswandel des Kandidaten die Ordination verweigern – und der Erwerb von Zehntrechten gestattet, auch wenn die Eigenkirche keine Pfarrkirche war. Durch eine Synode Papst Eugens II. in Rom 826 wurde das Eigenkirchenrecht auch innerkirchlich anerkannt.

Entstehung des Patronatsrechts

In der Zeit der hochmittelalterlichen Kirchenreform wurde das Eigenkirchenwesen nur zögernd in Frage gestellt. Das bei der Mönchs- und Klosterreform führende Cluny stand dem Eigenkirchenrecht noch positiv gegenüber. Für das Hoch- und Spätmittelalter wurde wichtig, daß Gratian in seinem Dekret (um 1142) das Eigenkirchenrecht in neuartiger Form behandelte. Er erkannte zwar noch ein *dominium* der Laien an ihren Kirchen an, reduzierte es aber auf ein Recht zur Präsentation des Geistlichen und zur Unterstützung bei Not. Bei dem Kanonisten Rufinus wurde das Laienrecht an Kirchen als *ius patronatus* bezeichnet. Dieses hochmittelalterliche Patronatsrecht bewahrte wesentliche Elemente des frühmittelalterlichen Eigenkirchenrechts. Objekte des Patronats konnten alle Arten von Pfarr- und niederen Benefizien sein, nur selten standen dagegen höhere Pfründen unter einem Patronat. Grundsätzlich verlieh der Bischof das Amt, er war jedoch an den Vorschlag des Patrons gebunden. Träger des *ius patronatus* waren alle Schichten des hohen und niederen Adels, auch Kleriker und kirchliche Institute, besonders Klöster, und im späteren Mittelalter in zunehmendem Umfang Städte und patrizische Bürgerfamilien. Der Patronat war vererblich und erscheint häufig in der Form eines Familienpatronats.

Genossenschaftliche Elemente im Niederkirchenwesen

So wichtig Eigenkirche und Patronat auch für die Kirchengeschichte gewesen sind, das Niederkirchenwesen darf jedoch nicht nur unter dem Aspekt der Herrschaft betrachtet werden. Die Pfarrgemeinde war auch nicht einfach ein „passiver kirchlicher Lastenverband und Kompetenzbezirk des Pfarrers" [so M. WEBER]. Vielmehr haben in der Ordnung des Niederkirchenwesens auch genossenschaftliche Elemente eine wichtige Rolle gespielt. So haben sich die Gemeinden oft mit Erfolg darum bemüht, das Recht zur Wahl ihres Pfarrers zu erwerben; und bäuerliche Gemeinden, die noch über keine eigene Pfarrkirche verfügten, stifteten vor der Reformation Pfründen und errichteten Kirchen, aus denen sich eigene Parochien entwickeln konnten.

3. Klerus und Laien

Neben den Pfarrgemeinden bestanden im Mittelalter in Stadt und Land Gilden und Bruderschaften. Im Unterschied zu den Pfarreien, in die man durch die Taufe aufgenommen wurde, ist die Gilde als „une paroisse consensuelle" bezeichnet worden [G. LE BRAS], als eine auf Konsens begründete Pfarrgemeinde. Charakteristisch für die Gilden waren u.a. ihre egalitäre Ordnung und die Mitgliedschaft von Frauen und Klerikern neben Männern. Die Gilden standen also in einem Gegensatz zum Schema der Trennung von Klerus und Laien. Ihre Mitglieder hielten regelmäßig gemeinsame Mähler mit Gottesdienst, Almosenspendung und Totengedenken und waren einander zur Hilfe verpflichtet. Als Sondergemeinden wurden die Gilden von den Bischöfen mißtrauisch betrachtet und mit Verboten belegt. Mit den Gilden eng verwandt waren die Bruderschaften. Bei diesen Personenvereinigungen, die vornehmlich religiösen Zwecken dienten, unterscheidet man Kleriker-(Priester-) und Laienbruderschaften, doch wurde der jeweils andere Stand von der Mitgliedschaft nicht ausgeschlossen. Ein Grundanliegen der spätmittelalterlichen Bruderschaften war die Verehrung der Eucharistie (Engelmeßbruderschaften) oder eines heiligen Patrons, und zwar im lokalen (z.B. Sebastian, Anna) und überregionalen Rahmen (Ursula). Andere Bruderschaften widmeten sich der Sorge für Arme und Fremde.

Gilden und Bruderschaften

B. Lebenskreise der Kirche

1. Bischöfe und Domkapitel

Die Geschichte von Christentum und Kirche ließe sich als ein dauerndes Wechselspiel genossenschaftlicher und herrschaftlicher Organisationsformen beschreiben. Zu Beginn scheint das Prinzip der Gruppe dominiert zu haben. Die frühen christlichen Gemeinden wurden durch ein Kollegium ortsansässiger Ältester (presbyteroi) und Aufseher (episkopoi) geleitet. Zuerst in Asien und Syrien dürfte sich dann die Dominanz eines einzelnen Bischofs ausgebildet haben. Nach den Briefen des Ignatios von Antiocheia († nach 110) ist der Bischof Garant der Einheit des Glaubens und dessen authentischer Lehrer. Ohne ihn gibt es in der Kirche weder Taufe noch Eucharistie oder Ehe. Gleichwohl bleibt der Bischof an seine Mitarbeiter gebunden. Obschon in der Kirche nichts ohne ihn geschehen soll, ist er von seinem Presbyterium umgeben, das die „Ratsversammlung der Apostel" darstellt; in dieser führt der Bischof „an Gottes Statt" den Vorsitz. Auch auf die Mitwirkung der Diakone ist er verwiesen. Im Westen entstand der „monarchische (monokratische) Episkopat" im 3. Jahrhundert. Nach der „Kirchenordnung" des römischen Theologen Hippolyt (†235?) stand der Bischof dem Presbyterium, den Diakonen und der Gemeinde vor. Neben die beiden schon früher bezeugten Funktionen der Bischöfe, die Gemeinde zu leiten und zu lehren (Hirten- und Lehramt), tritt bei Hippolyt die dritte grundlegende und bis heute charakteristische Funktion: die Weihegewalt. Die Macht, zu ordinieren, und das Recht, einen Thron einzunehmen, unterscheiden den Bischof nach Hippolyt von den Presbytern. Bischof Cyprian von Carthago (†258) lehrte, daß der Bischof seine Aufgaben immer in kollegialer Verbundenheit mit allen anderen Trägern des Amtes wahrzunehmen habe. Auch auf der kirchengeschichtlichen Stufe des Monepiskopats ging der genossenschaftliche Grundzug des Urchristentums also nicht ganz verloren. Das Kollegium der Bischöfe gewann entscheidendes Gewicht bei der Bestellung und gegebenenfalls auch Absetzung der Amtsbrü-

Entstehung des Bischofsamtes

Weihegewalt, Hirten- und Lehramt der Bischöfe

Kollegialität der Bischöfe

1. Bischöfe und Domkapitel

der. Selbst nachdem sich in Rom während des 5. Jahrhunderts der monarchische Episkopat zum päpstlichen Primat fortentwickelt hatte, behielt das Kollektiv der Bischöfe ihr Gewicht. Auf der Grundlage des monarchisch konzipierten Bischofsamtes standen sich in der ganzen Kirchengeschichte Kurialismus (päpstlicher Zentralismus) und Episkopalismus (Konziliarismus) in spannungsreichem Verhältnis gegenüber.

Der Bischof der Spätantike verfügte in seiner Diözese allein über die Kirchenordnung und war dabei nur an die Kanones der Synoden gebunden. Er war Gesetzgeber, Richter und Verwalter seines Sprengels. In wirtschaftlicher Hinsicht war der Einzelkleriker von ihm weitgehend abhängig. In Rom und den Bistümern der römischen Kirchenprovinz, kaum dagegen in Gallien, setzte sich eine Vierteilung des kirchlichen Einkommens durch: ein Viertel sollte danach dem Bischof, ein Viertel dem Klerus, ein Viertel den Armen und ein Viertel der *fabrica*, dem Kirchenbau, zukommen. Schon in der Spätantike bildete ein Teil der Landkirchen eigenes Vermögen, das die betreffenden Geistlichen selbst verwalteten. Am Bischofssitz war der Archipresbyter der erste oder älteste der Priester; er vertrat den Bischof in seinen geistlichen Aufgaben. Der Archidiakon, Haupt der Diakone und ständiger Begleiter des Bischofs, vertrat diesen in der Verwaltung des Kirchenguts, in der Armenpflege und im bischöflichen Gericht. Die Diakone standen zur unmittelbaren Verfügung des Bischofs beim Gottesdienst und in der Verwaltung. Auf dem Lande entlasteten den Ordinarius Chorbischöfe, die in früherer Zeit ebenfalls die Bischofsweihe erhalten hatten. Die Erzpriester residierten an den ländlichen Taufkirchen und leiteten dort im Auftrag des Bischofs den Gottesdienst; sie waren zum Vollzug der Taufe berechtigt und standen den übrigen Landpriestern vor. An der Bischofskirche in der Stadt lebte der Bischof nicht allein, sondern in einer Gemeinschaft von Geistlichen. Nach ihrem Eintrag im Verzeichnis der bischöflichen Kleriker werden diese in Gallien schon im frühen 6. Jahrhundert *canonici* (*clerici*) genannt. Die Kanoniker teilten mit dem Bischof Mahlzeit und Wohnung. Sie erhielten von ihm aus Kirchengut *stipendia* und *munera*, waren also der Notwendigkeit zu eigenem Broterwerb enthoben. Diese *vita communis* der Kanoniker hat wohl erst der Übergang zu aufwendigeren gottesdienstlichen Formen (*ordo psallendi*) notwendig gemacht; auch die Durchsetzung der schon älteren Zölibatsforderung an den Klerus wurde durch diese Intensivierung der Liturgie begünstigt. Eine detaillierte Ordnung für das gemeinsame Leben der Kanoniker schuf

Gewaltenfülle der Bischöfe

Spätantike Gliederung des Diözesanklerus

Regula canonico- der (Erz-)Bischof Chrodegang von Metz um 755 in einer Regel, die
rum Chrodegangs zunächst für seine Kathedralkirche galt und dann zum Vorbild späterer Regelungen der vita canonica wurde.

Entstehung der   Aus den Klerikergemeinschaften an den Bischofskirchen haben
Domkapitel sich im Frühmittelalter allmählich die Domkapitel entwickelt. In Deutschland hat die variierende Genese der Bischofssitze selbst auch die Entstehung der Domkapitel unterschiedlich geprägt. Bei den alemannischen Bistümern ist beispielsweise ein starker Einfluß des Mönchtums bemerkbar. In Konstanz amtierten nicht nur häufig Bischöfe, die gleichzeitig Äbte von St. Gallen oder Reichenau waren, sondern der Kathedralklerus selbst rekrutierte sich bis zum Ende der Karolingerzeit weitgehend aus den Mönchen der beiden Bodenseeabteien. Sogar Landgeistliche haben dem Domkapitel von Konstanz angehört. Ähnliche Vermischungen von Klerikern und Mönchen sind auch für andere Bischofssitze charakteristisch gewesen. Die Angelsachsen Willibrord und Bonifatius haben an die von ihnen gegründeten Bischofskirchen in Friesland bzw. Hessen/Thüringen das Modell ihrer Heimat mitgebracht; danach war der Kathedrale stets ein Mönchskloster zugeordnet, dem der Bischof als *abbas* vorstand. In Bayern waren ebenfalls Bistum und Kloster lange Zeit identisch. In Salzburg wurde das Kloster St. Peter erst 987 von der Bischofskirche und dem Stiftskapitel St. Rupert getrennt und die Personalunion von Bischofsamt und Abtswürde aufgehoben; ein Jahrhundert später verlegte Erzbischof Konrad I. seinen Wohnsitz bei St. Peter in einen Neubau in unmittelbarer Nähe des Domes. Unter den sächsischen Bistümern waren in Bremen Stadt- und Domklerus noch bis an die Schwelle des 11. Jahrhunderts identisch, weil es gar keine weitere Kirche gab.

Landschaftliche und lokale Besonderheiten behaupteten sich
bei den Domkapiteln trotz früh einsetzender Versuche, das Leben
Kanonikerreform des nichtmonastischen Klerus zu vereinheitlichen. In fränkischer
des frühen 9. Jh.s Zeit hat nach Chrodegang von Metz vor allem Kaiser Ludwig der Fromme mit seinen Helfern an der Durchsetzung derartiger Normen gearbeitet. Die *Institutio canonicorum* der Aachener Reichssynode von 816 sollte allerdings nicht bloß die Domgeistlichkeit, sondern den gesamten nichtklösterlichen Klerus des Karolingerreiches binden. „Niemals zuvor und nie später ist in der mittelalterlichen Kirchengeschichte ein ähnlicher Versuch unternommen worden, das Leben der Kleriker bis ins einzelne verbindlich zu ‚reglementieren'" [R. SCHIEFFER]. Stark betont wurde in der *Institutio* das gemeinsame Chorgebet, und ausführliche disziplinäre Bestimmungen

sollten das innere Leben der Kongregationen regeln. Organisatorisch wurde der *praepositus* eingeführt, der als verantwortlicher Vorsteher an die Spitze der Stiftskirchen bzw. – bei Domkapiteln – zwischen Bischof und Konvent treten sollte. Der Propst sollte durch weitere Amtsträger unterstützt werden, so durch *cellerarius* und *portarius*. Neben anderen Ämtern trat später in der Verfassung fast aller Kanonikergemeinschaften noch der Dekan auf, der als zweite Dignität nach dem Propst nach dem Vorbild der Benediktsregel, also einer Mönchsregel, eingeführt wurde. Im Unterschied zu den Mönchen wurde den Kanonikern in Aachen aber die Nutzung privaten Eigentums zugestanden. Die Beschlüsse von 816 sind keineswegs sofort und überall umgesetzt worden; die Idee eines gemeinsamen Lebens der Kleriker bezeichnete seither eher eine Leitvorstellung für die Entwicklungsgeschichte der Kanoniker. Offenbar waren die Aachener Normen ganz auf westfränkische Verhältnisse zugeschnitten. So galt die *Institutio* im Osten des Reiches zunächst nur in den Bistümern an Rhein, Maas und Mosel und vielleicht noch in Alemannien. Erst durch eine „ottonisch-salische Kanonikerreform im Schoße der deutschen Reichskirche" [R. SCHIEFFER] unter Heinrich II. wurde das Werk Ludwigs des Frommen vollendet.

Vollendung der karolingischen Reformen unter Heinrich II.

Heinrich II. hat auch die vermögensrechtliche Verselbständigung der Domkapitel gefördert, bei der der Westen (Frankreich) ebenfalls einen Entwicklungsvorsprung hatte. Bei der Gründung und Dotierung von Bamberg stattete er neben dem Bistum eigens die Domkanoniker mit materiellen Gütern aus. Eine ähnlich privilegierte wirtschaftliche Stellung erhielten noch unter Heinrich und unter seinen beiden salischen Nachfolgern auch Paderborn, Magdeburg, Merseburg, Lüttich und Köln, Chur, Utrecht, Speyer, Meißen, Freising und Mainz.

Die Zeit der Ottonen und Salier hat den Typ des Reichsbischofs hervorgebracht, der vom König zu politischen und militärischen Aufgaben herangezogen wurde (s.o. S. 19f.). Auch wenn in der Forschung darüber diskutiert wird, ob schon seit dem Ende des 10. Jahrhunderts ein neues „Bischofsideal" verbreitet wurde, durch das die sakramentale Heilsvermittlung als Kern der priesterlichen Tätigkeit in den Vordergrund rückte, erfährt man aus Bischofsviten und Bistumschroniken des Mittelalters im allgemeinen wenig über den gewöhnlichen pastoralen Dienst der Oberhirten. Der Reichsbischof Thietmar von Merseburg beispielsweise kam in seiner Chronik ganz selten auf seine eigene seelsorgerische Tätigkeit zu sprechen. Obwohl sein Bistum das kleinste des Reiches war, scheint er

Reichsbischof der Ottonenzeit

manche Gegenden bis zu seinem Todesjahr gar nicht visitiert zu haben; an der Mission der noch vorhandenen heidnischen Slawen war er wenig interessiert, er hat aber seinen schon getauften Diözesanen gern gepredigt. In ganz anderer Weise als Thietmar, ja in exzeptioneller Breite ging der Verfasser der wenig älteren Vita Ulrichs von Augsburg (†973) auf die bischöfliche Amtstätigkeit ein. Der Kleriker Gerhard schilderte darin geradezu das Alltagsleben eines – allerdings heiligmäßigen – Bischofs aus der Zeit Ottos I.: das tägliche Stundengebet Ulrichs mit der Domgeistlichkeit im Chor ebenso wie die im einzelnen verrichteten Offizien und Messen (bis zu drei am Tag); die Erfüllung der Gastungspflicht gegen königliche Lehnsträger sowie Kleriker, Mönche und Nonnen aus der eigenen Diözese; die Armensorge; den Umgang mit der *familia* an seinem Hof, die aus Geistlichen und Laien, Adligen, Freien und Hörigen bestand; die Fürsorge für Bischofskirche und Stadt, besonders durch Bauten; die zweimal jährlich gehaltenen Diözesansynoden, die Liturgie von Fastenzeit und Ostern, die Visitationsreisen mit Sendgerichten und Landkapiteln; die Kirchweihen, Glaubensunterweisungen und auch die Mahnungen an säumige Steuerzahler; schließlich und nicht zuletzt die Pilgerfahrten nach Rom und den Besuch der Reichssynode. Peinlich zu berichten war für Gerhard nur, daß Ulrich selbst seinen Neffen Adalbero zum Nachfolger erheben lassen wollte. Obschon das Phänomen der „Bischofsfamilien" die Kirchengeschichte schon seit der Antike begleitet hatte, sollen Ulrichs Mitbrüder den Augsburger Bischof von seinem Vorhaben abgehalten haben. Sie hätten ihn auf die kanonischen Bestimmungen, vor allem aber die Gefahren für die eigene Amtsführung hingewiesen.

Nepotismus, wie ihn Ulrich von Augsburg praktizierte, war eine Signatur der Kirche seit der Antike. Obschon die Botschaft Jesu den Reichtum ablehnte und die Armut pries, hatten gesellschaftliche Vorzüge wohl schon in den frühen Gemeinden den Aufstieg zum Episkopat begünstigt. In Gallien waren die Bischofsstühle im 5. und 6. Jahrhundert fast ausschließlich von den großen Familien des senatorischen Adels besetzt worden. Die adlige Kirchenherrschaft bestimmte dann auch die Kirchengeschichte des Mittelalters und der frühen Neuzeit. Insbesondere der Episkopat der deutschen Kirche war hocharistokratisch. Nach einer Übersicht über die „Standesverhältnisse der deutschen Bischöfe im Mittelalter" [L. Santifaller] gab es vom 7. bis zum 15. Jahrhundert im Gebiet des Reiches 2074 (bzw. mit Prag 2105) Bischöfe. Neben 421 Bischöfen unbekannter Abkunft stellten die edelfreien, also die freiadlig geborenen Oberhirten mit 987 Personen die bei weitem größte Gruppe. Neben 182 „vermutlich edelfreien" Bischöfen kann man noch 358 Ministerialen und Ritter zum Adel rechnen. Ihnen stehen nur 115 Bischöfe bürgerlicher oder bäuerlicher Herkunft gegenüber. Ministerialen und Ritter traten jedoch erst seit dem 12., Bürgerlich-Bäuerliche erst seit dem 13. Jahrhundert in größerer Zahl auf. In spätottonisch-frühsalischer Zeit hat nur Heinrich II. nachweislich vier nichtadlige Dienstleute zum Bischofsamt gebracht. Derartige Promotionen schufen aber große Probleme. Als der Hörige des Lütticher Dompropstes Gottschalk, Durand, Bischof geworden war (1021), mochte er das Gehorsamsgelübde seines kirchlich Untergebenen gar nicht annehmen und erklärte seinerseits, er werde nie den Gehorsam vergessen, den er seinem weltlichen Herrn schulde. Adlige Kandidaten beriefen sich bis zu Beginn des 11. Jahrhunderts gegenüber dem König gern auf ihre Verwandtschaft mit dem Herrscher. Oft waren sie aber nicht an den wichtigsten Bischofssitzen, sondern an solchen interessiert, die im Einflußbereich ihrer Sippen lagen. Die Kontrolle der einheimischen Bischofsstühle wurde dem Adel immer wichtiger, seitdem er beim Übergang zum Hochmittelalter seine Herrschaftsrechte bündelte und seine Sitze zentralisierte. In die Hand von Adelsgeschlechtern oder regionalen Adelskreisen gerieten im 11. Jahrhundert zunächst eher im Westen des Reiches gelegene Hochkirchen (Cambrai, Metz, Köln, Mainz, Worms). Die Verhältnisse in Lothringen bzw. in Rheinfranken ähnelten insofern schon denjenigen in Frankreich, die Regionen besaßen einen Entwicklungsvorsprung vor dem übrigen Reich. Das Königtum steuerte diesem Partikularismus entgegen, indem es landfremde Bischöfe einzusetzen suchte. Vielleicht haben die Könige das Zusammenwachsen der deutschen Stämme durch die Besetzung der Bistümer mit auswärtigen Bischöfen sogar bewußt gefördert.

Wenn die Domkapitel ihr Wahlrecht ausübten, achteten sie darauf, Angehörige des hohen Adels zu erheben; dafür waren nicht bloß Überlegungen maßgeblich, daß diese Herren durch Reichtum und politische Verbindungen die Lage des Bistums besser fördern konnten, sondern eine jahrhundertelang eingewurzelte Adelsmentalität der Kirche. Dabei sind die Domkapitel selbst gar nicht im gleichen Maße adlig gewesen wie der Episkopat. Im Reich sind nur die Kapitel von Straßburg und Köln fast ausschließlich mit Edelfreien besetzt worden. Da die Adelsgeschlechter im Kölner und Straßburger Umkreis, nicht zuletzt aufgrund des Übertritts der Söhne in den geistlichen Stand und des damit geforderten Zölibats, immer mehr

Adelsmentalität der deutschen Kirche

ausstarben, konnten die Kapitel ihre Vornehmheit auf Dauer nur dadurch wahren, daß sie ihre Mitglieder aus immer entfernteren Gebieten herbeiholten. Einen entsprechend kleineren Einzugsbereich hatten „gemischtadlige" Kapitel aus frei geborenen Adligen und Ministerialen (z.B. Mainz und Trier) oder gar „gemeinständische", in die auch Bürger und Bauern Aufnahme fanden. Ein vorherrschend bäuerlich-bürgerliches Gepräge hatten unter den altdeutschen Bischofssitzen Bremen, Verden und Brixen. In der Umgebung von Säben-Brixen stand zwar der Tiroler Adel in Blüte, doch lockte die bescheidene materielle Ausstattung der Kirche Edelfreie wenig an.

Einzelpfründen in den Domkapiteln

Nach der korporativen Verselbständigung der Kapitel durch Schaffung eines eigenen Vermögens bildeten sich im Hochmittelalter Einzelpfründen der Domherren heraus. Während dieser Prozeß in den alten Bistümern langsam und höchst unterschiedlich verlief, lagen die Dinge im Kolonialland einfacher. In dem erst 1160 durch Heinrich den Löwen gegründeten Bistum Lübeck bestand von vornherein eine feste Anzahl von zwölf Domherrenpfründen und einer Präbende für den Dompropst; das Kapitelsgut war in gleichwertige Teile geteilt, aus denen die Inhaber Einkünfte in gleicher Höhe bezogen. Ein bepfründeter Domherr war zur aktiven Teilnahme am Kapitel berechtigt. Er hatte beim Gottesdienst einen bestimmten Platz im Chorgestühl, das sogenannte *stallum in choro*; dieser Platz richtete sich nach der Dauer seiner Zugehörigkeit zum Kapitel. Außerdem hatte er ein *votum* oder eine *vox in capitulo*, also das Recht, an den Kapitelssitzungen und -beschlüssen mitzuwirken. Im Laufe der Zeit erhöhte sich die Anzahl der Pfründen am Lübecker Dom auf etwa 40; Adlige, Kleriker und seit Mitte des 13. Jahrhunderts vor allem Lübecker Bürger haben diese zusätzlichen Stellen gestiftet. Allerdings waren Ausstattung und Rechtsstellung dieser Präbenden sehr unterschiedlich. Die Stifter bzw. deren Erben oder Rechtsnachfolger übten durch ihr Patronats- oder Präsentationsrecht auch erheblichen Einfluß auf die Gesamtzusammensetzung des Kapitels aus.

Pflichten der Kanoniker

Die verpfründeten Domherren pflegten nicht die in der Aachener *Institutio* vorgeschriebene *vita communis*. Auch in der hochmittelalterlichen Kanonikerreform ist es nur in Salzburg (und Gurk) gelungen, das gemeinsame Leben des Kathedralklerus durchzusetzen (1122). Wichtigste gemeinsame Aufgabe der Domherren war der Chordienst an der Domkirche (Horen und Vigilien); dazu kamen „Privat-" und Konventsmessen sowie die Teilnahme an Prozessionen. Als Hebdomadare hatten die Domherren im wöchentlichen Wechsel bei der Messe besondere Aufgaben, für die sie durch einen Teil der Spenden entlohnt wurden. Bei Verhinderung mußten sie für eine Vertretung sorgen. Die Domherren waren auch verpflichtet, am Ort des Domkapitels zu residieren, um ihre gottesdienstlichen Pflichten möglichst persönlich wahrzunehmen. Dieser Grundsatz war 1179 auf dem 3. Laterankonzil bekräftigt worden, da es offenbar zu dieser Zeit bereits Probleme mit der Einhaltung der Residenzpflicht gab. Die Absenz ergab sich meist aus der Anhäufung mehrerer Pfründen in der Hand eines Stiftsherrn. Gegen ungerechtfertigte Abwesenheit wurden Vermögenssanktionen, besonders die Kürzung von Pfründerträgen, verhängt.

Die Bischöfe setzten Domherren zwar auch bei der Regierung ihrer Diözesen ein, doch ließen sich die Angehörigen des Kapitels im späten Mittelalter nicht mehr zu Amtsträgern der Ordinarien machen. Seit dem 13. Jahrhundert fand die Institution des Offizials Eingang in die deutschen Bistümer, ein *officium*, das von fachlich qualifizierten, aber jederzeit abrufbaren Klerikern bekleidet wurde; es entlastete den Bischof in der Rechtsprechung. Zusammen mit dem Generalvikar (für die Verwaltung) und den Weihbischöfen bildete der Offizial im Spätmittelalter die bischöfliche Kurie.

Ämter der Domherren. Bischöfliche Kurie

Die Amtsführung des Bischofs selbst war seit dem Übergang zum Territorialfürstentum im 12./13. Jahrhundert mehr und mehr verweltlicht. In den Quellen der Zeit ist im Hinblick auf die geistlichen und weltlichen Aufgaben der Oberhirten davon die Rede, daß fast alle Bischöfe Deutschlands ein doppeltes Schwert führten. Die Gefahr, daß hinter den Aufgaben des Fürsten die geistlichen Pflichten vernachlässigt werden könnten, haben die Zeitgenossen durchaus gesehen. So ließ der Zisterzienser Caesarius von Heisterbach anfangs des 13. Jahrhunderts in seinen Wundergeschichten einen Pariser Scholastiker sagen: „Alles kann ich glauben, aber ich kann nicht glauben, daß einer der Bischöfe Deutschlands jemals wegen seiner bischöflichen Amtsführung gerechtfertigt werden kann" (hrsg. v. A. HILKA, 1933, I, 127f.). Selbstverständlich kann dieses harsche Urteil nicht für alle Bischöfe gelten. So hat beispielsweise in Mainz Erzbischof Christian I. (1165-1183) sich und sein Amt uneingeschränkt in den Dienst des Kaisers gestellt, während sich sein Nachfolger Konrad von Wittelsbach (bis 1200) bei allem territorialfürstlichen Engagement vor allem um spirituelle Aufgaben kümmerte. Aber die Gesamttendenz der Zeit ist unverkennbar. Im Selbstverständnis der Bischöfe nahm nicht die Apostelnachfolge den ersten Platz ein, son-

Bischöfe als Territorialfürsten

dern die Fürstenwürde und die ihr zugeordnete Gottunmittelbarkeit. Es ist wohl kein Zufall der Überlieferung, wenn beispielsweise in Köln während des 12. und 13. Jahrhunderts nur eine einzige erzbischöfliche Predigt bezeugt ist. Auch die Weihegewalt haben die Kölner Oberhirten selten selbst ausgeübt. Andererseits haben die Fürstbischöfe ihre Vollmachten in Verwaltung und Rechtsprechung, die aus der Hirtengewalt hervorgingen, bedenkenlos in den Dienst des Herrschaftsaufbaus ihrer Kirche gestellt. Geistliches und Weltliches wurden immer mehr vermischt. Dabei wurden Wertigkeit und Rangfolge der beiden Bereiche auf den Kopf gestellt. Galt das *temporale* ursprünglich kirchenrechtlich wie theologisch als bloßer Annex des *spirituale*, so wurde das *spirituale* nun Annex des *temporale*. Die Zeitgenossen haben daran keinen Anstoß im prinzipiellen Sinne genommen. Kritik fand nur die Vernachlässigung geistlicher Pflichten zugunsten politischer Aufgaben.

Kritik an der Vermischung von Weltlichem und Geistlichem

Auch im Spätmittelalter war allgemein anerkannt, daß der Bischof der macht- und pflichtbewußte, politisch versierte Fürst sein müsse, wenn er einem geistlichen Territorialstaat vorstand. Trotzdem wurde der Gegensatz zwischen bischöflichem Amt und weltlicher Herrschaftsgewalt stärker als je zuvor empfunden. Das lag vor allem an einer vertieften Frömmigkeit breiter Kreise, die für das späte Mittelalter charakteristisch war. In der „Reformation Kaiser Siegmunds" wird geklagt, daß *die pischoff yetz krig (stifften) und machen mißhellung und schetzen die kirchen und priesterschafft wider got und recht; sie füren weltlichen gewalt und wissen wol, das es wider got ist* (MGH Staatsschriften 6, 127). Statt *uff der heuptkyrchen* ihres Bistums zu *sytzen* und *ein geystlichs leben zu füren ... reytten sye als leyen mit weltlichem zeuge als weltlich herren* und *wollen der kyrchen gut mit kriegenn gewynnen* (ebd. 128). Der Streit beginne vielfach schon bei der Besetzung des Bischofssitzes, denn *is konde keyn bischtum me fredelich besessen werden ..., man muß sie erfechten under kriegen* (ebd. 232). Dieser Diagnose hält der anonyme Reformschriftsteller entgegen: *ein bischoff soll sich gutlich betragen und sich nichts weltlichs annehmen; er soll ... allen den, dye in dem bysthümm sein, ein guten spiegel vortragenn* (ebd. 148). Besonders erschreckend war schon für die Zeitgenossen, wie unbedenklich die bischöflichen Landesherren des Spätmittelalters Bann und Interdikt, also kirchliche Waffen, im Konfliktfall gegen ihre Untertanen eingesetzt haben. Sie stellten die *cura animarum* hinter die *conservatio* bzw. *usurpacio bonorum* zurück. Der Bischof machte sogar seine bischöflichen Amtspflichten finanziell nutzbar. Geld brachte es etwa ein, wenn Äbte und Äbtissinnen für ihre Konfirmation und Benediktion bezahlten. Wie die römische Kurie ließ sich auch die bischöfliche Kanzlei die Ausstellung von Urkunden durch Gebühren honorieren. Trotzdem konnte Engelbert III. von Köln (1364-68) am Ende seines Episkopats gar keine Weihehandlungen mehr vornehmen, weil er seine Pontifikalien verpfändet hatte. An Mahnungen gegen derlei Entwicklungen hat es nicht gefehlt. Aber die Vermischung der *spiritualia* und *temporalia* in der Reichskirche war nicht mit individuellen Korrekturen zu beseitigen; sie war verfassungsgeschichtlich bedingt und sozusagen systemimmanent und sollte selbst durch die Reformation nicht aufgehoben werden.

2. Regularkanoniker und Kollegiatstifte

Schon in vorkarolingischer Zeit sind auf dem Gebiet des späteren deutschen Reiches an Märtyrergedenkstätten und Grabplätzen anderer Heiliger, in Bischofsstädten und an den Sitzen großer Landpfarreien Klerikergemeinschaften entstanden (St. Viktor in Xanten, St. Gereon in Köln, St. Cassius in Bonn, St. Paulin in Trier usw.). Die Aachener *Institutio* Ludwigs des Frommen von 816 gab diesen Stiftskirchen eine Lebensordnung; in der Forschung spricht man heute von „Kollegiatstiften". Die Lebensform der Kanoniker hat sich im Mittelalter und darüber hinaus als außergewöhnlich widerstandsfähig erwiesen; oft wurden Stiftskirchen über tausend Jahre alt, und neue Kollegiatstifte sind das ganze Mittelalter hindurch gegründet worden. Wichtigste Aufgabe der Stiftsherren war der feierliche Gottesdienst, markantestes Kennzeichen die Spannung zwischen *vita communis* und Privateigentum. Bis ins 11. Jahrhundert waren aber die Aachener Vorschriften über gemeinsames Dormitorium und Refektorium zugunsten eigener Wohnungen der Chorherren immer mehr in den Hintergrund getreten. Das klostergleiche Leben hatte sich häufig aufgelöst, und auch das Kapitelsgut war in Einzelpfründen zerfallen. Gegen diese Entwicklung richteten sich Reformbestrebungen der Kanoniker, die neben der Reform des benediktinischen Mönchtums (Cluny, Gorze, Hirsau usw.) und des Papsttums einen wichtigen Bestandteil der hochmittelalterlichen Erneuerungsbewegung in der Kirche darstellten. Aus dieser Reform sind neben den Prämonstratensern die sogenannten Regularkanoniker hervorgegangen; ihren Namen trugen sie schon im 11. und 12. Jahrhundert nach der Ausrichtung ihrer Lebensweise am Vorbild

[margin: Klerikergemeinschaften und Kollegiatstifte]

[margin: Regularkanoniker]

des Augustinus und der um ihn versammelten Klerikergemeinschaft. *Secundum regulam Augustini vivere*, wie es erstmals 1067 in Reims hieß, kennzeichnete ihre Lebensnorm. Später wurde dementsprechend auch die Bezeichnung Augustinerchorherren gebräuchlich. Die Regularkanoniker unterscheidet man von den Säkularkanonikern, die sich der Reform nicht angeschlossen haben. Verschiedene Ansätze, wieder nach einer strengeren Observanz zu leben und auf das Privateigentum zu verzichten, ohne allerdings die Aachener Regel aufzugeben, wurden zuerst in Südfrankreich und Italien zugunsten eines radikalen Neuansatzes beiseitegeschoben (z.B. St. Ruf/Avignon). Stichworte der Kanonikerreform waren neben *vita communis* auch *vita apostolica*, also die Rückbesinnung auf die angenommenen idealen Zustände der Urkirche, und *pauperes Christi* als Selbstbezeichnung der Kanoniker. Das Armutsideal wurde anfangs vor allem von einzelnen Klerikern oder auch Laien in der Einsiedelei umgesetzt. Das zönobitische, also quasi-monastische Leben der regulierten Chorherren richtete sich zunächst noch nicht nach einem Augustinus zugeschriebenen Regeltext, sondern nach dem Vorbild des spätantiken Kirchenvaters und seiner Klerikergemeinde, das man aus seinen Werken und anderen Schriften kannte. Erst zu Beginn des 12. Jahrhunderts griff man mehr und mehr auf die Augustinusregel selbst zurück, die allerdings in verschiedenen Überlieferungen vorlag. Das sogenannte *Praeceptum* stellte maßvollere Anforderungen als der *Ordo monasterii*, der strenges Fasten und Schweigen, ausgedehnte Nachtoffizien und Handarbeit forderte. Nach den beiden Regeln teilte sich die Reformbewegung um 1120 in zwei Gruppen; der *ordo novus* folgte der strengeren Observanz, der *ordo antiquus* begnügte sich mit den Vorschriften des Praecepts. 1120 hat auch Norbert von Xanten in Prémontré (Diözese Laon) ein Stift gegründet, das den *ordo novus* übernahm; durch Norberts persönliches Wirken und unter Leitung seines Nachfolgers entwickelte sich aus Prémontré und den von diesem abhängigen Stiften ein eigener Kanonikerorden.

Das Reich wurde seit etwa 1070 von der Bewegung der Reformkanoniker erfaßt. Bis zur Mitte des 12. Jahrhunderts sind hier mehr als 150 Reformstifte der Augustinerchorherren und daneben mehr als 50 Prämonstratenserstifte entstanden. Wichtigste Kristallisationspunkte wurden Rottenbuch (Diözese Freising, 1073 gegründet), Marbach (Diözese Basel, 1089), Springiersbach (Erzdiözese Trier, 1107), Hamersleben (Diözese Halberstadt, 1107/1109) und Salzburg (1121). Alle diese Stifte bildeten Mittelpunkte eigener Re-

Marginalien: Zwei Ordines der reformierten Kanoniker — Zentren der Kanonikerreform

2. Regularkanoniker und Kollegiatstifte 49

formkreise mit jeweils mehreren Häusern. Der *ordo antiquus* bestimmte u.a. Marbach im Elsaß und Rottenbuch; der *ordo novus* fand in der ersten Hälfte des 12. Jahrhunderts mehr Zulauf und erfaßte von Springiersbach in der Eifel ausgehend über Klosterrath bei Aachen Salzburg und wohl auch Hamersleben.

Die Träger der Kanonikerreform in Deutschland waren von Fall zu Fall verschieden. Rottenbuch, das erste Reformzentrum mit größerer Ausstrahlung, wurde von den Welfen gegründet und 1090 dem Papst übertragen. Urban II. sicherte Besitz, freie Propstwahl sowie freie Wahl des Bischofs für die Weihehandlungen und die anderen bischöflichen Rechte. Die Welfen sollten die erbliche Vogtei erhalten. Reformträger in Rottenbuch waren also der Adel, der auf Eigenkirchenrechte verzichtete, und das Papsttum. Dagegen war der zuständige Bischof von Freising nicht beteiligt. Die von Urban verliehene *libertas Romana* wurde auch anderen Mitgliedern des Rottenbucher Reformkreises zuteil (Berchtesgaden, Baumburg, Dießen, Bernried und Beuerberg). Rottenbuch und die von ihm reformierten Stifte pflegten freundschaftliche Kontakte zum Reformmönchtum; mit Hirsau hatten sie vor allem das „Konverseninstitut" gemeinsam, also die angeschlossene Lebensform frommer Laienschwestern und Laienbrüder. Auch Eremiten haben in Rottenbuchs und Bernrieds Umgebung gelebt. Im Investiturstreit wurde Rottenbuch zur Zuflucht von Anhängern der Päpste (z.B. Erzbischof Gebhards von Salzburg und Manegolds von Lautenbach). Für die Kanonikerreform insgesamt wichtig wurde das 1092 von Papst Urban II. Rottenbuch verliehene Privileg. In dieser „Magna Charta der Regularkanoniker" [P. Classen] verbot der Papst den reformierten Chorherren, zur Erlangung eines leichteren Lebens zum nichtregulierten Weltklerus abzuwandern oder – im Gegenteil – den strengeren Lebensstil der Mönche zu suchen. Der Papst wollte dem *ordo* der Regularkanoniker einen selbständigen Ort in der Kirche neben dem *ordo monasticus* zuweisen.

Träger der Kanonikerreform. Rottenbuch

Während bei Rottenbuch der zuständige Diözesanbischof keine Rolle spielte, trifft man im Osten des Reiches den „Typus des kanonikalen Reformbischofs" an [St. Weinfurter]. Dessen prominentester Repräsentant war neben Altmann von Passau (1065-1091) und Reinhard von Halberstadt (1107-1123) Erzbischof Konrad I. von Salzburg (1106-1147). Unmittelbar nach einer längeren Verbannung durch den Kaiser konnte Konrad 1122 sein Domkapitel in ein Regularstift umwandeln. Von der Bischofskirche ausgehend wurde dann die ganze Diözese vom regulierten Chorherrentum erfaßt.

Kanonikale Reformbischöfe. Halberstadt und Salzburg

Kein einziges Salzburger Stift blieb von der Reform ausgenommen. Konrad setzte die Regularkanoniker in der Verwaltung seines Sprengels ein und übertrug ihnen Archidiakonate. Vom Erzstuhl aus regte er auch die Reformbereitschaft seiner Suffragane an. Zum Reformkreis Konrads von Salzburg gehörte Gerhoch von Reichersberg; die zwischen 1128 und 1167 durch Gerhoch und seinen Bruder Arno verfaßten Schriften bilden die hervorragendste Quelle für die innere Entwicklung und die Ziele des bayerischen Chorherrentums. Nach Konrads Tod nahm die Dynamik der Reform jedoch schnell ab. Später schlossen sich die Chorherrenstifte zum Orden zusammen und gaben sich Statuten.

Gerhoch von Reichersberg

Der Erfolg der Kanonikerreform im 11./12. Jahrhundert darf nicht darüber hinwegtäuschen, daß sich die große Mehrheit der Stifte der Erneuerungsbewegung verschlossen hat. Im Reich gab es, bezogen auf das ganze Mittelalter, etwa 450-500 nicht regulierte Stifte. Auffälligerweise lagen fast drei Viertel von ihnen in den linksrheinisch verankerten Erzbistümern, in denen die Reform kaum eine Chance gehabt hat. Die Mainzer Erzbischöfe beispielsweise hatten unter dem Stichwort der *libertas Moguntina* die lückenlose Übereignung aller Stifte und Klöster an die eigene Kirche betrieben und einem kraftvollen kanonikalen Reformzentrum gar keinen Entfaltungsspielraum gelassen. In Köln waren die Pröpste der alten Stifte aus dem einheimischen Adel hervorgegangen; durch das „Priorenkolleg", das seit den sechziger Jahren des 11. Jahrhunderts faßbar ist, hatten sie zugleich neben den Ordinarien Regierungsgewalt in der Erzdiözese erlangt. Sie waren deshalb kaum daran interessiert, ihre Position und ihre Erträge durch eine Reform aufs Spiel zu setzen, die persönliche Armut forderte. Mitentscheidend für das Beharrungsvermögen der Kollegiatstifte war daher, vor allem was die Altsiedelgebiete betrifft, „die sichere Verankerung der meisten Stifte in der ‚Welt', d.h. in ihrem konkreten sozialen Umkreis, der sich von einer Veränderung des Status der Kirchen keinen Vorteil versprach" [MORAW]. Typologisch lassen sich unterscheiden das von Klöstern und von Bischöfen gegründete Stift, das dynastische Pfalz-, das adlige Burg- und das fürstliche Residenzstift, schließlich das städtische Stift. In funktionaler Hinsicht ergeben sich oft keine scharfen Grenzen zum Kloster, doch bestand zwischen Burg und Kloster – im Gegensatz zu Burg und Stift – eine regelrechte Unverträglichkeit. Wie wichtig die Kollegiatkirchen im Gesellschaftsgefüge waren, zeigt sich daran, daß vom 14. Jahrhundert an die intellektuell-politische Elite weitgehend auf Stiftskirchenpfründen fundiert war (Hofräte, Kanzleibeamte, Rechtsexperten, Diplomaten, Professoren). Die sozialen Muttergruppen der Kirchen faßten die Pfründen überdies als Teil ihres Besitzstandes auf und versorgten damit ihre Angehörigen. Eine gut dotierte Pfründe, wie z.b. die Propstei des Bartholomäusstifts in Frankfurt, war im hohen und späten Mittelalter, ebenso wie der kollationsberechtigte Erzstuhl in Mainz, weitgehend in den Händen einer mittelrheinischen Grafen- und Herrengruppe, besonders des Hauses Eppstein. Obwohl St. Bartholomäus ein städtisches Stift war, konnte ein Frankfurter nicht Propst werden. Allerdings sind im Kapitel selbst und in seinen Dignitäten Frankfurter Bürger zu finden. Der Propst nutzte auch die ihm zustehende Kollatur für bestimmte Pfründen dazu aus, sich eine eigene Klientel im Stift aufzubauen.

Auch wenn die Stiftsherren keiner asketischen oder zönobitischen Lebensnorm verpflichtet waren, die sie gegen äußere Eingriffe stärken konnte, bildeten sie doch Korporationen mit voll ausgebildetem Wahlrecht, mit Satzungsrecht und mit selbständiger Wirtschaftsverwaltung. Nach dem Wortlaut der Gründungsdokumente waren ihnen vornehmlich die feierliche Gestaltung der Liturgie und die Stiftermemoria auferlegt. Häufig waren Stiftskirchen auch zu Grablegen der Stifterfamilien ausersehen. Im Chordienst repräsentierten die Stiftsherren Macht und Reichtum dieser Familien ebenso, wie sie ihnen im Totengedenken dienten. Um die erwarteten Leistungen erfüllen zu können, war ein intakter Konvent erforderlich. So stark die Kollegiatkirchen in die Welt wirkten, blieben sie doch in erster Linie ein Ort des Gottesdienstes.

Aufgaben und Verfassung der Stiftskirchen

3. Das kirchliche Leben auf dem Lande und in der Stadt

In der Romania bildeten *castella* und *vici*, befestigte Plätze und dorfähnliche Siedlungen, Ansatzpunkte für ländliche Pfarrgemeinden. Entsprechend dem Modell des *civitas*-Vorortes, in dem der Bischof im Kreise seiner Kleriker residierte, lassen sich Gemeindekirchen in der Siedlung mit einer Mehrzahl von Geistlichen und Friedhofskirchen außerhalb unterscheiden. Offenbar dienten die ländlichen Kastellkirchen zunächst zur Betreuung der bereits christianisierten Romanen; die ins Reichsgebiet eingedrungenen und bekehrten Germanen scheinen in eigenen Gemeinden mit Pfarrkirchen vor den Mauern zusammengefaßt worden zu sein.

Spätantike Pfarrkirchen

Grundherrliche Oratorien   Neben der vom Bischof gegründeten Pfarrkirche gab es in der Spätantike die auf privatem Grund und Boden errichteten Sakralgebäude mit und ohne Pfarrkirchenfunktion. Am Beginn des 6. Jahrhunderts unterschieden die Bischöfe Galliens auf ihren Konzilien neben den *ciuitatenses presbyteri uel clerici*, dem Klerus in der Stadt, die *diocesani presbyteri uel clerici*, den Pfarrklerus auf dem Lande (Konzil von Agde 506 c. 22), sowie die Priester der grundherrlichen Oratorien. Auf dem Konzil von Clermont 535 wurde der gesamte Klerus in drei Gruppen gegliedert, je nachdem die Priester und Diakone *in ciuitate, in parrochiis* oder *in uillolis* arbeiteten (c. 15). Die Probleme, die die rasche Vermehrung der Pfarrkirchen und die zunehmende Ausstattung von grundherrschaftlichen Kirchen mit Pfarrrechten für den Bischof mit sich brachten, waren beträchtlich. Es galt, vor allem die Ausbildung der Kleriker vor der Weihe zu sichern und die moralischen Standesnormen einzuschärfen: sexuelle Enthaltsamkeit, Ehelosigkeit und Distanz von weltlichem Habitus (Geldgeschäfte, Jagd, Waffentragen, aufwendige Kleidung). Die Bindungen des Landklerus an den Bischof sollten durch regelmäßige Besuche des bischöflichen Gottesdienstes in der Kathedrale gesichert werden, während Visitationen und Diözesansynoden zunächst selten waren oder gar nicht stattfanden. Die Gefahr einer Isolierung der Kleriker auf dem Lande und der damit einhergehenden Mißstände suchte der Ordinarius wohl schon in der zweiten Hälfte des 6. Jahrhunderts zu mindern, indem er an größeren Orten

Archipresbyter. Schwureinungen des Landklerus   Archipresbyter mit Leitungs- und Aufsichtsrechten über mehrere Kleriker einsetzte. Die Landgeistlichkeit hat sich aber auch selbst geholfen und in geschworenen Klerikervereinigungen verbunden. Diese Klerikergilden, die schon durch die Akten der Synode von Orléans 538 bezeugt sind, dienten der gegenseitigen Hilfe in alltäglichen Notlagen und gewiß auch dem gemeinsamen Gebet, dem Totengedenken und Gottesdienst, ferner dem gemeinsamen Essen und Trinken und der Geselligkeit. Derartige *coniurationes* sind bis ins 7. Jahrhundert durch Verbote seitens der Bischöfe bekämpft worden und scheinen danach verschwunden zu sein.

Pfarrtermination unter Karl dem Großen   Unter Karl dem Großen sind die als Personenverband gebildeten Pfarreien zu territorialen Sprengeln mutiert. Karl hat allen Christen seines Imperiums die Pflicht auferlegt, den Zehnt, die „Kirchensteuer des Mittelalters" [W.M. PLÖCHL], an die jeweils zuständige Pfarrkirche abzuführen; um die Zehnteinzugsgebiete abzugrenzen, mußte eine Pfarrtermination durchgeführt werden. Die Steuerpflicht der Gläubigen bedingte gleichzeitig den Pfarrzwang, d.h. die

3. Das kirchliche Leben auf dem Lande und in der Stadt 53

obligatorische Mitgliedschaft jedes Christen in dem Pfarrverband seines Wohnortes. Die Pfarrangehörigen mußten an Sonn- und Feiertagen ihre Pfarrkirche besuchen und dort die Sakramente empfangen; auf dem Begräbnisplatz der Pfarrkirche waren die Toten zu beerdigen. Nur in Ausnahmefällen durfte ein Priester einen Nichtparochianen zum Gottesdienst in seiner Kirche zulassen.

Im Altsiedelland wurde das Pfarrnetz wohl schon im 8./9. Jahrhundert über das Land gelegt; allerdings kann keine Rede davon sein, daß das Land lückenlos in Pfarreien aufgeteilt war. Die ältesten, vielfach aus der Zeit der Mission stammenden Kirchen waren die Taufkirchen; bei ihnen lagen die Rechte zu taufen, den Zehnten zu erheben und die Aufsicht über die anderen Kirchen des Sprengels, die Filialkirchen, zu führen. Mit dem Pfarrsprengel war das Sendgericht verbunden. Bei der Errichtung neuer Pfarrkirchen (Dismembration) wurden Sendgericht und Taufrecht meist den alten Taufkirchen vorbehalten. In karolingischer Zeit waren die Pfarreien noch weit ausgedehnt. In ihrem Sprengel lagen regelmäßig mehrere Dörfer, Weiler und Höfe. Das Konzil von Tribur (895) setzte fest, eine Pfarrei solle dort errichtet werden, wo Orte mehr als vier Meilen von der alten Pfarrkirche entfernt lagen. Mit dem Verlust der Einkünfte, vor allem des Zehnten, fanden sich die Inhaber der Mutterpfarreien aber nicht leicht ab.

<small>Entstehung und Differenzierung des Pfarrnetzes</small>

Im 8. und 9. Jahrhundert schlossen sich Laien und Kleriker in Dörfern zu Gilden zusammen, die den älteren Kleriker-*coniurationes* ähnelten. Andererseits war der Klerus auf dem Lande in einer neuen Organisationsform verbunden, den sogenannten Kalenden. Diese Priesterkalenden gab es im Westen und Osten, doch sind sie besonders aus westfränkischen Quellen bekannt. Die Kleriker versammelten sich regelmäßig am Monatsersten zu Gottesdienst, Beratung und Mahl und standen – wenigstens in der Diözese Reims – unter einem Dekan. Es handelte sich nicht mehr um freie Einungen, sondern wohl um amtskirchliche Institutionen, in denen jedoch die ältere genossenschaftliche Lebensform nachwirkte.

<small>Kalenden</small>

Die Dekane gehörten neben Chorbischöfen und Archidiakonen zu den kirchlichen Instanzen zwischen Bischof und Pfarrern. Im einzelnen traten diese Ämter von Region zu Region ganz verschieden in Erscheinung. Für das Mittelalter waren vor allem die Archidiakone und die Dekane (Landarchipresbyter) wichtig. Im Westen hatten die Erzdiakone einen weiteren Kompetenzbezirk als die Dekane. Sie mußten den Bischof ursprünglich als Mandatare in Gericht und Verwaltung vertreten, hatten aber keine Weihegewalt.

<small>Archidiakone und Landdekane</small>

Die Dekane waren Delegierte des Bischofs und des Archidiakons und hatten die ihnen unterstehenden Pfarreien zu beaufsichtigen. Im Erzbistum Trier gab es fünf Archidiakonate, von denen vier schon 924 bezeugt sind, bei 23 Dekanaten; Mainz war unter Erzbischof Siegfried I. (†1084) in 18 Archidiakonate eingeteilt, Konstanz 1275 in 10 sowie in 64 Dekanate. Die Archidiakone entwickelten sich im Laufe der Zeit zu Trägern eines selbständigen Amtes, so daß die bischöfliche Kontrolle über die Bistümer gefährdet erschien. Das 3. Laterankonzil von 1179 mußte den Archidiakonen bezeichnenderweise größeren Aufwand bei Visitationen verbieten und setzte die Höchstzahl der Pferde auf 5 bis 7 fest; auch untersagte es, von Klerikern Abgaben einzuziehen. Als im Westen die Verselbständigung des Archidiakonats spürbar wurde, sind die Archidiakonate im Ostsiedelgebiet erst entstanden (in der Lausitz und in Schlesien z.B. im 12./13. Jahrhundert); die Stellung der Amtsträger wurde dementsprechend hier von vornherein beschränkt. In den, freilich alten, ostsächsischen Diözesen Halberstadt und Hildesheim gab es jeweils mehr als 30 Archidiakonate, obwohl die Bistümer nicht sehr ausgedehnt waren. Hier bezeichnete man die sonst Landdekane genannten Prälaten als Archidiakone.

Landesausbau und Gemeindebildung

Bevölkerungsvermehrung, Landesausbau und Siedlungsbewegung haben seit dem 11./12. Jahrhundert zu einer weiteren Verdichtung und Ausbreitung des Pfarrnetzes geführt. Im Zeitalter der Kirchenreform dürfte auch das Interesse der Landbevölkerung an geistlichen Belangen zugenommen haben. Dazu kommt die gleichzeitige Ausbildung von Landgemeinden und aktiven kirchlichen Gemeinden, die im Reich während des 11. Jahrhunderts begann und im 12./13. Jahrhundert besondere Bedeutung erlangte. Ein frühes Zeugnis für die Bildung derartiger Gemeinden bietet ein Vertrag von 1106, den Erzbischof Friedrich von Bremen mit Kolonisten im Bruchland an der Unterweser abgeschlossen hat. Es handelte sich um Holländer, die offenkundig mit ihrem Priester Heinrich nach Norddeutschland gekommen waren. Friedrich gestand ihnen zu, die Zehnten ihrer Feldfrüchte wie in ihrer Heimat zu zahlen und im Sendgericht nach den Satzungen der Utrechter Kirche zu verfahren. Die Kolonisten sollten auch Kirchen errichten und ihrem Priester Heinrich auf Lebenszeit überlassen dürfen. Die Holländer wurden also durch den Bremer Erzbischof als eigene Gemeinschaft anerkannt, die ihre Rechtsgewohnheiten weiter pflegen und sogar eine eigene kirchliche Gemeinde bilden konnte. Auch im Altsiedelland machten sich derartige Bestrebungen bemerkbar. So haben die Ein-

3. Das kirchliche Leben auf dem Lande und in der Stadt 55

wohner von Hodal in der Diözese Halberstadt um 1166/70 Bischof Gero um die Erlaubnis gebeten, eine eigene Kirche zu erbauen; sie hatten bis dahin zur Parochie von Eilsdorf gehört, fühlten sich aber von ihrer Pfarrkirche zu weit abgelegen und vernachlässigt. Nach Fertigstellung des Gebäudes weihte der Bischof die Kirche und erteilte ihr das Recht der Taufe, der Beerdigung und der Priesterwahl.

Neben der Errichtung neuer Pfarreien und Kirchen konnte sich das bäuerlich-genossenschaftliche Selbstbewußtsein auch in der gemeindlichen Mitwirkung an der Verwaltung des Kirchenvermögens äußern. Diese „Kirchenpflegschaften" in der Hand von Laien betrafen das sogenannte Fabrik- und Luminargut der Pfarrkirchen. Die Gemeinde konnte ferner das Recht zur Besetzung von Kaplaneien oder Altaristenstellen erwerben. Besonders signifikant war zweifellos die gemeindliche Ausübung des Pfarrerwahlrechts. Der deutsche Raum gehörte dabei zu den Hauptverbreitungsgebieten; Schwerpunkte lagen in Dithmarschen, Friesland, Ostsachsen, Thüringen, im Rheinland und in den Alpenländern. *Kirchenpflegschaften*

Das Sozialprestige der Dorfpfarrer war sehr gering. In der *Epistola de miseria curatorum seu plebanorum*, der Ende des 15. Jahrhunderts in der Diözese Meißen verfaßten Klageschrift eines Dorfgeistlichen, meinte der Pleban, er gelte nicht mehr als der Henker oder Abdecker. Er werde auch ständig durch neun Teufel gequält: durch den Patronatsherrn, den Küster, seine Köchin, den Kirchenvorsteher (Kirchenpfleger), den Bauern, den bischöflichen Beamten, den Bischof selbst, den Kaplan sowie durch den Prediger. Andererseits nannten sich die Geistlichen schon seit dem 14. Jahrhundert „Herren" und wurden auch so angesprochen. Über die soziale Herkunft der Landgeistlichkeit ist nur wenig bekannt. Oft haben Bürgersöhne Pfarrstellen in den ihrer Heimatstadt benachbarten Landgemeinden innegehabt. Einen beachtlichen Anteil an der Pfarrgeistlichkeit hatten auch die – natürlich illegitimen – Söhne der Pfarrer selbst; oft konnten sie sogar die Pfarre ihres Vaters übernehmen. In den einzelnen Landschaften verschieden war wohl der Anteil von Bauernsöhnen am Pfarrklerus. In Sebastian Brants „Narrenschiff" (1494) wird faßbar, welchen Aufstieg die Klerikerlaufbahn für einen Bauern bedeutete. Durch Aufnahme in die Priesterschaft konnte er demnach hoffen, ein Herr zu werden, müßig zu gehen und überdies noch seine Geschwister zu ernähren. Generell war das Einkommen der Geistlichen aber sehr unterschiedlich. Übertriebene Erwartungen an den Klerus als Mobilitätskanal haben vielleicht erst den starken Zulauf zum Geistlichenberuf im Spätmit- *Soziale Stellung der Dorfpfarrer* telalter ausgelöst, der selbst oft in Arbeitslosigkeit und Verelendung mündete.

Stadtpfarreien

Wie auf dem Lande bildeten auch in den Städten die Pfarreien den Kernbereich des kirchlich-religiösen Lebens. Als im hochmittelalterlichen Reich die große Städtegründungswelle anhob und sich die bürgerlichen Stadtgemeinden zu formieren begannen, war die Pfarrorganisation aber im wesentlichen schon abgeschlossen. So konnte es geschehen, daß manche Städte lange Zeit gar keine eigenen Pfarrkirchen besaßen. Das Anwachsen der Bevölkerung führte andererseits zur Bildung neuer Pfarrbezirke. Köln, wo dieser Prozeß allerdings schon im 9. Jahrhundert eingesetzt hatte, verfügte 1172 über 13, Ende des 14. Jahrhunderts gar über 20 Pfarrkirchen. Nicht immer entsprach die Anzahl der Pfarreien der Größe und Bedeutung der Stadt; so hatte Erfurt im Spätmittelalter 28 Parochien, Nürnberg zwei, Lüneburg und Frankfurt a.M. nur eine.

Baulichkeiten der Kirche in der Stadt

Bei den Pfarrkirchenbauten läßt sich während des Mittelalters kein spezifischer Typ ausmachen; neben der aufwendigen Form der Basilika (Ulm, Freiburg, Lübeck) war die eintürmige Hallenkirche ohne Querschiff und mit Schaugiebel beliebt. Die Pfarrkirchen bestimmten freilich nicht allein das sakrale Bild der Stadt. Die Städte boten dem Betrachter vielmehr ein „vieltürmig-stacheliges" Bild dar [K.A. KNAPPE]. Neben den Pfarrkirchen standen die Stiftskirchen, Kapellen, Ordensniederlassungen, Spitäler. Die Zahl der geistlichen Institutionen war erstaunlich hoch. In der größten deutschen Stadt Köln gab es um 1350 11 Stifte, 20 Ordenshäuser, 19 Pfarreien, zwei Dutzend selbständige Kapellen, gut 20 Kapellen in Spitälern, Stiftsgebäuden und Höfen auswärtiger Klöster und etwa 62 kleine Konvente der semireligiosen Beginen und Begarden. Sogar Hildesheim hatte um 1500 bei etwa 5000 Einwohnern über 50 Kirchen und Kapellen.

Bürgerliche Gesellschaft und Klerus

Der Menge der kirchlichen Bauten und geistlichen Institute entsprach eine große Zahl von Klerikern. Für Augsburg wird der Anteil der Geistlichkeit einschließlich ihrer Dienstleute auf 10% der Gesamtbevölkerung geschätzt; in Würzburg hat er etwa 7-7,5% betragen. Diesen Städten mit hoher Klerikerquote standen allerdings andere gegenüber, bei denen die Geistlichen eine geringere Rolle spielten: In Dresden lag der Klerikeranteil bei 1,6%, in Hannover bei 2%, in Höxter bei 2-2,5% usw. Der städtische Klerus war aus Geistlichen ganz verschiedenen Lebensstils zusammengesetzt (Weltkleriker und Mönche, halbmonastisch lebende Stiftsherren und nichtmönchische Ordensleute wie Prämonstratenser und Johanni-

3. Das kirchliche Leben auf dem Lande und in der Stadt 57

ter). Gravierend waren die sozialen Unterschiede. Der Adel besetzte meist die Dom- und Stiftsherrenstellen, z.T. auch die Pfarreien. Es fragt sich allerdings, in welchem Maße die Adligen auch die Priesterweihe angenommen haben und der Residenzpflicht nachgekommen sind. Einen großen Teil der Pfarrerstellen hatte das Bürgertum inne; die reichen und wichtigen Stadtpfarreien behielten sich die Patrizier vor (in Köln z.b. die Overstolz, Hardevust und de Cervo). Wohl ebenso stark vertreten waren Pfarrer aus dem Handwerkerstand, kaum dagegen solche aus den städtischen Unterschichten. Neben den Pfarrern (Plebanen) lassen sich auch noch andere Gruppen von Weltgeistlichen mit niederen und höheren Weihen zum Niederklerus rechnen: Vikare, Gesellpriester, Altaristen, Benefiziaten, Meßpriester, Kapläne usw. Diese Kleriker kamen aus denselben sozialen Schichten wie die Pfarrgeistlichkeit; allerdings waren viele Pfründen dem gesellschaftlichen Umkreis der Stifter vorbehalten. Altaristen- und Meßpriesterpfründen dienten sehr häufig zur Versorgung der Bürgersöhne. Gilden, Zünfte und Bruderschaften setzten an ihren Altären eigene Angehörige ein, Ratsfamilien nutzten die Ratspatronate für ihre Söhne. Nicht ganz ausgeschlossen war der Aufstieg vom Niederklerus in die Stiftskapitel.

Das Einkommen der niederen Geistlichkeit im späten Mittelalter läßt sich nur schwer berechnen und von Fall zu Fall kaum vergleichen. Es scheint aber festzustehen, daß der Niederklerus auch in finanzieller Hinsicht keine einheitliche soziale Gruppe gewesen ist. Die Einkünfte des Pfarrklerus dürften im Durchschnitt denen von Händlern und Meistern mit mehreren Gesellen gleichgekommen sein, während Vikare im allgemeinen kleinbürgerliche Einkommen bezogen. Altaristenstellen, die von der Oberschicht gestiftet waren, wurden im allgemeinen wohl so ausgestattet, daß sie dem Lebensstandard eines Pfründners aus der Oberschicht entsprechen konnten. Gegen Ende des Mittelalters sank das Realeinkommen des niederen Klerus bedenklich ab; da die Bezüge oft aus sogenannten ewigen Zinsen bestanden, deren Wert immer geringer wurde, mußten Kumulationen, Zusammenlegungen und Nachdotierungen aushelfen. Zur Absicherung des Lebens- und Standesnotwendigen wurde für den Seelsorgeklerus eine Untergrenze für Benefizialeinkommen, die *portio congrua*, vorgeschlagen. Auch Mindestdotierungen für Altar- und Meßstiftungen haben Bischöfe und Städte verordnet, meist aber ohne Erfolg. Wirtschaftliche Not zwang den Niederklerus zur Ausübung von Nebentätigkeiten. Dazu gehörten der Dienst als Schulmeister, Schreiber, Notar, Ratssekretär, Steuerein-

Wirtschaftliche Lage der städtischen Geistlichkei

treiber usw. Viele der niederen Pfründen sind überhaupt nur geschaffen worden, um derartige „private" und „öffentliche" Aufgaben zu erfüllen. Zur gegenseitigen Hilfe in ihrer prekären Lage zwischen kirchlichen Vorgesetzten (Pfarrern und Stiftsherren) und Laien verbanden sich Vikare und Altaristen in Bruderschaften.

Predigerpfründen   Seit dem 15. Jahrhundert wurden, vor allem im deutschen Südwesten, gut dotierte Predigerpfründen (Prädikaturen) geschaffen und Predigthäuser eingerichtet; damit trug man dem Bedürfnis nach anspruchsvollerer Glaubensunterweisung Rechnung. Der Rat pflegte diese Predigerstellen mit akademisch gebildeten Priestern zu besetzen. Ein berühmter Prediger wie Geiler von Kaysersberg in Straßburg konnte es sich leisten, eine mit 200 Gulden dotierte Pfründe in Würzburg auszuschlagen.

Die durch reiche kirchliche Bauten und eine vielköpfige Geistlichkeit geprägte Stadt des späten Mittelalters wurde schon als „Sakralgemeinschaft" [L. HÄNSELMANN] oder als „corpus christianum
Konflikte zwischen im kleinen" [B. MOELLER] bezeichnet. Indessen bestanden zwischen
Bürgerschaft und Kirche und Klerus auf der einen und Stadt und Bürgerschaft auf
Klerus der anderen Seite Spannungen, die sich in offener Gewalt entladen konnten. Dann wurden Klöster gestürmt, wurde Klerikern oder Mönchen Leid zugefügt, während die Gegenpartei die geistlichen Zwangsmittel von Exkommunikation, Bann und Interdikt anwandte. Allerdings steigerte sich die Kirchenkritik von seiten der Laien kaum einmal zur Kirchenfeindschaft; es gab Pfaffenhaß, aber keinen prinzipiellen Antiklerikalismus. Denn die Unentbehrlichkeit des Klerus für die sakramentale und religiöse Versorgung der Stadt blieb unbestritten. Deshalb nahm der Rat eine seiner vornehmsten Aufgaben wahr, wenn er, um Schaden für das Seelenheil der Bewohner abzuwenden, sittliche oder religiöse Mängel des Klerus bekämpfte. Obschon der Rat als Gremium der Bürgerschaft politisch zu handeln vermochte, stand ihm in der Regel aber nicht der Klerus in seiner Gesamtheit gegenüber; Konflikte konzentrierten sich zumeist auf *eine* geistliche Anstalt und *einen* konkreten Streitpunkt, und die Geistlichkeit bildete höchst selten, wenn je, eine Solidargemeinschaft.

Das schwierige Verhältnis zwischen Bürgern und Klerikern in der spätmittelalterlichen Stadt beruhte darauf, daß die Stadt im Okzident während des Mittelalters Gemeindecharakter angenommen hat. Als bürgerliche Genossenschaften sind die Städte seit dem 12. Jahrhundert in gewissem Maße aus der herkömmlichen politischen und sozialen Ordnung des Feudalsystems ausgeschieden; ihre

3. Das kirchliche Leben auf dem Lande und in der Stadt 59

Gesellschaftsauffassung kollidierte aber auch mit dem schon in der Spätantike ausgeformten kirchlichen Amt. Die aus dem *character indelebilis* des Priestertums abgeleiteten Vorrechte schränkten die städtische Autonomie empfindlich ein. So konnten die Geistlichen nicht zum Kriegsdienst, zur wehrhaften Verteidigung der Stadt, verpflichtet werden, und das Gerichtsstands- und Immunitätsprivileg schützte sie vor der städtischen Jurisdiktion und Steuereinhebung. Gravierend wirkte sich etwa das *privilegium immunitatis* dadurch aus, daß ein Großteil des überbauten Stadtgebietes in Händen der Kirche war; in der Altstadt von Freiburg i. Br. handelte es sich um ein Fünftel der Gesamtfläche, in Bonn um 35%. Provokativ für die Bürger war es auch, daß die Geistlichen trotz ihrer Immunität die Vorzüge der Stadt genossen und in Anspruch nahmen: den Mauerkranz und den Stadtfrieden, *Steg und Weg, Brunnen und Brücken*. Außerdem profitierten nicht nur die Geistlichen selbst, sondern auch deren *familia*, Gesinde und Hausgenossen, von den Vorzügen des Klerikerstandes. Die Geistlichen nutzten ihre Steuerimmunität sogar aus, um in vorteilhafter Weise selbst Gewerbe und Handel zu treiben. In Lüneburg etwa kontrollierte die Kirche die Salzgewinnung, in Würzburg den Weinanbau. Jahrhundertelang konnten Laien und Kleriker in den Städten um das Recht des Bier- und Weinausschanks miteinander ringen. Es kam zu regelrechten „Pfaffenkriegen". Die Städte versuchten im allgemeinen, wenigstens die Ausweitungen des Steuerprivilegs durch den Klerus zu behindern. In Frankfurt am Main ging der Rat 1462 gegen geistliche Betätigungen auf dem Kapitalmarkt mit Hilfe von Strohmännern vor. Trotz derartiger Maßnahmen waren die Städte oft weitgehend von der Kirche als Kapitalgeber abhängig. In Kolberg nahm z.B. die Stadt 78% ihrer Rentenkredite bei der Kirche auf, in Augsburg betrug der Anteil immerhin noch ein Drittel. Bisweilen besteuerten die Städte wenigstens die Laien, die auf kirchlichem Boden wohnten; auch zum Mauerbau und zum Wachdienst suchte man die Kleriker heranzuziehen. Eine dauernde und vollständige Besteuerung aller geistlichen Personen und Besitztümer scheint es allerdings in keiner deutschen Stadt gegeben zu haben.

Das weitestgehende Ziel der Stadtgemeinden war es, den Klerus ins Bürgerrecht aufzunehmen. Eine Bestimmung des Kirchenrechts, die das verboten hätte, gab es nicht. Wenigstens teilweise waren die Bürger mit ihrem Vorhaben auch erfolgreich; bisweilen traten ganze Kapitel, Klöster und Spitäler ins Bürgerrecht ein. Der Rat der Stadt Straßburg erließ 1452 sogar ein Mandat, nach dem jeder-

Kleriker als Bürger

mann, der *in der stat oder in dem burgbanne* sitze, das Bürgerrecht erwerben müsse. Tatsächlich weist das Bürgerbuch zahlreiche Geistliche aus, die das Bürgerrecht angenommen haben; Sanktionen des Bischofs von Straßburg gegen diese Übertritte hatten wohl keinen durchschlagenden Erfolg. Das Bürgerrecht gewährte Schutz, so daß auch auswärtige Klöster darum nachgesucht haben. Stiftskirchen konnten sich – etwa gegen den Bischof – durch Schirmverträge mit den Städten verbünden. Trotz dieser Annäherungen blieb das Problem „Kleriker als Bürger" im Mittelalter ungelöst. In Deutschland scheint „die Überzeugung, daß Klerus und Laien zwei voneinander geschiedene Menschenklassen seien, nirgends ernstlich in Frage gestellt worden" zu sein [MOELLER]. Erst die Reformation selbst hat hier einen Wandel herbeigeführt. Der *character indelebilis* der Priester wurde bestritten und die Lehre vom Priestertum aller Gläubigen verkündet; Weihe und sakramentale Funktion des Priesters wurden in Frage gestellt und die Ständescheidung von den Laien aufgehoben. Auch das Selbstverständnis der Stadt begann sich jetzt zu wandeln: sie war nicht mehr „Sakralgemeinschaft", sondern Bürgergemeinde vor Gott.

Aufhebung der städtischen „Sakralgemeinschaft" durch die Reformation

II. Grundprobleme und Tendenzen der Forschung

A. Grundprobleme

1. Kirchengeschichte im Spannungsfeld von Glauben und Wissenschaft

Die Kirche als Institution wie alle Äußerungen des Glaubenslebens bilden einen gemeinsamen Forschungsgegenstand der Theologien und der Geschichtswissenschaft. Standardwerke zur Kirchengeschichte des Mittelalters stammen dementsprechend auch von Profanhistorikern, oder sie verdanken ihre Entstehung der Kooperation der verschiedenen Disziplinen. Der Dialog, ja die Zusammenarbeit zwischen Kirchen- und Profanhistorikern ist möglich, weil sich die Kirchenhistoriker auf den Boden der kritischen Geschichtsforschung gestellt haben und die historische Methode anerkennen; eine spezifisch theologische Methode zur Deutung historischer Phänomene gibt es dagegen nicht. Wie die Profanhistoriker sind die Kirchenhistoriker an die historischen Quellen gebunden, die sie nach Maßgabe der allgemeinen Quellenkritik auf ihre Glaubwürdigkeit hin untersuchen und aus denen sie den Ablauf der Ereignisse zu erfassen suchen. Trotzdem liegen der im Rahmen der Theologie betriebenen Kirchengeschichte und der Kirchengeschichte der Profanhistoriker grundsätzlich verschiedene Werthaltungen zugrunde, die sich bis in die Analyse von Einzelproblemen oder bis in die Darstellung besonderer Vorgänge, Personen und Sachverhalte hinein auswirken können. Kirchengeschichte im engeren Sinne wurzelt im Glauben und beruht auf einem theologisch begründeten Kirchenbegriff; sie ist „in der wertenden Subjektivität angesiedelt", während die Geschichtswissenschaft gegenüber weltanschaulicher Deutung der Geschichte eine grundsätzliche Offenheit wahren muß [20: SCHATZ, Ist Kirchengeschichte Theologie? 511]. Da in Deutschland seit der Reformation zwei Kirchengeschichten entstanden sind, muß der Profanhistoriker seinen Standpunkt doppelt abgrenzen, ge-

Zusammenarbeit von Profan- und Kirchenhistorikern

Glaubensprämissen der Kirchenhistoriker

genüber der Kirchengeschichte katholisch-theologischer und gegenüber der Kirchengeschichte protestantisch-theologischer Provenienz. Die katholische Kirchengeschichte war lange Zeit stark beeinflußt von der heilsgeschichtlichen Auffassung von Kirche, wie sie besonders profiliert H. JEDIN vertreten hat. Gegenstand der Kirchengeschichte ist nach Jedin eine Kirche, die im wesentlichen nur durch den Glauben erfaßt werden kann und die als solche geprägt ist von der Stiftung durch Jesus Christus und vom dauernden Beistand des Heiligen Geistes. „Diese Kirche ist keine unsichtbare Gemeinschaft, etwa der wahrhaft Gläubigen oder der Prädestinierten, sondern eine sichtbare, mithin geschichtliche Größe" [16: Kirchengeschichte ist Theologie und Geschichte, 34]. Da Gottes Plan in der Weltgeschichte verwirklicht wird, sind nach Jedin überraschende Ereignisse und Wenden der Geschichte nur mit dem Eingreifen Gottes zu erklären. Ein derartiges Deutungsschema für historisches Geschehen hat bei Profanhistorikern entschiedenen Widerspruch gefunden. Dabei ging es nicht etwa darum, daß sich die betreffenden Historiker für ihre Person vom christlichen Glauben distanzierten, sondern um einen grundsätzlichen methodischen Zweifel an der Zulässigkeit eines Urteils über transzendente Ursachen für den Gang der Geschichte. Das Nebeneinander zweier heterogener Prinzipien bei historischen Erklärungsversuchen, der freien Lenkung durch Gottes Willenstat und der durch menschliches Handeln begründeten Kausalität, sei nicht durchzuhalten. Es könne und dürfe gefragt werden, „wo und wie in der kirchengeschichtlichen Arbeit jeweils die Grenze zwischen ‚übergeschichtlicher Dimension' und innergeschichtlicher Deskriptions- und Erkenntnismöglichkeit festgestellt" werde [17: LUTZ, Profangeschichte, 82]. „In letzter Konsequenz erübrigt sich die Tätigkeit des Historikers, wenn er zu seinen Folgerungen den Heiligen Geist heranzieht" [19: SAURER, Kirchengeschichte, 165]. Abgesehen von der profanhistorischen Kritik kann festgestellt werden, daß der heilsgeschichtliche Ansatz selbst bei der Kirchengeschichte als Wissenschaft derzeit wenig Ansehen genießt. So machte der Jesuit K. SCHATZ geltend, der Kirchenhistoriker könne nicht in wissenschaftlich begründeter Weise hier und da das Wirken Gottes aufzeigen. Auch in der Kirchengeschichte bleibe „Gott der ‚verborgene Gott'" [20: Ist Kirchengeschichte Theologie? 492]. Noch weiter ging V. CONZEMIUS, der Kirchengeschichte zu einer „nichttheologischen Disziplin" erklärte und nur noch profanhistorisch, „d.h. mit den Augen der historischen Vernunft", betreiben wollte [14: 190]. Conzemius lehnte die Frage nach dem Wirken

1. Kirchengeschichte im Spannungsfeld von Glauben und Wissenschaft 63

des Heiligen Geistes in der Geschichte aus methodischen und theologischen Gründen ab, stellte dafür aber die Forderung auf, das Wirken des religiösen Faktors in der Geschichte ernst zu nehmen und gleichzeitig sozio-ökonomischen und psychohistorischen Deutungsversuchen zu widerstehen. Bei der Annäherung an das Religiöse, „der Einfühlung in den Forschungsgegenstand", habe freilich der theologisch gebildete Historiker „einen kaum wettzumachenden Vorsprung gegenüber demjenigen, der sich dem Gegenstand dialektisch ‚von innen und von außen' nähern muß". Vom Profanhistoriker könne aber erwartet werden, daß er Kirchengeschichte „mit einem Minimum an Sympathie für den christlichen Glauben" betreibe [ebd. 194]. Solche methodologischen Forderungen können indes von allgemeinhistorischer Seite nur mit größter Skepsis aufgenommen werden. Die Grenze, die Conzemius zieht, verläuft weniger zwischen Kirchen- und Profanhistorikern, als zwischen gläubigen und nichtgläubigen Historikern. Nur religiösen Historikern das Vermögen zuzusprechen, religiöse Phänomene und kirchengeschichtliche Sachverhalte adäquat zu erfassen, hieße aber, eine wissenschaftliche Hauptregel zu verletzen; diese besagt, daß Forschungsergebnisse nur dann Gültigkeit beanspruchen können, wenn sie von jedermann, der dazu intellektuell überhaupt in der Lage ist, überprüft werden können. *Problematik der gläubigen und nichtgläubigen Historiker*

Nach dem Verständnis der katholischen Kirchenhistoriker ist Kirche immer eine sichtbare Größe. Die meisten von ihnen sehen in Jesus Christus selbst den Urheber einer sakramentalen und hierarchischen Ordnung. Kirche und Volk Gottes stehen demnach zuerst unter der Führung des Apostelkollegs, dann unter der Leitung von Episkopat und päpstlichem Primat. Für das evangelische Kirchenverständnis ist demgegenüber die Unterscheidung von sichtbarer und unsichtbarer Kirche konstitutiv. Luther selbst hat gelehrt: „Abscondita est ecclesia, latent sancti. – Es ist ein hoch, tief, verborgen Ding, die Kirche, daß sie niemand kennen noch sehen mag". Nach der evangelischen Kirchenhistorikerin K. BORNKAMM tritt „die Kirche des dritten Glaubensartikels, die Gemeinschaft der Glaubenden, nicht in einer bestimmten Institution in Erscheinung", obschon „auch nach reformatorischem Verständnis die Ausbildung eines gemeindlichen Zusammenschlusses notwendiger Ausdruck des Glaubens" sei. Kirchengeschichte dürfe sich deshalb weder einseitig an der sichtbaren Kirche orientieren noch die Konzentration auf die konkrete Kirche zugunsten einer Christentumsgeschichte aufgeben. In Anlehnung an G. EBELING versteht sie „Kirchengeschichte als *Evangelische Konzeption der Kirche*

Geschichte der Auslegung der Heiligen Schrift"; diese vollzieht sich aber „nicht nur in Verkündigung und Lehre (...), sondern auch im Handeln und Leiden (...), in kirchlicher Organisation und Kirchenpolitik, in der Weltherrschaft der Päpste und in der Kirchenhoheit von Landesherren, in Kriegen im Namen Gottes und in Werken barmherziger Liebe". Im Mittelpunkt der so verstandenen Kirchengeschichte steht der die biblische Botschaft hörende Mensch [13: BORNKAMM, Kirchenbegriff, 456-458].

Wenn Gott als Lenker der Geschichte vorausgesetzt wird oder die Begegnung des Menschen mit Gott in der Geschichte als eigentliches Thema gilt, rückt in der Kirchengeschichte beider Konfessionen wie selbstverständlich das Religiöse in den Vordergrund des Interesses. In den Augen der Kirchenhistoriker kann der Profanhistoriker deshalb bei der Erkenntnis der Kirchengeschichte als benachteiligt gelten. Während Historiker oft Anstoß nehmen an der Befangenheit der Theologen, die aus deren Glaubensvoraussetzungen erwachse, erheben diese gegen jene den Vorwurf des Positivismus. Weitergehend sprach JEDIN davon, daß der „metahistorische Maßstab" des Kirchenhistorikers „wohl den relativistischen Historismus, aber nicht echte Historie" ausschließe [44: Einleitung zum Handbuch der Kirchengeschichte 1, 11]. Positivismus und Historismus sind allerdings strikt voneinander zu trennen. Historismus bedeutet zunächst „die Einsicht, daß alles und jedes geschichtlich geworden und geschichtlich vermittelt ist, ‚daß das Leben und die Wirklichkeit Geschichte sind und nichts anderes als Geschichte'" [27: OEXLE, Geschichtswissenschaft 17, mit Zitat B. CROCES]. Der Historismus, der zur Historisierung aller Lebensbereiche führt, ist keine abgeschlossene Größe, wie weithin angenommen wird; er ist vielmehr „ein grundlegendes, ein konstitutives Phänomen der Moderne, vergleichbar der Aufklärung, der Revolution, der Industrialisierung und Technisierung sowie der Verwissenschaftlichung aller Lebensbereiche" [28: OEXLE, „Historismus", 119]. Historismus als geistige Bewegung ergreift aber nicht nur alle Lebensbereiche der sogenannten objektiven Welt, sondern vor allem, und das macht seine Dynamik aus, das Wissen und das Denken selbst. Da das Wissen von der Geschichte und das Denken über sie notwendig dem geschichtlichen Prozeß des Wandels unterworfen sind, ist der Prozeß historischer Erkenntnis auch nicht abschließbar. Das unterscheidet Geschichtswissenschaft auf dem Boden des Historismus von der Geschichtswissenschaft, die auf dem Boden des Positivismus steht. Der Positivist häuft historische Fakten und Befunde um ihrer selbst

1. Kirchengeschichte im Spannungsfeld von Glauben und Wissenschaft 65

willen auf oder in der Hoffnung, sich damit der historischen „Objektivität", der geschichtlichen Wahrheit, anzunähern. Aus der Perspektive des Historismus ist diese Hoffnung vergeblich, da alle Erkenntnis nur wahr ist in Abhängigkeit von der jeweils historisch bedingten Fragestellung. Nach dieser Auffassung wird Geschichte als Wissenschaft mit Geschichte als Forschung identisch. „Von anderen Formen der Wissenschaft unterscheidet sich ‚Forschung' durch ihren Grundgedanken, und dieser Grundgedanke ist: der Gedanke der Unendlichkeit, die Auffassung nämlich, daß der Gegenstand des Forschens, die empirisch erfahrbare Welt, unendlich ist und daß deshalb auch der Prozeß der Erforschung dieser unendlichen Welt prinzipiell ein unendlicher ist, daß er also niemals an ein Ende kommt, sein Ziel niemals erreichen kann" [27: OEXLE, Geschichtswissenschaft, 18f.]. Dem Vorwurf des Relativismus der Werte, der gegen den Historismus erhoben wird, ist OEXLE mit dem Hinweis begegnet, daß Wissenschaft, die sich als Forschung versteht, gar nicht anders könne, als sich auf die Unabschließbarkeit des Erkenntnisprozesses einzustellen. „Der Relativismus verliert seine Schrecken, wenn man ihn im Horizont von Wissenschaft als Forschung betrachtet. Nur aus der Sichtweise einer sich objektivistisch definierenden Wissenschaft ist der Relativismus ein Problem. Vom Standpunkt einer Geschichtswissenschaft aus, die sich als Forschung versteht, ist er vielmehr etwas Selbstverständliches" [ebd. 51].

Kirchengeschichte in profanhistorischer Absicht auf der Grundlage des Historismus zu betreiben, setzt sich also nicht dem Vorwurf des Positivismus aus. Denn Kirchengeschichte als Forschung aufzufassen, d.h. als Erkenntnisprozeß, der ins Unendliche geht, impliziert, den eigenen Standpunkt als historisch bedingt und veränderbar vorauszusetzen. Allerdings bedeutet der Verzicht auf eine heilsgeschichtliche Perspektive oder auch nur auf theologische Prämissen, daß sich ein moderner Erforscher der Kirchengeschichte vom Kirchenverständnis des Mittelalters selbst entfernen muß.

Profanhistorische Kirchengeschichtsforschung

2. Verfassungs- und sozialgeschichtliche Zugänge zur deutschen Kirchengeschichte des Mittelalters

Präsenz der mittelalterlichen Kirche in allen Lebensbereichen

‚Kirche' war im Mittelalter ein völlig unübersehbarer Komplex, an dem alle Definitionsversuche scheitern. Diese Feststellung gilt zumal dann, wenn die Kirche nicht bloß institutionen- oder theologiegeschichtlich betrachtet, sondern wenn berücksichtigt wird, daß ihr durch die Taufe alle Christen angehörten. Das Christentum bestimmte im Mittelalter „die verschiedensten Aspekte des geistigen und des gesellschaftlichen Wirkens (...) ebenso wie das Alltagsleben der Menschen (...). Es trat mit dem Anspruch auf, die Quintessenz des Lebens darzustellen, göttliche Wahrheiten zu offenbaren, die nicht nur zum ewigen Heil führen, sondern auch zwischenmenschliche Beziehungen regeln: Gott hat in seinen Worten nicht nur die Regeln des geistlichen, sondern auch Grundsätze des weltlichen Verhaltens geoffenbart" [41: GRAUS, Pest, 61, 67]. Der alles durchdringenden Kraft kirchlichen Lebens im Mittelalter entspricht es, daß in der (profanhistorischen) Forschung der Gegenstand „Kirche" kaum als besondere Größe oder gar als Arbeitsfeld von Spezialisten erscheint; im Unterschied zum Neuhistoriker hat praktisch jeder Mediävist mit Kirchengeschichte zu tun.

Verfassungsgeschichtliche Kirchenhistorie: A. Werminghoff (1907)

Systematisch, d.h. in geordnetem und umfassendem Zugriff betrieben, dominieren in der deutschen Forschungstradition die verfassungsgeschichtlichen und die sozialhistorischen Arbeiten zur Kirchengeschichte. Beide Forschungszweige haben aber seit Beginn des 20. Jahrhunderts ganz unterschiedliche Entwicklungen genommen. Grundlegend für die Verfassungsgeschichte wurde ein Handbuch A. WERMINGSHOFFS von 1907, das 1913 in zweiter Auflage erschienen ist [59: Verfassungsgeschichte der deutschen Kirche im Mittelalter]. Werminghoff faßte „Kirche als Rechtsanstalt" auf und schrieb zur Begründung: Das Wort Kirche bezeichnet „die Gesamtheit aller derjenigen, die durch die Taufe den christlichen Glauben bekennen, das rechtlich geordnete Ganze der Glaubensgemeinschaft also mit seiner ihm eigentümlichen Gliederung und Verfassung. Als eine Rechtsanstalt besonderer Art steht die Kirche dem weltlichen Staat zur Seite; beide umspannen dieselben Individuen, sind aber nach Wesen und Wirkung voneinander verschieden und doch aufeinander angewiesen" [ebd. 2]. In Analogie zum Staat betonte Werminghoff die hierarchische Struktur der kirchlichen Ordnung; da er Kirche als Anstalt verstand, legte er den Akzent seines Buches auch fast

2. Verfassungs- und sozialgeschichtliche Zugänge

ausschließlich auf die „Amtskirche" der Kleriker mit Papst und Kardinälen an der Spitze: „Da jede Verbindung von Menschen den Gegensatz von Regierenden und Regierten aufweist, so kann auch die als Anstalt organisierte römisch-katholische Kirche (des Mittelalters) dieser Unterscheidung innerhalb ihrer Mitglieder nicht entbehren. Kleriker und Laien stehen einander gegenüber, jene zur Leitung der Kirche berufen, diese zur Unterordnung, jene wirkend in Lehre, Kultus und Sittenzucht, in der Erzeugung folglich von Kirchenrecht als dem Komplex aller Normen, vermittels derer die Kirche ihre an das Diesseits geknüpfte, auf das Jenseits verweisende Daseinsbestimmung zu erfüllen unternimmt. Aus solchem Berufe der Geistlichen heraus ergibt sich von selbst die Notwendigkeit, den einzelnen zum Zweck der Kirche in nähere oder entferntere Beziehung zu setzen. Die Abstufungen im Klerus als dem Stande der von den Laien gesonderten und gleichwohl auch für die Laien tätigen Geistlichen, die Wirksamkeit jeder Stufe und ihre Rechtsstellung innerhalb der Kirche historisch, d.h. nach Entstehung und Bedeutung, darzustellen, ist die Aufgabe der kirchlichen Verfassungsgeschichte" [ebd. 3]. Werminghoffs Paarformel „Staat und Kirche" ist zwar, aufs ganze Mittelalter bezogen, längst als Anachronismus erkannt worden, doch sind in seinem Buch die meisten Aspekte der deutschen Kirchengeschichte angesprochen, die die verfassungsgeschichtliche Forschung bis heute beschäftigen.

Den Ausgangspunkt der neueren sozialhistorischen Forschungen bildete demgegenüber das Buch von A. SCHULTE über „Der Adel und die deutsche Kirche im Mittelalter" (1910) [205]. Schulte hat in diesem Werk einen ersten umfassenderen Versuch unternommen, den Einfluß des Adels in der deutschen Kirche durch statistische Analysen der Standesverhältnisse in den Dom- und Stiftskapiteln nachzuweisen. Sein Forschungsimpuls hat dazu beigetragen, daß die Frage nach der Standes- oder Schichtzugehörigkeit eines Geistlichen oder einer Klerikergruppe heute auch in solchen Arbeiten zur Kirchengeschichte gestellt wird, die keine explizit sozialgeschichtlichen Ziele verfolgen. Trotzdem muß man feststellen, daß die Sozialgeschichte den Vorsprung der Verfassungsgeschichte, der seit Werminghoff besteht, bis jetzt nicht aufholen konnte. Eine „Sozialgeschichte der deutschen Kirche im Mittelalter", die nach Anlage und Anspruch dem verfassungsgeschichtlichen Werk Werminghoffs entspräche, wurde noch nicht geschrieben; und eine derartige Abhandlung erscheint derzeit auch kaum möglich, weil die vorhandenen sozialgeschichtlichen Studien und Monographien im einzel-

Sozialhistorische Kirchengeschichtsschreibung: A. Schulte (1910)

Sozialgeschichte der deutschen Kirche nur wenig bearbeitet

nen thematisch ungleichmäßig gestreut sind und methodisch ganz verschiedene Wege gehen; von einer koordinierten Forschungsanstrengung oder von einer Forschungsstrategie kann also nicht die Rede sein. Gerade die Sozialgeschichte bietet sich aber künftig verstärkt als spezifisches Forschungsfeld der Profanhistoriker an, da ihr die Theologen unter den Kirchenhistorikern mit spürbarer Reserve begegnen. Demgegenüber wirken Kirchen- und Profanhistoriker bei der Erforschung der anstaltlichen Struktur der Kirche, d.h. der Verfassungsgeschichte, meist ohne Schwierigkeiten zusammen, wohl auch deshalb, weil die Kirche nach katholischem Verständnis als sakramental-hierarchische Institution gilt. Die mediävistische Kirchengeschichtsschreibung kann sich auch durch aktuelle kirchenhistorische Forschungen in der Neueren und Neuesten Geschichte anregen lassen, die überwiegend sozialhistorisch ausgerichtet sind [30: SCHIEDER, Religion in der Sozialgeschichte; 33: VON THADDEN, Kirchengeschichte als Gesellschaftsgeschichte; 32: VAN DÜLMEN, Religion und Gesellschaft].

Sozialgeschichte der Kirche ein spezielles Forschungsfeld der Profanhistoriker

Anregungen durch die neuhistorische Forschung

Kockas sozialgeschichtliche Modelle auf Kirchengeschichte anwendbar?

In der neuhistorischen Forschung werden vor allem zwei sozialgeschichtliche Sichtweisen unterschieden [24: KOCKA, Sozialgeschichte, 48-111]. Demnach kann Sozialgeschichte entweder als Geschichte eines bestimmten historischen Sektors beschrieben werden oder, wenn sie sich auf ganze Gesellschaften bezieht, als Gesellschaftsgeschichte. Im ersten Falle wäre Sozialgeschichte eine Aspektwissenschaft, im zweiten eine Totalwissenschaft. Im Bereich der Neuzeit läßt sich „Kirche" als Studienobjekt tatsächlich beiden Auffassungen von Sozialgeschichte zuordnen [29: REINHARD, Möglichkeiten und Grenzen, bes. 253f.]. Denn man kann die neuzeitlichen Kirchen als Ausschnitte der historischen Lebenswirklichkeit begreifen, ähnlich bestimmten politischen Verbänden oder sozialen Schichten; oder man kann die nachreformatorischen Kirchen im Sinne der Gesellschaftsgeschichte im Interdependenzgefüge der jeweiligen Gesellschaft untersuchen. Sozialgeschichte als Aspektwissenschaft wird die Kirchen mehr in ihrem inneren Gefüge vor Augen führen, Sozialgeschichte als Totalwissenschaft dagegen stärker ihre Außenbeziehungen akzentuieren. Anders als die Kirchen der Neuzeit hat die eine Kirche des Mittelalters aber alle Lebensbereiche geprägt; die beiden genannten sozialhistorischen Untersuchungsansätze lassen sich deshalb auf sie nicht ohne weiteres anwenden. Kirche im Mittelalter als bloßen Aspekt der Gesellschaft aufzufassen, hieße, sie auf ihre institutionelle, hierarchisch geordnete Gestalt zu reduzieren; sie gesellschaftsgeschichtlich zu betrach-

2. Verfassungs- und sozialgeschichtliche Zugänge   69

ten, müßte aber dazu führen, sie mit der Gesamtgesellschaft nahezu gleichzusetzen. Eine „gesellschaftsgeschichtliche Strukturanalyse" in der Nachfolge K. BOSLs ist denn auch bisher erfolgreich nur an dem begrenzten Phänomen einer spätmittelalterlichen Stadt durchgeführt worden [260: KIESSLING, Bürgerliche Gesellschaft und Kirche in Augsburg, 17]. Ein Anspruch auf „totale Geschichte" wird allerdings weithin mit Skepsis oder Ablehnung aufgenommen. Stattdessen konzentriert man sich eher auf eine sozialhistorische Interpretation der Begegnungsfelder von „Kirche und Welt". „Die soziale Binnenstruktur der Reichskirchen und ihre Auswirkung auf die Beziehungen zum König/Kaiser" zu untersuchen, gehört zu einem überaus fruchtbaren spätmittelalterlichen Forschungsprogramm [25: MORAW/PRESS, Probleme der Sozial- und Verfassungsgeschichte, 105]. Dabei wird gefragt „nach den Bezugsfeldern der die einzelnen Reichskirchen tragenden Korporationen (Dom- und Stiftskapitel), nach ihren sozialen Muttergruppen, nach dem Hineinwirken territorialer Konstellationen, eventuell von Bildungsinstituten, und nach der Auswirkung derartiger Strukturen auf die Bischofs- und Prälatenwahlen". Bei der Analyse des politischen und sozialen Beziehungsnetzes einer derartigen Reichskirche lassen sich als maßgebliche Determinanten Verwandtschaft und Landsmannschaft, Freundschaft und Patronage unterscheiden [187: FOUQUET, Das Speyerer Domkapitel im späten Mittelalter I, 27]. Ein enger oder gar exklusiver politikgeschichtlicher oder sozialhistorischer Argumentationsbezug kann allerdings in diesem Bereich dazu führen, daß Erwerb, Besitz und Vererbung einer kirchlichen Position etwa in einer Adelsfamilie funktionalistisch auf Gewinn und Behauptung von Herrschaft verkürzt werden.

„Verwandtschaftsbeziehungen" wirkten in Alteuropa nicht bloß „machtbildend", sondern auch „friedenstiftend"; sie stellten „ein epochenübergreifendes Strukturprinzip sozialer Systembildung dar", und zwar in Kirche und Kloster ebenso wie in weltlichen Sozialkörpern [SCHREINER, in 15: Beiträge, 296, 292, 274]. Entsprechendes gilt auch von Freundschaften [22: ALTHOFF, Verwandte, Freunde und Getreue] und Klientelsystemen. Die durch Verwandtschaft, Freundschaft oder Patronage einander verbundenen Menschen bildeten soziale Gruppen, die „in ihrem Zusammenleben, in ihrer Vergesellschaftung" zu sehen eine spezifisch sozialhistorische Betrachtungsweise ausmacht [23: BRUNNER, Neue Wege, 80]. Im Mittelalter und darüber hinaus in der gesamten vormodernen Zeit wurden diese Bindungen aber nicht durch den Tod gelöst; vielmehr

Sozialhistorischer Ansatz von P. Moraw/V. Press

Gruppen im Zentrum der Sozialgeschichte: O. Brunner

blieben die Toten „unter den Lebenden gegenwärtig"; sie waren „Personen im rechtlichen Sinne (...) und also auch Subjekte von Beziehungen der menschlichen Gesellschaft" [293: OEXLE, Die Gegenwart der Toten, 22]. Konstitutiv für die „Gegenwart der Toten" war das liturgische Gebetsgedenken, durch das sich im Rahmen der Kirche die „Gemeinschaft der Lebenden und Verstorbenen" verwirklichte [31: SCHMID/WOLLASCH]; und das weitverbreitete mittelalterliche Stiftungswesen hatte den Zweck, die postmortalen Bindungen zu sichern und zu aktualisieren [291: BORGOLTE, Die Stiftungen des Mittelalters]. Die religiös fundierte Denkform einer Gesellschaft, die Lebende und Tote zugleich umfaßte, muß deshalb in sozialhistorischer Analyse der mittelalterlichen Kirche berücksichtigt werden.

Sozialgeschichte der Lebenden und Toten

3. Universalkirche und Partikularkirchen

Keine deutsche Nationalkirche

Von der „deutschen Kirche des Mittelalters" zu reden, läßt sich pragmatisch rechtfertigen, es wird jedoch dem theologischen Ordnungsdenken des Mittelalters selbst nicht gerecht. Denn im Mittelalter gab es nur die eine römische Kirche, die sich selbst als universal verstand. Da die Kirche im Regnum Teutonicum bzw. im deutschen Sprachraum organisatorisch niemals abgeschlossen und selbständig war, gab es genau genommen auch keine deutsche Kirchengeschichte, sondern nur eine Geschichte der römischen Kirche in Deutschland [48: TELLENBACH, Die westl. Kirche, 43]. Andererseits setzte sich die universale Kirche in ihrer ganzen Weite wie auch im politisch begrenzten Rahmen des Reiches aus einer Fülle von Einzelkirchen zusammen: aus Pfarreien, Bistümern und Metropolen, sowie aus anderen kirchlichen Einrichtungen, wie Klöstern, Orden, Bruderschaften usw. Diese waren hierarchisch einander zugeordnet oder horizontal miteinander verbunden und konnten als Substrukturen innerhalb der allgemeinen Kirche in variierendem Maße auf die politische Einheit mit dem König an der Spitze ausgerichtet und von diesem wiederum geprägt sein. Das Reich, dem der König und Kaiser vorstand, war allerdings selbst ein römisches; es schloß seit dem 10./11. Jahrhundert auch Italien und Burgund ein, während ihm im Osten Böhmen und später auch der Staat des Deutschen Ordens eingegliedert oder zugeordnet waren. Die Frage nach dem Gebiet und den Grenzen des Reiches scheint in gewissem Maße einen Anachronismus darzustellen, da noch das spätmittelalterliche Reich kein territoriales Abgrenzungsprinzip war, sondern von lehnrechtli-

Einzelkirchen innerhalb der universalen Kirche

3. Universalkirche und Partikularkirchen 71

chen Abhängigkeiten, also personalen Bindungen, bestimmt wurde; und das Gleiche gilt von der deutschen Nation, deren Entstehung jetzt verstärkt im Mittelalter vermutet wird [36: EHLERS, Ansätze und Diskontinuität]. Da es unmöglich ist, in der Formel von der deutschen Kirche des Mittelalters mehr zu sehen als eine der unscharfen Verständigungsbegriffe, ohne die auch die Wissenschaft nicht auskommt, konnte sie in der neueren Forschung nicht themenbildend werden. Grundlegende Werke zur „deutschen Kirchengeschichte" stammen denn auch noch aus dem Zeitalter der Nationalstaaten. Das gilt für die monumentale „Kirchengeschichte Deutschlands" von A. HAUCK (†1918) [45] ebenso wie für Planung bzw. Einsatz der drei wichtigsten, bis heute unabgeschlossenen profanhistorischen Forschungsprojekte: (a) die Germania Sacra [39], eine „historisch-statistische Darstellung der deutschen Bistümer, Domkapitel, Kollegiat- und Pfarrkirchen, Klöster und sonstigen kirchlichen Institute"; (b) die Germania Pontificia [8], eine Sammlung der ältesten, Deutschland betreffenden Papsturkunden; und (c) das Repertorium Germanicum [11/11a], das die in den Vatikanischen Quellen seit 1378 genannten „Personen, Kirchen und Orte des Deutschen Reiches, seiner Diözesen und Territorien" verzeichnet. In enger Übereinstimmung mit der Verfassung der Kirche selbst stehen zahlreiche Monographien über Bischofs- und Stiftskirchen [Lit.: B.3; 9.1], während die im Rahmen der Germania Sacra vorgelegten Bände mehr die Überlieferung einer geistlichen Institution nach einheitlichen Kriterien erfassen und aufarbeiten. Regionale Kirchengeschichten, die am Aufschwung der landesgeschichtlichen Forschung nach den beiden Weltkriegen partizipierten, haben demgegenüber mit dem Problem zu kämpfen, wie sich ihr Gegenstand zur Diözesan- oder Metropolitaneinteilung verhält [46: HAUSBERGER/HUBENSTEINER, Bayerische Kirchengeschichte, 9; 52: SCHLESINGER, Kirchengeschichte Sachsens I, XI]. In den modernen historiographischen Darstellungen und in den historischen Atlanten der deutschen Länder wird der Kirchengeschichte regelmäßig breiter Raum zugestanden. Landesgeschichtliche Forschungsprojekte, die sich weder an ethnischen oder politischen Grenzen noch an kirchlichen Jurisdiktionsbereichen orientieren, sondern die Entfaltung eines kirchlichen Phänomens landschaftlich nach „inneren Kriterien" zu erschließen suchen, sind aber über Entwürfe noch nicht hinausgelangt [212: MORAW, Hessische Stiftskirchen, 434f.].

Diachron betrachtet, ergeben sich im deutschen Mittelalter nur zwei Ansatzpunkte für eine ernsthafte Diskussion über die Existenz

Nationale Forschungsprojekte: Germania Sacra, Germania Pontificia, Repertorium Germanicum

Monographische Behandlung von Partikularkirchen

einer „Reichs-" oder gar „Nationalkirche": die ottonisch-frühsalische Epoche und die Zeit am Ausgang des Basler Konzils (1438-48). Dabei wird schon vorausgesetzt, daß die Kirche in Deutschland über keine exklusiven Organe zu eigenem Handeln verfügte. Die Versuche, päpstliche Vikariate, Primate oder Patriarchate auszubilden, sind im früheren Mittelalter steckengeblieben; und die sechs, später sieben deutschen Kirchenprovinzen konnten ihre Suffraganbistümer nur in wechselnder Intensität zusammenfassen. Die Metropoliten selbst, die ihr Pallium vom Papst erhielten, konkurrierten um Vorrang und Königsnähe; seit dem 10./11. Jahrhundert teilten sie sich in zwei Gruppen: die drei rheinischen Erzbischöfe, die sich entscheidende Rechte bei Wahl und Krönung des Herrschers sichern konnten, und die anderen, die sogar bei der Bildung des Kurfürstenkollegs Mitte des 13. Jahrhunderts übergangen wurden. Auch die Kirchenversammlungen erwiesen sich kaum als förderlich für ein deutschkirchliches Sonderbewußtsein; der von P. HINSCHIUS kreierte rechtssystematische Begriff der „Nationalsynode" läßt sich jedenfalls auf mittelalterliche Verhältnisse nicht übertragen [60: WOLTER, Die Synoden im Reichsgebiet, 432f.]. Der deutsche Episkopat hat auch sonst politisch oder kirchenpolitisch nicht kollektiv zu handeln vermocht. Trotzdem wird bei ihm die entscheidende Basis gesehen, um von einer ottonisch-salischen „Reichskirche" oder – weitergehend – von einem „Reichskirchensystem" zu sprechen [zu „Reichskirche" als Quellenbegriff s. 116: FLECKENSTEIN, Problematik und Gestalt]. In Deutschland hat das Königtum nämlich seit Otto I., genauer gesagt seit 938, entscheidende Mitwirkungsrechte an der Besetzung der Bistümer im ganzen Reich erlangt. Diese räumlich uneingeschränkte Kompetenz zeichnete den deutschen Herrscher der Ottonen- und frühen Salierzeit gegenüber den Monarchen der Nachbarländer aus. Seinen Höhepunkt erreichte der königliche Einfluß auf die Bischofswahlen unter Heinrich II. Zwar besaßen alle Hochstifte das Wahlrecht, doch bedeutete das nur, daß die Gemeinden einem Kandidaten zustimmen mußten und daß ihnen kein Kleriker gegen ihren Willen aufgezwungen werden durfte. Bei der Auswahl neuer Bischöfe griffen die Ottonen vornehmlich auf Mitglieder ihrer Hofkapelle zurück. Diese umfaßte die Gesamtheit der Geistlichen am Königshof und setzte sich seit dem Erzkapellanat Bruns, des jüngeren Bruders Ottos I., zunehmend aus Kanonikern der Domkapitel zusammen. 965 verband der Kaiser das Erzkapellanat endgültig mit dem Erzbistum Mainz, dem ehrwürdigsten Bistum im Reich. Die Hofkapelle wurde so zur „Zentrale der

„Reichskirche"
seit Otto I.?

3. Universalkirche und Partikularkirchen

Reichspolitik und zum Zentrum der Reichskirche" [115: FLECKENSTEIN, Die Hofkapelle II, 17]: „Diese Reichskirche ist keine in sich geschlossene, viel- oder gar allseitige Organisation. Erst recht löst sie die Partikularkirchen nicht aus ihren religiös-universalen Beziehungen, die allen partiellen Einigungen übergeordnet bleiben und die einzige vollkommene spirituelle Einheit der Kirche schaffen. Was sie, wenn auch mit zeitlich und persönlich bedingten Nuancen zusammenbindet, ist das Recht des Königs, an der Besetzung der Bistümer mitzuwirken" [48: TELLENBACH, Die westl. Kirche, 58f.]. Einige Forscher sprechen demgegenüber davon, daß bis zur Mitte des 11. Jahrhunderts die Kirche „in die Reichsverfassung", ja sogar das Papsttum „in das ottonisch-salische Reichskirchensystem" eingebaut worden sei [119: SANTIFALLER, Zur Geschichte, 9, 40f.]. Diese Auffassung bezieht sich auf die Einsetzung deutscher Reichsbischöfe als Päpste seit 1046 durch Heinrich III.; sie geht auf P. KEHR zurück, der 1930 von Heinrichs kirchenpolitischem System gesprochen hat, dessen letztes Ziel die Beherrschung Roms und des Papsttums durch die Einsetzung von Bischöfen der deutschen Kirche auf dem Stuhl Petri gewesen sei. Ein solcher Plan des Saliers ist aber weder nachgewiesen noch wahrscheinlich, und keineswegs hat das sog. ottonisch-salische Reichskirchensystem von seinen Anfängen an auf 1046 hingesteuert. Eher zutreffend erscheint die Analyse von TELLENBACH [48: Die westl. Kirche, 123], daß Heinrich im Sinne der Kirchenreformer daran lag, die Mutterkirche der Christen zu befrieden; denn der Wille, Frieden zu schaffen, sei bei dem salischen König auch sonst spürbar. Die wissenschaftliche Kritik an Begriff und Rekonstruktion des „Reichskirchensystems" greift neuerdings auch auf den bescheideneren Deutungsanspruch über, der im Begriff „Reichskirche" liegt [dagegen 116: FLECKENSTEIN, Problematik und Gestalt der ottonisch-salischen Reichskirche]. Nach T. REUTER [118: The ‚Imperial Church System', 366-368] ist die ottonische und salische Herrschaftspraxis der Anlehnung bei der Kirche keine deutsche Besonderheit gewesen; in Burgund, Frankreich, Italien und England hätten die Bischöfe eher eine größere Rolle für das Königtum gespielt. O. ENGELS sah die deutsche Kirche gar von einer „von West nach Ost wandernde(n) verfassungshistorische(n) Entwicklung" geprägt [184: Der Bischof in seiner Zeit, 42]. In einer sozialhistorischen Untersuchung des deutschen Episkopats zwischen 1002 und 1125 auf prosopographischer Grundlage kam H. ZIELINSKI zu dem Urteil, „der Spielraum des Herrschers" bei den Bischofswahlen sei,, – bei grundsätzlicher Anerkennung seiner aus-

Einbau des Papsttums in ein „ottonisch-salisches Reichskirchensystem" unter Heinrich III.?

Einwände gegen den Begriff der „Reichskirche"

schlaggebenden Stimme – im Einzelfall durch politisch-soziale Spielregeln stärker eingeschränkt (gewesen), als dies die Quellen erkennen lassen". Es sei zweifelhaft, ob die deutsche Kirche „im Rahmen der europäischen Nachbarreiche (eine) singuläre Organisationsform" ausgebildet habe [122: Der Reichsepiskopat in spätottonischer und salischer Zeit I, 244f.; vgl. 120: R. SCHIEFFER, Der otton. Reichsepiskopat].

Nationalkirchliche Bestrebungen?
Am Ende des Mittelalters und in der Zeit der Reformation hat sich in Deutschland, anders als in Frankreich und in England, keine Nationalkirche ausgebildet. Die frühere Forschung glaubte aber, im Spätmittelalter wenigstens „nationalkirchliche Bestrebungen" im Reich verifizieren zu können [A. WERMINGHOFF]; sie befand sich damit in der Tradition des Episkopalismus und Febronianismus des 18./19. Jahrhunderts. Schlüsselereignisse für diese Auffassung waren Stellungnahmen der deutschen Kurfürsten und des Königs zum Basler Konzil. Nach dem Tod Kaiser Siegmunds entzogen sich die Kurfürsten in der sog. Neutralitätserklärung vom 17. März 1438 einer Entscheidung im Streit zwischen Papst Eugen IV. und dem Konzil und suspendierten gleichzeitig den beiden universalen Gewalten die Kompetenz in der Leitung der Reichskirche. Trotzdem „verbietet es sich, die kurfürstliche Neutralität als Ausdruck und Mittel national- oder territorialkirchlicher Ambitionen zu sehen" [148: HÜRTEN, Die Mainzer Akzeptation, 48]. Am 26. März 1439 akzeptierten König Albrecht II. und die sechs deutschen Metropoliten 26 Reformdekrete des Basiliense und handelten dabei als verfassungsmäßige Organe des Reiches bzw. für ihre kirchlichen Jurisdiktionsbereiche. Diese „Mainzer Akzeptation" folgte dem Vorbild der „Pragmatischen Sanktion" von Bourges, durch die der französische Klerus unter Führung König Karls VII. wesentliche Teile des Basler Beschlüsse übernommen hatte (7.7.1438); während aber die „Pragmatique" von Bourges bis zum Konkordat von Bologna 1516 zu einem Grundgesetz der werdenden französischen Nationalkirche wurde, blieb dem Mainzer Beschluß – vor allem wegen der weiter gepflegten Neutralität der deutschen Reichsstände – eine entsprechende Wirkung versagt. Der Wunsch der Kurfürsten, Abänderungen an den akzeptierten Konzilsdekreten wiederum vom Konzil bestätigen zu lassen, spricht allerdings nicht dafür, daß je eine Loslösung der deutschen Einzelkirche von der Zentralgewalt angestrebt wurde. Neuerdings wird trotzdem wieder die Frage gestellt, ob „man die Mainzer Akzeptation, wenngleich ohne die alte ‚nationalkirchliche' Horizontverengung, nicht doch als gewisses Zeichen für

3. Universalkirche und Partikularkirchen

nationalen Partikularismus sehen" dürfe. „Das Reich hätte sich damit nur in eine schon längst anhaltende europäische Entwicklung eingefügt!" [145: HELMRATH, Das Basler Konzil, 306].
Das Wiener Konkordat, das Friedrich III. 1448 *pro natione Alamanica*, für die Nation deutscher Zunge im römischen Reich, abschloß, stand im Kontext landeskirchlicher Bestrebungen unterhalb der reichskirchlichen Ebene. König Friedrich selbst hatte zwei Jahre zuvor in seiner Eigenschaft als Herzog von Österreich von Eugen IV. bedeutende Zugeständnisse für Pfründenvergabe und Bischofsnominationen erwirkt, und ähnliche Vereinbarungen, die *Concordata Nationis Germanicae*, setzten die Reichsstände später bei ihrer Anerkennung des Wiener Konkordates durch. Die Kirche nahm, besonders in Deutschland, eine neue Gestalt an, die durch „Regionalisierung" und „Parzellierung" geprägt war. Die anstaltliche Kirche wurde „in viele neue Kirchengebilde parzelliert (...), die mit den staatlichen Machtbereichen zusammenfielen". An die Stelle der ihrem Selbstverständnis nach einheitlichen Christenheit des hohen Mittelalters trat, wie J. ENGEL formuliert hat, „eine Respublica christiana (...), deren Gemeinsamkeit durch das Partnerschaftsverhältnis der Staaten mit dem Papsttum charakterisiert wurde (...). Trotz ihrer Parzellierung blieb die Kirche für die Begründung der Autonomie der Staaten immer noch der wesentliche Bezug. In der neuen Respublica christiana hatte sich jedoch der Akzent vom Allgemeinen auf das Besondere verschoben, von der gemeinsamen Christlichkeit auf die einzelnen Mitglieder, die Staaten und die mit ihnen zusammenfallenden Regionalkirchen" [43: Handbuch d. europ. Gesch. 3, 30, 33].

Regionalisierung der Kirche

B. Tendenzen der Forschung

1. Der institutionelle Rahmen

1.1 Mission und Bistumsorganisation

Missionsgeschichte bildet zusammen mit Missionslehre und Missionskunde im Rahmen der protestantischen und katholischen Theologien einen Teil der Missionswissenschaft. Ihre Fragen nach den Motiven und Methoden der Bekehrung werden auch in der profanhistorischen deutschen Forschung gestellt, die eine dominant ideengeschichtliche Prägung aufweist [75: BEUMANN, Heidenmission und Kreuzzugsgedanke; 49: KAHL, in: Kirchengeschichte als Missionsgeschichte 2.1, 11-76]. Das Interesse gilt dabei dem „gentilreligiösen" Bewußtsein und „universal-missionarischen Denken" der frühen angelsächsischen Festlandsmissionare ebenso wie der Interdependenz zwischen Rom- und Ostpolitik der Ottonen oder dem Problem der „Gewaltmission", sei es im Hinblick auf den Brief Bruns von Querfurt an Heinrich II. über die apostatischen Liutizen [89: KAHL, Compellere intrare], sei es in bezug auf den Aufruf Bernhards von Clairvaux zum sog. „Wendenkreuzzug" des Jahres 1147 [DERS., in 92: Die Rolle der Ritterorden, 129-139] und seine Auswirkungen auf die Mission der Liven, Letten und Prussen [86: HELLMANN, Studien über die Anfänge der Mission in Livland]. Die fruchtbare Kooperation zwischen Liturgiewissenschaft und allgemeiner Missionsgeschichte demonstrierte zuletzt A. ANGENENDT in seinem Buch über den Taufpatronat, den christliche Könige und Kaiser oder der Papst im abendländischen Frühmittelalter bei bekehrungswilligen heidnischen Fürsten übernommen haben: „Ein christlicher Herrscher, der einen konvertierenden König aus der Taufe hob, war als geistlicher Vater nicht allein für diesen seinen Taufsohn verantwortlich, sondern auch für dessen Volk. Der herrscherliche Pate entsandte die Missionare, wodurch sich die Möglichkeit auftat, das neubekehrte Land der eigenen Landeskirche einzugliedern. Die Mission wurde dadurch ‚imperial'. Für einen bekehrungsbereiten Herrscher aber bot sich noch die weitere Möglichkeit an, den Papst zum geistlichen Vater zu erwählen und von ihm die

Dominanz der Ideengeschichte

Einfluß der Liturgiewissenschaft

1. Der institutionelle Rahmen 77

Missionare zu erbitten. So gab es also eine Dualität in der Missionspolitik: Während die politischen Herrscher mit der Mission immer zugleich auch Reichsausweitung verbanden, war die von Rom ausgehende Mission bereit, jedem Volk ein eigenes Erzbistum und damit eine relative kirchliche Eigenständigkeit zuzuerkennen" [73: Kaiserherrschaft und Königstaufe, 164]. Die „imperiale Missionspolitik" im Sinne Angenendts schloß allerdings nicht mit Otto III. ab [ebd. 315]; noch 1255 hat der böhmische König Přemysl II. Ottokar den hervorragendsten samländischen Adligen aus der Taufe gehoben und seinem Bischof Bruno von Olmütz die Mission dieses prussischen Stammes übertragen.

Sozialhistorische Forschungsansätze sind in der Missionsgeschichtsschreibung noch ausgesprochen selten. Eine statistische Analyse des Klosterkonvents von Fulda mit Hilfe von EDV erbrachte aber kürzlich wichtige Aufschlüsse über die Organisation der sächsischen Missionssprengel im ausgehenden 8. Jahrhundert; man kann jetzt schätzen, daß die Gesamtheit der in Friesland, Westfalen und Niedersachsen tätigen Kleriker und Mönche der karolingischen Sachsenmission nicht höher als bei einigen wenigen Hundert gelegen hat [80: FREISE, Die Sachsenmission Karls des Großen, 65]. Überraschende neue Einsichten in die Adelsgesellschaft des Spätmittelalters erlauben die Forschungen von W. PARAVICINI über „Die Preußenreisen des europäischen Adels" [93: 1, 11]: „Etwa ein Jahrhundert lang, ungefähr von 1320-1420" kam demnach „der hohe und niedere Adel nicht nur aus dem Reich in allen seinen deutschen, böhmischen, niederländischen und romanischen Teilen, sondern auch aus Frankreich, England und Schottland, sogar aus Italien und Spanien und, bis 1386, auch aus Polen und Preußen (...), um mit dem Deutschen Orden gegen die ‚Heiden', hier die Litauer, zu kämpfen und dann in seine Heimat zurückzukehren". Starke Anregungen und wichtige Quellenfunde verdankt die Missionsgeschichte der Sachzeugnisforschung [85: HAUCK, Zwanzig Jahre Brakteatenforschung] und der Archäologie [78: FEHRING, Missions- und Kirchenwesen in archäologischer Sicht], auch wenn die Auswertung der Bodenfunde oft beträchtliche Interpretationsspannen erkennen läßt [42: REINDEL, in: Handbuch d. bayer. Gesch. 1, 181-185; 228: BORGOLTE, Stiftergrab und Eigenkirche]. Die Missionsforschung insgesamt arbeitet segmentiert, indem sie sich jeweils mit bestimmten Epochen, Vorgängen oder Quellen(gruppen) befaßt; eine Gesamtdarstellung aller Konversionen, die die deutsche Kirche erst möglich gemacht haben und wiederum von ihr aus-

Sozialgeschichtliche Beiträge zur Missionsgeschichte

Sachzeugnisforschung und Archäologie

gegangen sind, fehlt bis jetzt. Dabei wird mindestens von der ottonischen Missionspolitik vermutet, sie habe das „Nationsbewußtsein des deutschen Klerus" gefördert [36: EHLERS, Ansätze und Diskontinuität, 52]. Die einzige neuere Synthese stammt von J. PETERSOHN, der, mit der Mission einsetzend, „das kirchliche Gesamtgefüge", die „Sakralstruktur" des Küstenlandes zwischen Elbe und Weichsel vom 10. bis 13. Jahrhundert eingehend untersucht und dargestellt hat [94: Der südl. Ostseeraum, 6f.]. In der künftigen Forschung wird vielleicht die Frauenfrage eine größere Rolle spielen; eine zusammenfassende Studie über den Typ der christlichen Fürstengemahlin als Wegbereiterin der Bekehrung ihres Volkes hat man schon mehrfach gefordert, und auch die durch die Christianisierung herbeigeführte Besserstellung der Frau (Schutz vor Kindstötung, Ehevorschriften, usw.) und deren gesellschaftliche Folgen böten sich als Untersuchungsfelder an [vgl. 96: SAWYER, Women and the conversion of Scandinavia]. Ein ausgesprochenes Desiderat ist eine systematische Abhandlung über Mündlichkeit und Schriftlichkeit in der Mission, die insbesondere der Frage nach der Entstehung der missionstheoretischen Literatur seit dem 13./14. Jahrhundert nachgehen müßte [49: H. FROHNES, in: Kirchengeschichte als Missionsgeschichte 1, Xf.].

Die Bistumsorganisation wird meist lokal, seltener regional, fast niemals übergreifend und systematisch untersucht. Obwohl sich von Fall zu Fall Diskussionen über den Zeitpunkt der Gründung in den Vordergrund schieben (z.B. Erfurt, Büraburg, Würzburg; oder Hamburg als Erzbistum), die besonders im Hinblick auf Kontinuitätsprobleme wichtig sind (Spätantike – Frühmittelalter: Augsburg; Altmähren – Böhmen: Olmütz), hat sich die Auffassung durchgesetzt, daß die Entstehung der Bistümer ein komplexer und meist langfristiger Prozeß gewesen ist. Im einzelnen müssen demnach jeweils folgende Fragen beantwortet werden: Wann gab es den ersten Bischof und wann entstand eine geschlossene Bischofsreihe? Wann wurde der Sitz bestimmt und wie bildete sich der Sprengel aus? Durch wen und in welchem Umfang erhielt die *sedes* eine Dotation und in welcher Weise trat der Klerus in Erscheinung? Wie wurde das neue Bistum der schon vorhandenen Kirchenstruktur an- oder eingegliedert? Und schließlich – häufig übersehen: Wann entstand ein kollektives Sonderbewußtsein und was tradierte dieses selbst über die Anfänge? Generell stellt sich die Forschung bei der Beurteilung der Bistümer auf den römischen Standpunkt; deshalb gelten Missionsbischöfe wie Rupert, Emmeram und Corbinian – obwohl

1. Der institutionelle Rahmen

sie an traditionsbildenden Plätzen (Salzburg, Regensburg, Freising) und auch im Kreis von geistlichen Gemeinschaften wirkten, ohne freilich schon einen Sprengel zu haben – als Vorläufer der eigentlichen Ordinarien. Über die Anfänge und frühe Entwicklung einer Diözese in räumlicher Dimension hat K. HEINEMEYER am Beispiel von Mainz eine mustergültige Studie vorgelegt [66]. Da gleichzeitige schriftliche Quellen fast vollständig fehlten, bediente sich Heinemeyer des Instrumentariums der Reichsgutsforschung und beobachtete die naturräumlichen Verhältnisse, die Verkehrswege, Bodenfunde, Ortsnamen, Patrozinien und Siedlungsvorgänge, vor allem aber wandte er die Methode des Rückschlusses aus den später bezeugten Diözesangrenzen, Pfarrsprengeln und Besitzverhältnissen an. Zu seinen wichtigsten Ergebnissen gehört, daß die römischen Provinzialgrenzen für die Ausbildung der Diözese Mainz (links des Rheins) sowie der Nachbarbistümer Trier, Worms und Speyer nicht maßgeblich geworden sind. Statt römischer Grenzen haben vor allem persönliche Bindungen zwischen den Bischöfen und Adelsherren bzw. Landpriestern zur gegenseitigen Abgrenzung der Bistümer beigetragen. Für die Ausdehnung der Diözesen haben privat errichtete Gotteshäuser, die später dem Bischof übertragen wurden, oft den Ausschlag gegeben. Auf die Ausstattung neu errichteter Bischofssitze im „Freien Germanien" mit Fiskalgut hat R. Schieffer aufmerksam gemacht [99: Über Bischofssitz und Fiskalgut im 8. Jahrhundert]. Noch wichtiger sind Beobachtungen über eine Wechselbeziehung zwischen Kloster und Bischofssitz bei den angelsächsischen Bistumsgründungen: „Das monastische Zentrum war das Primäre und bot jeweils den Anknüpfungspunkt für die Bistumsgründung, ohne dabei selber unmittelbar Sitz des Bischofs zu werden, der sich vielmehr in nächster Nähe an besonders gesicherter Stelle niederließ, gleichwohl aber der Unterstützung von dort in jeder Hinsicht bedürftig blieb" [203: R. SCHIEFFER, Die Entstehung von Domkapiteln in Deutschland, 183]. Der Bischof hat nach englischem Vorbild wohl regelmäßig auch die Leitung des Klosters innegehabt (bzw. als Abt das Bistum verwaltet). Der Nachweis, daß klösterliche Gemeinschaften eine ähnliche Rolle auch bei der Entstehung der sächsischen Bistümer gespielt haben [80: FREISE, Die Sachsenmission Karls des Großen; 98: SCHIEFFER, Die Anfänge der westfälischen Domstifte], hat das Interesse der Forschung nachdrücklich auf den Zusammenhang von Bischof, Klerikergemeinschaft und Bischofssitz gerichtet.

Was die verschiedenen Entstehungsbedingungen der Bistümer

K. Heinemeyers Modellstudie über Mainz

Dotation und geistliche Gemeinschaft als Grundlagen für Bischofssitze

80 II. Grundprobleme und Tendenzen der Forschung

Mangel an vergleichenden Studien

Konflikte zwischen Bischöfen und Erzbischöfen

Geringe Bindekraft der Kirchenprovinzen

und deren stark divergierender Umfang für die Homogenität und Kohärenz der deutschen Kirche bedeutet haben, ist so gut wie unbekannt. Es fehlt an vergleichenden Untersuchungen, etwa über die Kommunikationsstruktur in den einzelnen Diözesen. Wichtig wären auch ausgreifende Studien über das Verhältnis von geistlicher und weltlicher Administration bzw. Kirchenvolk und hochstiftischen Landständen in den spätmittelalterlichen Fürstbistümern [vgl. JANSSEN, in 184: BERGLAR/ENGELS, Der Bischof in seiner Zeit, 193f., 201f., 215]. Im Verhältnis zwischen den Bischofssitzen dominierten nach der Forschungslage die Rivalitäten, sowohl, was die Konflikte bei Neuerrichtungen von Bistümern betrifft, als auch, was Rangstreitigkeiten angeht [123: BOSHOF, Köln, Mainz, Trier; 131: ERKENS, Der Erzbischof von Köln und die deutsche Königswahl]. Zur Verteidigung seiner Stellung war ein deutscher Erzbischof bereit, die Erhebung seiner Sedes zum Patriarchat zu betreiben [83: FUHRMANN, Provincia constat duodecim episcopatus], und über päpstlich verliehene Ehrenrechte wußten sich die Metropoliten zu verständigen [128: ZOTZ, *Pallium et alia quaedam archiepiscopatus insignia*]. Davon abgesehen dürfte aber die für die ottonisch-salische Zeit getroffene Feststellung allgemein zutreffen, daß der deutsche Episkopat kaum korporativ zu handeln vermochte [118: REUTER, The ‚Imperial Church System', 369]. Der Kraft der einzelnen Kirchenprovinzen, mehrere Suffragane zu höheren Einheiten zusammenzufassen, wird geringe Bedeutung zugeschrieben [48: TELLENBACH, Die westl. Kirche, 58]; viel wichtiger war ohne Zweifel die Bindung der einzelnen Bischöfe an den Herrscher bzw. Fürsten.

1.2 Königtum, Fürstentümer und Kirche

Studien zum mittelalterlichen Königtum

Seit Beginn unseres Jahrhunderts ist der Stellung des Königs in der Kirche eine große Zahl geistreicher Untersuchungen gewidmet worden. Diese ideen- und theologie-, frömmigkeits- und verfassungsgeschichtlichen Studien, die in Deutschland ebenso wie in Frankreich betrieben wurden, weisen trotz aller politischen Katastrophen und Umbrüche bis heute eine erstaunliche Kontinuität auf. Im Laufe der Zeit hat sich lediglich eine Akzentverschiebung vom frühen [109: Das Königtum. Seine geistigen und rechtlichen Grundlagen] aufs späte Mittelalter ergeben [110: SCHNEIDER, Das spätmittelalterliche Königtum im europäischen Vergleich]. Durch das verstärkte Interesse am Spätmittelalter, das namentlich seit dem Zweiten Weltkrieg zu beobachten ist, geriet auch die mit der königlichen vergleichbare

1. Der institutionelle Rahmen 81

Rolle der Fürsten des 14./15. Jahrhunderts in der Leitung der Kirche mehr ins Blickfeld.

Das Königtum hatte im Mittelalter religiöse Grundlagen. Das zeigte sich etwa daran, daß man den Herrschern übernatürlich-magische Kräfte zuschrieb [105: BLOCH, Les rois thaumaturges] und nicht wenige von ihnen (28 vom 6.-13. Jahrhundert?) als Heilige verehrte [106: FOLZ, Les Saints Rois du Moyen Âge en Occident]. Vor allem aber gab es eine „politische Theologie", eine „Herrschaftstheologie" im Mittelalter, die die Historiker dazu gezwungen hat, die moderne Scheidelinie zwischen „Profan-" und „Kirchengeschichte" zu überschreiten. Wie ineinander verschmolzen Theologie und Politik im Mittelalter waren, zeigt sich am deutlichsten im Bereich der Liturgie. Dem König wird in einem liturgischen Zeremoniell die Weihe erteilt [s. 111: SCHRAMM, Kaiser, Könige und Päpste IV.2, S. 730], und bei Krönungen, Empfängen und Festen liturgisch akklamiert [107: KANTOROWICZ, Laudes Regiae]. Er galt als *persona mixta* oder *gemina persona*, als „menschlich von Natur und göttlich durch die Gnade". Man hat sogar von einem „liturgischen Königtum" gesprochen, wobei der Königsbegriff auf Christus, den Gottmenschen, nicht auf Gottvater bezogen sei. Näherhin beschränkte freilich E.H. Kantorowicz das „christozentrische Königtum" auf die „christozentrische Periode der abendländischen Kultur", die „klösterliche Epoche von 900 bis 1100". Nach dem Investiturstreit und auch bedingt durch die Rezeption des römischen Rechts sei der „mehr christokratisch-liturgische Königsbegriff durch eine mehr theokratisch-juristische Vorstellung von der Regierung ersetzt worden" [108: Die zwei Körper des Königs, 106, 97, 82, 112]. Die neueste Spätmittelalterforschung hat dieses Urteil modifiziert. So beobachtete E. Schubert beim spätmittelalterlichen Königseinzug in die Stadt ein liturgisches, nicht etwa nur ein höfisch-repräsentatives Zeremoniell und hob hervor, „wie stark die Zeitgenossen sich noch des geistlichen Gehalts des Königsamtes bewußt waren. Denn der König, dessen Empfang in liturgischer Analogie mit den auf den Messias oder auf David bezogenen Psalmen gefeiert wurde, galt nicht nur als *vicarius Christi* oder *Deus in terris*, sondern mehr noch als *imago dei*" [156: SCHUBERT, König und Reich, 35]. Und H. HEIMPEL fand Anlaß, Karl IV. als „produktiven Liturgiker" zu bezeichnen [144: Königlicher Weihnachtsdienst im späteren Mittelalter, 139]. Karl führte 1347 den Brauch ein, daß der König in der Weihnachtsmette den Evangelienvers *Exiit edictum a Caesare Augusto ut describeretur universus populus* [Luk 2,1] las, das Reichsschwert in

M. Bloch, R. Folz, P.E. Schramm, E.H. Kantorowicz

Schwerpunktverlagerung aufs Spätmittelalter: E. Schubert, H. Heimpel der Rechten. Zumal es sich um die Adaption und Umgestaltung eines Zeremoniells vom Papsthof in Avignon handelte, sprach Heimpel von „politischer Liturgik" [ebd. 152].

Problem der Königskanonikate

Vom „königlichen Weihnachtsdienst" müssen die „Königskanonikate" strikt getrennt werden. Mit diesem Begriff bezeichnet man die Mitgliedschaft des Herrschers in Stiftskapiteln. Die klassischen Kanonikate bestanden am Marienstift zu Aachen, am Domkapitel von Köln und in der Peterskirche von Rom. Die betreffenden Kanoniker nahmen den deutschen Herrscher jeweils anläßlich seiner Königskrönung in Aachen bzw. vor der Kaiserkrönung in St. Peter in ihr Kapitel auf. Höhere Klerikerweihen waren damit nicht verbunden. In der Forschungsgeschichte wurde der Königskanonikat zunächst als „Denkmal" für die Frömmigkeit der deutschen Herrscher gewürdigt [121: SCHULTE, Deutsche Könige, Kaiser und Päpste als Kanoniker], dann als Strukturelement des ottonischen Reiches, als sinnfälliger und gültiger Ausdruck für die enge Verbindung von König und Kirche in einer spezifisch deutschen Reichskirche [J. FLECKENSTEIN]. Erst neuerdings ist der Nachweis gelungen, daß sich der Königskanonikat als stabile, überpersönliche Einrichtung nicht vor der Mitte des 12. Jahrhunderts ausgebildet hat [133: GROTEN, Von der Gebetsverbrüderung zum Königskanonikat]. Eine unabdingbare Voraussetzung war die Ausbildung der Individualpfründen in den einzelnen Kapiteln. Allerdings kann man die Königskanonikate nicht direkt aus frühmittelalterlichen Gebetsverbrüderungen ableiten, wie vermutet worden ist. Durch Gebetsverbrüderungen (und Gedenkstiftungen) trat nämlich der König so den Kapiteln bei, daß er ihnen, wie die Kleriker selbst, über den Tod hinaus angehörte und dauernde Gebetshilfe erwarten konnte [129: BORGOLTE, Über Typologie und Chronologie des Königskanonikats]; Königskanonikate waren demgegenüber Dauerstellen, die dem jeweiligen Herrscher offenstanden. Spezielle Aufgabe der Kanonikate war es wohl aus der Sicht der Kapitel, den Herrscher zum besonderen Schutzherrn zu gewinnen; im Laufe der Zeit wurde auch das Motiv der finanziellen und personalpolitischen Nutzbarkeit der Kanonikate bedeutend (Einsatz von Vikaren). Durch die neuen Forschungen rückt der Königskanonikat vom frühen ins hohe bzw. sogar späte Mittelalter, wo ohnehin der Schwerpunkt der Überlieferung liegt. Dringend erwünscht ist eine umfassende Untersuchung des Phänomens im europäischen Rahmen, bei der zu berücksichtigen wäre, daß der Königskanonikat nur ein Sonderfall unter den zahlreichen Mitgliedschaften fremder Personen und Institutionen in Kapiteln gewesen ist; denn es gab auch Fürsten- und Laien-, Bischofs- und Klosterkanonikate.

Immer wieder zeigt sich die Forschung von der Frage fasziniert, ob sich über die liturgisch geformte herrscherliche Religiosität hinaus auch eine persönliche Frömmigkeit der Könige und Kaiser fassen läßt [z.B. für Friedrich I.: 138, OPLL, Amator ecclesiarum; für Maximilian: 161, WIESFLECKER, Kaiser Maximilian I. Bd. 5, 151-159]; dabei wollte man – im Spätmittelalter – sogar „Privatfrömmigkeit und Staatsfrömmigkeit" unterscheiden [159: F. MACHILEK, in: Kaiser Karl IV., 63-80]. Die Grenzen des Erkennbaren werden hier aber leicht überschritten, weil sich eine „persönliche, spontane Frömmigkeit aus ursprünglicher seelischer Bewegtheit" kritisch nicht verifizieren läßt [126: TELLENBACH, Der Charakter Heinrichs IV., 366f.]. *Persönliche Frömmigkeit der Herrscher*

In der Regierungspraxis der Könige kam Bischöfen im besonderen und Geistlichen jedes Weihegrades im allgemeinen während des ganzen Mittelalters eine hervorragende Bedeutung zu. Was das Frühmittelalter betrifft, so ist freilich durch die gewichtigen Argumente gegen das „ottonisch-salische Reichskirchensystem" (bzw. die „Reichskirche"; dazu oben Kap. II.A.3.) eine neue Unübersichtlichkeit entstanden. Eine prosopographisch angelegte Untersuchung der letzten Zeit über die Mobilität des Reichsepiskopats zwischen 919 und 1056 kam zu dem Ergebnis, daß ein „relativ hoher Grad stammesmäßig-regionalen Austausches" zu einer Integration und Konsolidierung des Reiches beigetragen habe [114: FINCK VON FINCKENSTEIN, Bischof und Reich, 175]; doch weiß man nicht, ob es wirklich einen vom Herrscher gesteuerten Integrationsprozeß oder nur eine Kirchenpolitik des jeweiligen Königs gegeben hat. Den recht gut überschaubaren Kern klerikaler Mitwirkung an den Regierungsgeschäften bildete im gesamten Mittelalter der Hof mit Kanzlei, Kapelle und (später) Rat. Die Geschichte der Hofkapelle von deren Entstehung unter den Karolingern an bis in die Zeit der Salier hat J. FLECKENSTEIN dargestellt [115: Die Hofkapelle der deutschen Könige]. Das Werk gehört auch wegen seiner methodisch vorbildlichen Verknüpfung von Personen-, Institutionen- und Sozialgeschichte zu den wichtigsten Abhandlungen über die Geschichte der mittelalterlichen deutschen Kirche. Fleckenstein umschrieb die Hofkapelle „als Herrschaftsinstrument des Königtums, dessen Zweck darauf gerichtet war, der Durchführung der Herrschaft vom Hofe aus zu dienen". In der Kapelle habe aber auch das „Streben nach Dauer der Herrschaft" Gestalt gewonnen, und zwar „im doppelten *Königliche Integrationspolitik im Frühmittelalter?*

Die Hofkapelle

Sinne: im überzeitlichen, durch die Dauerbindung an den ewigen Gott als den Stifter und Bürgen aller Dauer; im zeitlichen durch die Institutionalisierung bestimmter, für die Herrschaft unentbehrlicher Funktionen, vor allem (...) des herrscherlichen Gottesdienstes und der schriftlichen Verwaltungstätigkeit". Als „höfisch-kirchliche Institution des Königtums" stellte sich die Hofkapelle dar „als Personalverband der Hofgeistlichkeit mit einheitlicher Spitze im obersten Kapellan, als Personalverband, der den engeren Verwaltungsstab des Königs bildete" [ebd. I, 109f.]. Während sich die Kapelläne bis in die Zeit Ottos I. überwiegend aus Mönchen zusammensetzten, die wirtschaftlich vom Herrscher unterhalten wurden, traten seither zunehmend Kanoniker in die Kapelle ein, die meist adliger Herkunft und bei ihren Heimatkirchen abgesichert waren. Die enge Verzahnung zwischen Hof und Bistümern, König und Reichskirche ist nach Fleckenstein unter Heinrich IV. (und zwar seit 1077/78) verlorengegangen [FLECKENSTEIN, in 124: Investiturstreit und Reichsverfassung, 132f.].

Kanzleistudien im Hochmittelalter

Auch wenn die Hofkapelle über Heinrich IV. hinaus fortbestand, setzen die Untersuchungen für die spätsalische und staufische Zeit eher bei der „Kanzlei" an, einem besonderen Verband von Hofkapellänen, die für die Herstellung der königlichen Urkunden zuständig waren [134: HAUSMANN, Reichskanzlei und Hofkapelle unter Heinrich V. und Konrad III.]. Für Lothar III. (1125-1137) weitete W. Petke den Blick über Kanzlei und Kapelle hin auf alle Personen aus, „die neben den Kapellänen das Vertrauen des Kaisers besaßen und durch ihren Rat auf die Politik des Herrschers eingewirkt haben". Durch diese prosopographischen Untersuchungen konnte er den alten Vorwurf der deutschnationalen Geschichtsschreibung widerlegen, Lothar sei ein „Pfaffenkönig" gewesen und habe insbesondere unter dem beherrschenden Einfluß Erzbischof Adalberts I. von Mainz gestanden [139: PETKE, Kanzlei, Kapelle und königliche Kurie unter Lothar III., 7, 425f.; vgl. 130: CRONE, 140: SPEER]. Für Friedrich I. (†1190), dessen Diplomata-Ausgabe soeben abgeschlossen wurde, steht eine Darstellung der Hofkapelle noch aus; vielleicht wird sie aber nie geschrieben werden, weil die „urkundlichen Nennungen kaiserlicher Kapläne äußerst dünn gesät" sind [141: APPELT, in: Die Zeit der Staufer 5, 28].

Kleriker im Dienst spätmittelalterlicher Könige

Für das Spätmittelalter erschwert der fragmentarische Forschungsstand zusammenfassende Darstellungen der Regierungspraxis mit Hilfe des Klerus [vgl. aber 147: HUBER]. Immerhin konnte festgestellt werden, daß „ein kanzleitechnisch erfolgreicher König

1. Der institutionelle Rahmen

bis mindestens 1410 ein *rex clericorum*" war, während „das entsprechende negative Gegenbeispiel Ludwig der Bayer (sei); eine gewisse Säkularisierung, der freilich wieder Gegenläufiges unter den Habsburgern folgte, trat erst unter Sigismund ein. Die Kanzleibeamten Karls (IV.) waren fast ausschließlich Kleriker (...). Der nur scheinbar modernere Laienbeamte blieb demgegenüber an Ausbildung, Kommunikationsfähigkeit und zahlenmäßigem Angebot so weit zurück, daß er als Einzelgänger erscheint" [152: MORAW, Grundzüge der Kanzleigeschichte Kaiser Karls IV., 39f.]. Von König Ruprecht an (1400-1410) drangen Universitätsabsolventen in die Kanzlei ein. Sehr gut bekannt durch ein monumentales Werk H. Heimpels sind Vita und soziales Milieu des Protonotars Job Vener aus Straßburg, der in Bologna zum *Doctor iuris utriusque* promoviert worden war und als Minorist nur die niederen Klerikerweihen empfangen hatte [47: HEIMPEL, Die Vener von Gmünd und Straßburg]. Der erste gelehrte Laie im Kanzleramt war Kaspar Schlick, der aus Eger (Böhmen) stammte und drei Königen diente (†1449).

Von der Kanzlei zu unterscheiden, wenn auch in der Realität nicht klar zu trennen ist der Hofrat; dieser wichtigsten Institution des spätmittelalterlichen Königtums gehörten alle Kanzleibeamten, Kanzler und Protonotare an. Zur *familia* der *curia regalis* zählten anfangs auch noch mehrere Bischöfe. Moraw hat 31 geistliche Räte König Ruprechts näher untersucht und festgestellt, daß zu diesen neben dem Hofkanzler die Protonotare der Kanzlei, Professoren der Universitäten Heidelberg und Würzburg sowie dem Hofe nahestehende Welt- und Ordensgeistliche verschiedener Provenienz gehörten [151: MORAW, Beamtentum und Rat König Ruprechts, 110-124]. Dabei ist auffällig, daß „der Anteil der graduierten, erst recht der studierten Juristen größer war als derjenige der Theologen. Dieser (...) Befund nötigt zu der Annahme, daß für den Eintritt von Geistlichen in den Rat nicht nur die brennenden Probleme der Kirchenpolitik, sondern auch das Streben nach einer Verwissenschaftlichung des Regierens im allgemeinen den Ausschlag gegeben haben" [ebd. 122]. Hofrat

Für die Versorgung der Kleriker am Hof waren kirchliche Pfründen unentbehrlich [SCHUBERT, in 110: Das spätmittelalterliche Königtum, 145f.]. Einzelstudien haben aber gezeigt, welche Widerstände oft die Kollationsberechtigten gegen den königlichen Wunsch übten [SCHÄFER, in 154: Kaiser Karl IV.]. Der Erfolg oder Mißerfolg einer Pfründanweisung kann von der Forschung nur durch aufwendige Archivstudien festgestellt werden, die meist auch die Kurie einschließen müssen. Pfründen zur Versorgung der Hofgeistlichen

86　II. Grundprobleme und Tendenzen der Forschung

Königliche „Erste Bitten" wenig erforscht

Systematisch und im Hinblick auf andere Arten des Pfründerwerbs müßte das königliche Recht der „Ersten Bitte" untersucht werden; eingehendere Studien darüber sind jetzt schon Jahrzehnte alt [143: FEINE, Papst, Erste Bitte und Regierungsantritt des Kaisers], obwohl L. SANTIFALLER 1949 die Preces primariae-Register Maximilians I. mit über 2000 Einträgen ediert hat [155].

Forschungen zur Kirchenpolitik Karls IV.

Unter den spätmittelalterlichen Königen ist die Kirchenpolitik Karls IV. derzeitig am besten bekannt, bedingt durch Publikationen zur 600. Wiederkehr von Karls Todestag (1978) [154, 159] und durch zwei wichtige Monographien [146: HÖLSCHER, Kirchenschutz als Herrschaftsinstrument; 150: LOSHER, Königtum und Kirche zur Zeit Karls IV.].

Landesherrliches Kirchenregiment: Begründung und Beschreibung

Über das kirchenherrschaftliche Selbstverständnis der spätmittelalterlichen Territorialfürsten hat die Forschung eine Fülle von Zeugnissen zusammengetragen; dennoch herrscht Unklarheit, inwieweit die Herrschaftslegitation nach Röm 13,1 durch bloße Übertragung vom Königtum her zustandekam oder das Gottesgnadentum theoretisch anspruchsvoller begründet wurde. Das Streben der Fürsten nach geschlossenen Territorien und nach einer Mediatisierung der Kirche hat zweifellos im Spätmittelalter eingesetzt, ohne zum Abschluß gekommen zu sein. Deshalb wurde unlängst zu Recht darauf hingewiesen, daß man nicht von „Territorialstaaten" sprechen sollte [162: BERNS, Burgenpolitik und Herrschaft des Erzbischofs Balduin von Trier, 12]. Für die kirchlichen Aspekte der werdenden Territorien sind dementsprechend Institutionenbegriffe mit Vorsicht zu verwenden: „Zweifellos war die Kirchenhoheit der deutschen Territorialstaaten im 15. Jahrhundert nicht voll ausgebildet; sie hatte sich nicht nur mit der Kirche, sondern auch mit den eigenen Ständen (darunter Prälaten) und dem Königtum dauernd auseinanderzusetzen. Die Tendenzen in diese Richtung erscheinen jedoch so stark, daß wohl von Landeskirchen in den entwickelten Territorien gesprochen werden kann und auch von einem ‚landesherrlichen Kirchenregiment', das allerdings Unvollkommenheiten aufwies, die dem allgemeinen Entwicklungsstand des Territorialstaats entsprachen" [170: STIEVERMANN, Landesherrschaft und Klosterwesen im spätmittelalterlichen Württemberg, 30]. Die kirchlichen Verhältnisse in den einzelnen Ländern sind so verschieden gewesen, daß die Historiker vor zusammenfassenden Darstellungen zurückschrecken; die letzte Monographie dieser Art wurde vor zwei Generationen geschrieben [164: HASHAGEN, Staat und Kirche vor der Reformation], und eine jüngere Übersicht kam über die Rei-

I. Der institutionelle Rahmen

hung von Einzelbeispielen nicht hinaus [NAENDRUP-REIMANN, in 167: Der deutsche Territorialstaat im 14.Jahrhundert I, 117-174]. Eine Typologie herrscherlicher Zugriffe auf die Kirche würde aber ein weiteres Abgleiten der Forschung in Regionalismus und Lokalismus verhindern, bei dem die Genauigkeit der Einzelergebnisse für den Verlust genereller Einsichten kaum ausreichend entschädigen kann.

Die wohl ergebnisreichste neuere Spezialstudie über landesherrliche Kirchenpolitik hat H. RANKL vorgelegt [168: Das vorreformatorische landesherrliche Kirchenregiment in Bayern]. Er untersuchte die bayerischen Herzogtümer in strukturgeschichtlicher Hinsicht und sah das Kirchenregiment im Kontext mit den sonstigen Verfassungs- und Verwaltungsbestrebungen der Wittelsbacher (Einfluß auf Bischofswahlen, Steuerpolitik gegenüber den Hochstiften, Ausübung der Klostervogteien, Klostervisitationen und -reformen, Pfründenbesetzungen und Vermögensverwaltung im Bereich der Niederkirchen); Rankl berücksichtigte aber auch die Politik der Fürsten gegenüber Kurie und Konzilien. Im Falle von Württemberg hat zuletzt D. STIEVERMANN aus gutem Grund die Entwicklung des „Territorialstaats" unter dem Aspekt der landsässigen Klöster behandelt [170]; denn in Württemberg hat etwa die Hälfte des Herrschaftsbereichs mit dem Klosterwesen zusammengehangen. Die Klosterreformen bildeten einen Schnittpunkt, in dem sich kirchliche und weltliche Einflüsse intensiv begegneten. Wie Rankl relativiert auch Stievermann unter dem Aspekt der Kirchenherrschaft den Zäsurcharakter der Reformation: „Die Formel ‚Gott zu Lob und dem Land zu Nutz', unter die sich in Württemberg die spätmittelalterlichen Klosterreformen stellten, findet sich nicht zufällig entsprechend auch in der Reformationsepoche wieder. Aus der verfassungs- und sozialgeschichtlichen Perspektive dominieren die Kontinuitätslinien über den traditionellen Einschnitt zwischen Spätmittelalter und Frühneuzeit hinaus – damit ist allerdings keine Wertung der Reformation als theologisch-religiöses Phänomen verbunden. Die Reformationszeit stellt in dieser Sicht die konsequente Fortführung der landeskirchlichen Tendenzen unter territorialstaatlicher Herrschaft dar, wobei die weltliche Kompetenz sich noch weiter des religiösen Kerns der Kirche in der Welt bemächtigt" [ebd. 295].

Rankls Modellstudie über die bayerischen Wittelsbacher

Klosterreformen bei den Württembergern

1.3 Papsttum und Synoden

Die Beziehungen zwischen dem Papsttum und Deutschland bzw. der deutschen Kirche bilden einen etablierten Forschungszweig in der Mediävistik. Dieser hat sich institutionalisiert in zwei durch P.F. KEHR um die Jahrhundertwende begründeten Großprojekten: in dem Unternehmen zur Erforschung und Edition der Papsturkunden bis 1198 [8: Regesta Pontificum Romanorum; Jahresberichte im DA], das seit 1931 durch eine Stiftung Papst Pius' XI. finanziert wird und auch andere europäische Länder einschließt; und in dem „Repertorium Germanicum" [11a], das am ehemals Preußischen, jetzt Deutschen Historischen Institut in Rom beheimatet ist und die Verbindungen zwischen Vatikan und Reich im Spätmittelalter vor allem prosopographisch aufarbeitet. [Zum Stand der Forschungen s. demnächst die Vorträge vom Bochumer Historikertag 1990, in QuFiAB].

Institutionen der papstgeschichtlichen Forschung: P.F. Kehr

Vor kurzem hat man damit begonnen, die in Deutschland überlieferten Papsturkunden zu sammeln [12: SCHWARZ, Die Originale von Papsturkunden in Niedersachsen]. In der Papstgeschichtsschreibung [174: FUHRMANN] und in Gesamtdarstellungen der Reichsgeschichte rückt, seiner historischen Bedeutung gemäß, das Verhältnis zwischen Päpsten und deutschen Königen, zwischen „Papsttum und Kaisertum", immer wieder in den Vordergrund; jede Forschergeneration versucht, sich über diesen zentralen Sachverhalt der abendländischen Geschichte Rechenschaft zu geben und die neueren Spezialstudien aufzuarbeiten [vgl. aus westdeutscher Perspektive 35: BEUMANN, Kaisergestalten des Mittelalters; aus ostdeutscher Sicht 37: ENGEL/HOLTZ, Deutsche Könige und Kaiser des Mittelalters; ferner z.B. 176: GRESCHAT, Das Papsttum; 180: SCHIMMELPFENNIG, Das Papsttum].

Papsturkunden in Deutschland: B. Schwarz

Klassisches deutsches Forschungsthema: Papsttum und Kaisertum

Die historische Erscheinung des Papsttums ist der gegenwärtigen Geschichtsforschung wieder zum ungelösten Problem geworden. So hat man darauf hingewiesen, daß eine Untersuchung über die Entstehung des Papsttums als Institution noch fehle; das objektivierende Substantiv *papatus, papatia* komme vermutlich nicht vor der Wende vom 11. zum 12. Jahrhundert vor. „Dennoch wird (das Papsttum) allgemein schon für die vorhergehende Zeit als Instanz aufgefaßt, von der die Kirche normalerweise regiert wird, die eine eigene über die einzelnen Pontifikate hinausreichende ‚Kirchenpolitik' zu treiben vermag, alle übrigen Glieder der Hierarchie leitet und kontrolliert, Vorschriften und Rechtssätze erläßt und ihre Beziehungen zu Patriarchen, Erzbischöfen, Bischöfen und Äbten, zu Kaisern, Königen und Fürsten planvoll gestaltet. Zum Teil handelt es sich dabei um Rückprojektionen späterer Verhältnisse auf frühere Zeiten. Anachronistische Auffassungen vom früh- und hochmittelalter-

Entstehung des Papsttums als Institution

1. Der institutionelle Rahmen

lichen Staat sind in unserem Jahrhundert weitgehend korrigiert und die allmähliche Entstehung einer modernen, objektiven, transpersonalen Staatlichkeit mit einem Verwaltungsapparat, mit Exekutivorganen und einer kalkulierten Politik herausgearbeitet worden. Entsprechendes ist für das ‚Papsttum' zu leisten, nachdem längst auf die verhältnismäßig späte Entstehung von eigentlichen Institutionen wie der ‚Kurie', der ‚Kanzlei' und der ‚Kammer' hingewiesen worden ist" [183: TELLENBACH, Zur Geschichte der Päpste im 10. und früheren 11. Jahrhundert, 166]. Doch selbst die Folgen von Kirchenreform, Investiturstreit und Universalepiskopat für die institutionelle Verfestigung der römischen Kirchenleitung sollten nach neueren Forschungen nicht überschätzt werden. Im Hinblick auf den Kampf zwischen Ludwig dem Bayern und den Päpsten stellte J. MIETHKE fest, daß er „nicht zwischen zwei Kombattanten jeweils festumrissenen Gepräges" stattfand, „sondern zwischen zwei Kombattanten, die sich teilweise erst innerhalb des Konflikts selber definierten"; Papsttum und Kaisertum hätten sich beide „zu Beginn des 14. Jahrhunderts noch in einer formativen Phase" befunden [178: Kaiser und Papst im Spätmittelalter, 423, 429]. *Papsttum noch im 14. Jh. in formativer Phase*

Die Distanz zwischen den deutschen Königen und Rom war im ganzen Mittelalter wohl so groß, daß man das Kaisertum nicht überbewerten sollte. Die Kaiserwürde konnte zwar die Autorität der Könige erhöhen, aber ihre rechtliche Stellung nicht verbessern: „So ist es zu erklären, daß die Könige die Krönungsfahrt nach Rom meist auffällig spät, ohne Ungeduld und Eile antraten (...). Es muß vieles gegeben haben, was ihnen jahrelang wichtiger vorkam. Konkurrenten aus anderen Ländern brauchten sie ja bis ins dreizehnte Jahrhundert nicht zu fürchten. Und Erfolg hatte auch nachher keiner. – Einen Einfluß auf das Papsttum und auf Papstwahlen, besonders, wenn sie strittig waren, brachte die Kaiserwürde wohl, aber auch er darf nicht überschätzt werden" [182: TELLENBACH, Kaiser, Rom und Renovatio, 241]. *Bedeutung des Kaisertums für deutschen König*

Umgekehrt hat der Papst vor dem Investiturstreit kaum von sich aus in die politischen und kirchlichen Verhältnisse nördlich der Alpen eingegriffen: „In einer Zeit machtmäßiger Schwäche war es die Stärke des Papsttums, daß es im Namen des heiligen Petrus *responsa* erteilte, Würdezeichen vergab, Sünder lossprach, Klöster eximierte und so einer Provinzialisierung entging. Während die Versuche kirchenpolitischer Aktionen oft auf harten Widerstand stießen, war diese reaktive Tätigkeit leichter und ohne größeren Aufwand durchzuführen. Rom erschien hier als gütige Mutter der Kir- *Der Einfluß der Päpste auf das Reich nördlich der Alpen im Frühmittelalter* chen des Abendlandes" [172: FICHTENAU, Vom Ansehen des Papsttums im zehnten Jahrhundert, 120]. Allerdings soll die erste deutsche Synode, die 916 in Hohenaltheim zusammentrat und bei der sich die Bischöfe gegen weltliche Große schützend vor König Konrad I. stellten, unter dem entscheidenden Einfluß des päpstlichen Gesandten gestanden haben [117: FUHRMANN, Die Synode von Hohenaltheim]. Das für die weitere Geschichte des Reiches wichtige Bündnis der deutschen Laienfürsten mit dem Papst hat sich seit 1071 angebahnt [173: FRIED, Laienadel und Papst in der Frühzeit der französischen und deutschen Geschichte, 397].

Die Reservationen von Innozenz IV. bis Urban V.

Die Möglichkeiten der Kurie, auf die deutsche Kirche einzuwirken, machten sich seit dem 13. Jahrhundert vor allem bei der Vergabe von Bischofsstühlen bemerkbar. Die Entwicklung der päpstlichen Reservationen, die bei Innozenz IV. (1243-1254) mit Einzelmaßnahmen begann und unter Urban V. 1363 mit der Generalreservation sämtlicher vakanter oder vakant werdender Erzbistümer und Bistümer seine Vollendung fand, hat K. GANZER nachgezeichnet [175: Papsttum und Bistumsbesetzungen]. Durch den Fiskalismus des Papsthofes in Avignon wurde im Spätmittelalter eine Krise in der Kirche mitverursacht, die zu einem allgemeinen Krisengefühl der Menschen beigetragen hat. Diese Zusammenhänge hat zuletzt F. GRAUS überzeugend dargestellt [41: Pest – Geissler – Judenmorde]. Obschon die finanziellen Forderungen der Kurie von den Deutschen als schwere Belastung empfunden worden sind, waren die Einkünfte des Königs von Frankreich, wie H. THOMAS vorgerechnet hat, zur gleichen Zeit weit höher als die des Papstes [160: Deutsche Geschichte des Spätmittelalters, 165]. Im Reich beklagte man sich auch darüber, daß die Päpste in Avignon die Leitung der Kirche fast ausschließlich in die Hände von Franzosen und Italienern legten. Tatsächlich lassen sich diese Vorwürfe an den Kardinalskreationen überprüfen, bei denen von Clemens V. bis Gregor XI. kein einziger Deutscher berücksichtigt wurde. Die Gesamtrepräsentanz der Deutschen an der Kurie vom Großen Schisma bis zum Tod Eugens IV. (1378-1447) hat unlängst Ch. SCHUCHARD in einer personen-, sozial- und verfassungsgeschichtlichen Abhandlung untersucht. „Während Deutsche an der päpstlichen Kurie in Avignon vor 1378 zahlenmäßig nur eine minimale Rolle spielten (...), erscheinen dagegen unter dem ersten Schismapapst römischer Obödienz zahlreiche Deutsche an der Kurie, denen es gelang, in Stellen einzurücken, die durch den Weggang bisheriger, vor allem französischer Kurienbediensteter freigeworden waren (...). Ihren Höhe-

1. Der institutionelle Rahmen

punkt erreichte die deutsche Präsenz am Papsthof nach dem Ende des Großen Schismas unter den Päpsten Martin V. und Eugen IV.". Die erneute Krise des Papsttums in der Gegnerschaft zum Basler Konzil und die nachlassende Attraktivität des Papsthofes angesichts der Entstehung des landesherrlichen Kirchenregiments in deutschen Territorien hätten dann zu einem Rückgang der Zahl der Deutschen in der Umgebung des Papstes beigetragen. Führungspositionen hätten deutsche Kuriale kaum erlangt; alle Versuche, einen deutschen Kardinal zu kreieren, seien aus verschiedenen Gründen gescheitert. Erst Nikolaus von Kues (†1464) sollte als Purpurträger an der Kurie residieren [181: SCHUCHARD, Die Deutschen an der päpstlichen Kurie im späten Mittelalter, 347-349].

Die vielkritisierte Praxis päpstlicher Pfründenvergabe im Spätmittelalter hat zuletzt A. MEYER überprüft; Meyer untersuchte ordentliche Kollatur und päpstliche Provisionen am Frau- und am Großmünster in Zürich zwischen 1316 und 1523 und kam zu einer völlig neuen Bewertung der Rolle der Kurie. Entgegen der landläufigen Meinung sei das päpstliche Pfründenrecht erfolgreich gewesen und auch von den Zeitgenossen akzeptiert worden. Es habe sogar die Chance eines unparteiischen Prozesses für einen Bewerber eröffnet, der nicht über gute persönliche Beziehungen zu den Chorherrenkapiteln oder zu anderen geistlichen Patronatsherren verfügte. Dies sei insbesondere den Absolventen der hohen Schulen zugutegekommen und habe sich als Förderung der Universitäten durch die Päpste ausgewirkt. Es sei nicht berechtigt, das Bild einer „Verschwörung" der Päpste gegen die althergebrachten Rechte der Kapitel zu konservieren. Vielmehr hätten die Päpste Pflichtbewußtsein und Verantwortung für die Seelsorge geleitet, als sie Schritt für Schritt das Instrument der Provisionen schufen [177: MEYER, Zürich und Rom, 5, 82]. Diese Thesen haben in der gegenwärtigen Forschung z.T. heftige Reaktionen ausgelöst [DA 44, 1988, 677f.; HZ 252, 1991, 104].

Eine These zur päpstlichen Pfründenpolitik

Im Vergleich mit der Rolle der Päpste sind Funktion und Gewicht der Konzilien und Synoden in der Geschichte der Kirche lange Zeit wenig, geradezu stiefmütterlich, behandelt worden. Eine von K. F. HEFELE 1855 begonnene „Conciliengeschichte" bildete bis vor kurzem das wissenschaftliche Hauptwerk, und unzureichende Editionen des 18. Jahrhunderts sind zum großen Teil bis heute noch nicht ersetzt worden. Der Grund für die Verzögerung des Forschungsprozesses auf diesem Gebiet lag zweifellos im Ausbau des päpstlichen Primats durch die Definition der Unfehlbarkeit bei Ka-

Konziliengeschichte seit dem II. Vatikanischen Konzil

thedralentscheidungen auf dem I. Vatikanischen Konzil (1870); auf katholischer Seite war einem stärkeren Interesse an der Geschichte der Kirchenversammlungen damit der Resonanzboden entzogen, während allerdings nichtkatholische Forscher wichtige quellenkritische Arbeiten publizierten (A. HARNACK, E. SEEBERG, F. LOOFS, E. SCHWARTZ). Erst das II. Vaticanum (1962-1965) hat eine Wende auf dem Forschungsfeld des Synodalwesens gebracht, deren Dynamik noch heute ungebrochen erscheint. Seit Beginn der sechziger Jahre sind eine mehrbändige Geschichte der ökumenischen Konzilien und umfangreiche Monographien entstanden. In Deutschland erscheint seit 1979 eine „Konziliengeschichte", die neben den Allgemeinen Konzilien die Reichs- und Provinzialsynoden darstellen soll und auf ca. 40 Bände berechnet wird [für das Mittelalter bisher neben 60: WOLTER, dazu unten, 56: SIEBEN, Die Konzilsidee des lateinischen Mittelalters]; sie wird seit 1969 durch eine eigene wissenschaftliche Zeitschrift begleitet [AHC]. Träger ist aber nicht ein staatlich finanziertes Institut oder eine kirchliche Stiftung, sondern eine von Privatleuten gebildete „Gesellschaft für Konziliengeschichtsforschung". Die Erwartungen der Mitarbeiter an ihr Vorhaben sind hoch: „Mit dieser Konziliengeschichte (soll...) ein richtigeres Verständnis von Kirchengeschichte" entstehen. Sie wird „eine Kirche zeigen, in der von ihrem Ursprung an auch Kollegialität und Regionalität, Differenziertheit, institutionalisierter Austausch mit der jeweiligen Zeit und Umwelt gehörten. Sie wird zeigen, daß Synode und Konzil die einheitliche verfassungsgeschichtliche Institution aller nichtreformatorischen Kirchen sind. Insofern ist Konziliengeschichte nicht nur Geschichte der Kirche in ihrer Vielfalt und wirklich ökumenische Kirchengeschichte, sondern auch richtigere und ehrlichere Kirchengeschichte, die der gegenwärtigen Kirche eine zutreffendere Kenntnis ihrer selbst gewinnen hilft, einer Kirche, die sich so gerne ihrer Jahrtausende alten Geschichte rühmt und doch wiederum oft so wenig von ihrer wirklichen Vergangenheit weiß und oft auch wissen will" [21: SCHMALE, Konziliengeschichte im Werden, 259].

Auch die editorische Bearbeitung der Konzilien ist unlängst wieder in Gang gekommen. Das seit etwa 1930 ruhende Unternehmen einer Ausgabe der Konzilien bis ca. 1059 im Rahmen der Monumenta Germaniae Historica wurde zunächst für die karolingischen Teilreiche (1984) und dann auch für Deutschland und Reichsitalien (916-1001) weitergeführt [MGH Concilia VI.1, von E.-D. HEHL/H. FUHRMANN, 1987 erschienen].

1. Der institutionelle Rahmen

Synoden waren kirchliche Kollegialorgane und insbesondere Bischofsversammlungen. Neben den Allgemeinen Konzilien, von denen hier nicht näher die Rede sein kann, unterscheidet man vor allem Reichssynoden und Provinzialsynoden; unter dem Vorsitz eines einzigen Bischofs tagende „Diözesansynoden" sind keine Synoden im engeren Sinne gewesen. Für die deutsche Kirche des Mittelalters sind bisher die Synoden zwischen Hohenaltheim und dem Tod Heinrichs III. näher untersucht worden [60: WOLTER, Die Synoden im Reichsgebiet und in Reichsitalien von 916 bis 1056]. Danach sind genau 100 Konzilien nachweisbar. Am häufigsten waren die Versammlungen, an denen der König in irgendeiner Weise unmittelbar beteiligt war (45); sie haben ihre größte Dichte unter Otto III. und besonders unter Heinrich II. erlangt. Im allgemeinen wurden die Reichssynoden durch den König angeordnet, während der eigentliche Synodalvorsitz grundsätzlich von einem Geistlichen wahrgenommen wurde. Die zweitstärkste Gruppe von Kirchenversammlungen in ottonisch-frühsalischer Zeit bildeten die sogenannten Kaiser-Papst-Synoden mit universalem Geltungsanspruch (23); der Höhepunkt liegt hier in der Regierungszeit Ottos III., der im Zuge seiner Renovatio-Politik eine neue Konzeption der Zuordnung von Kaiser und Papst umzusetzen versucht hat. Die Quellen lassen nicht klar erkennen, wem das Recht zur Einberufung dieser Versammlungen zustand. Nahm der Papst selbst oder ein Beauftragter (Legat) an einer Synode teil, so hatte er auch den Vorsitz inne. Bei den Synoden waren neben dem Herrscher (63 ausdrücklich bezeugte Präsenzen) und den Bischöfen zahlreiche weitere Geistliche und Laien zugegen, deren Umkreis aber meist nicht genauer beschrieben werden kann. Unter den Aufgaben der Synoden dominierten Verwaltungsangelegenheiten (Besitzbestätigungen, Schenkungen, Erörterung von Kirchengrenzen und Missionsplänen, Gründung von Bistümern und Kirchenprovinzen usw.) und die Rechtsprechung (59 Prozeßverfahren sind bezeugt). Dagegen wurden nachweislich nur auf 31 der 100 Konzilien gesetzliche Verordnungen erlassen (auf 16 Reichssynoden, sieben kaiserlich-päpstlichen Synoden, fünf Provinzialsynoden und drei weiteren Versammlungen). Themen waren besonders liturgische Fragen und die Kirchendisziplin. Nur von 15 Synoden sind Kanones oder Synodalstatuten überliefert; vor allem die frühen Liudolfinger (Heinrich I., Otto I.) und dann Heinrich II. haben verstärkt an die Tradition der karolingischen Reformsynoden anzuknüpfen versucht und die Beschlüsse der unter ihrer Herrschaft durchgeführten Konzilien publi-

Forschungen über Reichssynoden

ziert. Unter Heinrich III. ging die Initiative zur Neubelebung der synodalen Tradition schon an die von ihm erhobenen Reformpäpste über. Für die Beschlüsse der Synoden erhob der Papst zwar den Anspruch auf Prüfung und Autorisierung; doch folgte daraus noch keineswegs, daß jede Synode ihre Beschlüsse dem Papst zur Bestätigung vorgelegt hätte. „Die Frage nach der höheren Autorität lautete daher im 10. und frühen 11. Jahrhundert noch nicht Papst oder Konzil, sondern Synode oder Primatausübung in synodaler Form, wobei die Entwicklung bereits zu Gunsten der letzteren verlief" [ebd. 493; vgl. 206: WOLTER, Die Kölner Provinzialsynoden bis zum vierten Laterankonzil im Jahre 1215].

Forschungsbefunde über „Diözesansynoden"

Am bescheidensten sind bisher die Forschungsanstrengungen im Bereich der „Diözesansynoden" geblieben. Größere Abhandlungen und kritische Editionen fehlen ganz, und erst 1985 hat eine wissenschaftliche Tagung stattgefunden, auf der Detailbeobachtungen aus verschiedenen Bistümern miteinander verglichen wurden [veranstaltet von Geschichtsverein und Akademie der Diözese Rottenburg-Stuttgart, vgl. 197: LANG, 198: MAIER]. Danach lag der Höhepunkt der Synodaltätigkeit etwa im Bistum Würzburg zwischen dem 12. und 14., beim Bistum Konstanz aber im 15. Jahrhundert. In Würzburg haben zwischen 984 und 1548 ungefähr 34 Synoden stattgefunden, also im Durchschnitt alle 16-17 Jahre eine. Das 4. Laterankonzil von 1215 hat zum ersten Mal eine allgemeine gesetzliche Vorschrift erlassen, die die Metropoliten und Bischöfe zu jährlichen

Problem der Tradition von Synodalstatuten

Synoden verpflichtete. Die Diözesansynoden sollten vor allem die Funktion haben, die zuvor erlassenen Provinzialstatuten zu publizieren und zu rezipieren. Besondere Aufgabe der Synoden sollte es auch werden, den Klerus zu reformieren. Die Synodalstatuten selbst reagierten wohl weniger auf konkrete Mißstände, die an Ort und Stelle jeweils gegeben waren, sondern tradierten allgemeine kirchliche Gesetzestexte; das heißt nicht, daß die Selektion der Vorschriften nicht im Hinblick auf die gegebenen Verhältnisse erfolgte. Im Unterschied zu Frankreich lag das Hauptgewicht nicht auf der Instruktion in Pastoral und Sakramentenverwaltung, sondern auf der Klerikerdisziplin und vor allem auf der säuberlichen Trennung der Sphären von Laien und Klerikern, dem Schutz des Kirchengutes und der Wahrung der *libertas ecclesiastica* [193: JOHANEK, Synodalia; vgl. 149: DERS., Die „Karolina de ecclesiastica libertate"]. Bemerkenswert ist allerdings auch, daß die Bischöfe des Spätmittelalters Diözesansynoden in der erklärten Absicht einberiefen, sich vom Klerus ein einträgliches *subsidium charitativum* genehmigen zu lassen und ihrer Geldnot abzuhelfen. Im einzelnen geben die Diözesanstatuten ein höchst anschauliches Bild von dem kirchlichen Alltagsleben des Spätmittelalters, auch wenn der „Realitätsbezug" im einzelnen strittig sein mag. Es geht in den Beschlüssen der Synoden um Rechte und Pflichten des Bischofs und sein Verhältnis zum Diözesanklerus; um die kirchliche Gerichtsbarkeit, vor allem für die Geistlichen selbst; um das ordnungsgemäße Leben der niederen Kleriker und ihr Verhältnis zur Ordensgeistlichkeit usw. Eine andere Frage war die Durchsetzbarkeit der Beschlüsse, für die dem Bischof die Sendgerichtsbarkeit, die Visitationen und die Hilfe der Ruraldekane zur Verfügung standen. Im späten Mittelalter wurde die Bedeutung der Synoden wohl dadurch eingeschränkt, daß andere kirchliche Entscheidungsträger größeres Gewicht gewannen (exemte Klöster, Orden, Landesherren) und die Gerichtsbarkeit mit Rezeption des römischen Rechts an Generalvikare und Offiziale überging [R. REINHARDT, in: RottJb 5, 1986, 480].

Überlieferungswert der Diözesanstatuten für die Alltagsgeschichte

1.4 Archidiakonate, Dekanate, Pfarreien und Eigenkirchen

Wenn man die kirchliche Struktur auf dem Lande als ein hierarchisches System beschreiben wollte, das vom Bischof und seiner Diözese ausgehend zur nächst kleineren Einheit der Archidiakonate fortschritt und dann durch die Landdekanate die Pfarreien sowie die diesen nachgeordneten Kirchen und Kapellen ohne Pfarrechte erfaßte, so hätte man einen Idealtyp entworfen, der zwar nicht falsch wäre, Entscheidendes aber verdeckte: die außerordentliche Mannigfaltigkeit der Entwicklungen und Organisationsformen im einzelnen, die verwirrende Vielfalt und die Uneindeutigkeit der Bezeichnungen und nicht zuletzt die durchaus nicht nur von oben dekretierten, sondern auch von unten kommenden Impulse für kirchliche Ordnungen. Die Forschung hat durch ihre stark landesgeschichtliche Ausrichtung in den letzten Jahrzehnten den früher durch Rechts- und Verfassungshistoriker klar gegliederten Stoff stark parzelliert in Augenschein genommen und unsere Einsichten enorm differenziert; dafür besteht aber weder jetzt noch in absehbarer Zukunft die Aussicht auf ein neues Gesamtbild [vgl. die in B.10. genannten Spezialtitel sowie die regionalen Kirchengeschichten bzw. die Bistumsgeschichten in B.2., B.3.]. Vielfach arbeitet man wohl gerade deshalb auch noch mit den Forschungsbegriffen und Denkmodellen der älteren Kirchenrechtsgeschichte. Es handelt sich dabei vor allem um die Ämter des Chorbischofs, des Archidiakons

Kirchliches Leben auf dem Lande organisatorisch wenig vereinheitlicht

Herkömmliche Klassifizierungsversuche noch nicht ersetzt

und des Archipresbyters bzw. des Landdekans [zum Folgenden vgl. vor allem 239: MAY, Die Organisation der Erzdiözese Mainz].

Chorbischöfe „älterer" und „jüngerer Ordnung"

Bei den Chorbischöfen unterscheidet man solche älterer und jüngerer Ordnung. Die Chorbischöfe älterer Ordnung hatten die Bischofsweihe erhalten und waren deshalb selbst zu Weihehandlungen legitimiert; die Chorbischöfe jüngerer Ordnung waren keine geweihten Bischöfe mehr und trugen nur noch den Namen des Bischofs. Sie lösten die Chorbischöfe älterer Ordnung in den ostfränkischen Bistümern im 10. Jahrhundert ab und waren auf die Hirtengewalt beschränkt; man schreibt ihnen Tätigkeiten in der Ausbildung der Geistlichen zu, in der Aufsicht über die Verwaltung und Kirchenzucht sowie in der Disziplinargerichtsbarkeit. Die Chorbischöfe mußten also die Pfarreien und Stiftskirchen visitieren und Send halten. Ihre Tätigkeit war ihnen durch Mandat des Ordinarius, also des eigentlichen Bischofs, übertragen. Vermutlich war ihr Aktionskreis räumlich definiert; nicht ohne Grund wird angenommen, daß an den einst von Bonifatius gegründeten Bischofssitzen Büraburg und Erfurt Chorbischöfe eingesetzt wurden, als die beiden Orte mit ihren Sprengeln dem Erzbistum Mainz eingegliedert wurden.

Archidiakone „älterer" und „jüngerer Ordnung"

Als Ausgangspunkt des Archidiakonats gilt das Amt des Bischofsdiakons; dieser hatte in der Alten Kirche den Bischof in der Regierung der Diözese unterstützt, vor allem in der Verwaltung des Vermögens. Als er die Vorsteherschaft über die Diakone und den niederen Klerus erlangte, wurde er Archidiakon; er wird in der Wissenschaft als Archidiakon älterer Ordnung bezeichnet. Als solcher war er der Vertreter des Bischofs in Verwaltung und Gerichtsbarkeit und übte sein Amt als widerrufliches Mandat aus (*iurisdictio delegata*). Jede Diözese hatte ursprünglich nur einen solchen Archidiakon. Er war somit – in Unterordnung zum und im Auftrag des Ortsoberhirten – für die gesamte Diözese zuständig. In manchen Bistümern wurden jedoch etwa seit dem 9. Jahrhundert mehrere solche Archidiakone ernannt; durch die zahlenmäßige Vermehrung wurde die rechtliche Stellung der Amtsträger aber nicht geändert, sie blieben Mandatare des Diözesanbischofs. Auch waren sie zunächst noch grundsätzlich im ganzen Bistum tätig, bis ihnen allmählich ein bestimmter Sprengel zuwuchs. Zuletzt leiteten sie diesen Bezirk als Träger eines selbständigen Amtes; sie übten eine *iurisdictio ordinaria propria* aus. Man spricht jetzt von Archidiakonen jüngerer Ordnung. Nicht in jedem Bistum durchlief der Archidiakonat alle diese Phasen. Seine Entwicklung ist nicht nur von Diözese zu Diözese,

1. Der institutionelle Rahmen

sondern häufig auch in ein und derselben Diözese verschieden gewesen. Dementsprechend unterschiedlich vollzog sich der Übergang zum Archidiakonat jüngerer Ordnung; in den Diözesen Köln und Mainz beispielsweise kann man ihn um die Mitte oder in die zweite Hälfte des 11. Jahrhunderts datieren. Da der Archidiakon keine Weihegewalt innehatte, näherte sich seine Stellung derjenigen des Chorbischofs jüngerer Ordnung an. So scheint es erklärlich zu sein, daß Archidiakone jüngerer Ordnung in der Überlieferung den Titel *chorepiscopus* trugen.

Bei den Erzpriestern muß man Domarchipresbyter von Landarchipresbytern trennen. Die Domarchipresbyter standen dem Klerus an der Bischofskirche bzw. in der Bischofsstadt vor, sie konnten aber auch in Vertretung des Oberhirten Visitationsfahrten unternehmen und den Send halten. Bei den Landarchipresbytern unterscheidet die Forschung wiederum solche älterer und jüngerer Ordnung. Der Landarchipresbyter älterer Ordnung war der Vorsteher einer Taufkirche und führte die Aufsicht über die Priester, die an den Kirchen und Kapellen seiner Pfarrei angestellt waren. Der Landarchipresbyter jüngerer Ordnung, der Landdekan, war dagegen mit der Aufsicht über mehrere Pfarrer betraut und stellte die Verbindung zwischen Pfarrern und Bischof her. Dieser Ruraldekan wurde gewöhnlich den Pfarrern der Urpfarreien entnommen. Auch die Pröpste von Stiftskirchen oder die Angehörigen des Domkapitels konnten mit Landdekanaten ausgestattet werden. So dürften in der Erzdiözese Köln die Vorsteher von Stiften und Klöstern zunächst die Pfarrer ihrer Eigenkirchen selbst eingewiesen und daraus allmählich den Anspruch auf die *decania*, die Visitation und geistliche Gerichtsbarkeit, abgeleitet haben. Da diese Kompetenzen diejenigen der Archidiakone älterer Ordnung einschränkten, scheinen sich im Gegenzug die vier Kölner Archidiakonate jüngerer Ordnung herausgebildet zu haben [189: GROTEN, Priorenkolleg und Domkapitel von Köln im Hohen Mittelalter, 55-62]. Auch sie waren z.T. mit der Vorstandschaft von Stiftskirchen (Xanten, Bonn; daneben der Dompropst und der Domdekan) verbunden.

Relativ klar umschreiben läßt sich der Begriff der Pfarrei: „Eine Pfarrei entsteht dort, wo ein Priester an einem bestimmten Ort für dauernd mit der Wahrnehmung der Seelsorge beauftragt wird" [239: MAY, 79; vgl. 237: LEISCHING, Pfarrer, etc.]. Die Erforschung der Pfarrorganisation, ihrer Entstehung und Entwicklung, stellt aber ein sehr schwieriges Arbeitsgebiet der kirchlichen Landesgeschichte dar. Das Hauptproblem liegt darin, daß die Existenz von

Domarchipresbyter. Landarchipresbyter „älterer" und „jüngerer Ordnung"

Definition der Pfarrei. Probleme der Pfarrgeschichtsforschung

Pfarrkirchen oft erst Jahrhunderte nach ihrer Gründung belegt ist und daß ihre Genese nicht selten aus spätmittelalterlichen Quellen rekonstruiert werden muß. Methodisch grundlegend ist die Analyse der Siedlungsgeschichte, bei der archäologische Funde und Ortsnamen berücksichtigt werden; diese Namen können – wenigstens zum Teil – bestimmten Zeitschichten zugeordnet werden. Daneben spielt die Patrozinienkunde eine große Rolle, also die Erforschung der Heiligen als Kirchenpatrone. Auch dabei glaubt man, bestimmte Moden unterscheiden zu können, die Rückschlüsse auf das Alter einer Kirche erlauben. Eine besondere Schwierigkeit stellen Patrozinienwechsel dar, d.h. die Umwidmung einer Kirche etwa bei einer Änderung der Herrschaftsverhältnisse. Schließlich können wirtschafts- und rechtsgeschichtliche Beobachtungen bei der Rekonstruktion der Pfarrorganisation helfen. Für das Erzbistum Trier hat der Kirchenhistoriker F. PAULY mit den genannten Methoden ein zehn Bände umfassendes Standardwerk erarbeitet [240: Siedlung und Pfarrorganisation im alten Erzbistum Trier]. Pauly legte dabei die Prämisse zugrunde, daß die älteste Pfarrorganisation beiderseits des Rheins im wesentlichen in fränkisch-merowingischer Zeit erfolgt sei. Aus den von ihm rekonstruierten Großpfarrbezirken seien durch Aufgliederung und Zerfall nach bestimmten „Gesetzlichkeiten" die kleineren Pfarreien entstanden. Eine so betriebene Pfarrgeschichtsforschung ist freilich auf Hypothesen angewiesen, die wenigstens durch Verallgemeinerungen fragwürdig werden können. Methodenpluralismus steht in der Gefahr, durch Mischargumentationen vorgefaßte Annahmen zu belegen. Wichtig ist die Frage, ob die Bistumsorganisation den frühesten Kirchen- und Pfarrgründungen vorausgegangen oder ihnen gefolgt ist. Das erste kann man im allgemeinen in Bistümern spätantiker Gründung annehmen, das zweite war östlich des Rheins, etwa in Bayern, der Fall. Dementsprechend fragt es sich, ob die ältesten Pfarrsprengel von römischen Bezirken bzw. deren Hauptorten oder von königlichen bzw. adligen Grundherrschaften ausgegangen sind. Insbesondere in Gebieten, die kaum oder gar nicht von der römischen Besatzung erfaßt worden waren, muß man mit einer erheblichen Bedeutung des Eigenkirchenwesens rechnen.

Lehre von der Eigenkirche (U. Stutz) und deren Weiterentwicklung

Der Begriff des „Eigenkirchenwesens" wurde durch den Schweizer Kirchenrechtshistoriker U. STUTZ geprägt (1894/95), der zugleich die Sache, um die es geht, entdeckt hat [247: Die Eigenkirche als Element des mittelalterlich-germanischen Kirchenrechts]. Nach Stutz versteht man „unter Eigenkirche ein Gotteshaus, das dem Eigentum oder besser einer Eigenherrschaft derart unterstand, daß sich daraus über jene nicht bloß die Verfügung in vermögensrechtlicher Beziehung, sondern auch die volle geistliche Leitungsgewalt ergab". Die Eigenkirche mit dem Eigenpriester war der bischöflichen Kontrolle weitgehend entzogen. Stutz erkannte, daß das Kirchenwesen des Mittelalters damit einen der römischen Kirchenverfassung widersprechenden Zug erhielt. Denn nach dem römischen Recht hätte der Bischof auch bei privaten Gründungen über das Kirchengut verfügen müssen, aus dem er die Geistlichen zu besolden, die Kirchbauten zu erhalten und die Bedürftigen zu versorgen hatte. Nun aber konnte der Eigenkirchenherr sämtliche Rechte der Kirche in Anspruch nehmen, gegebenenfalls auch die wirtschaftliche Nutzung einer Pfarrei. Historisch führte Stutz das Eigenkirchenwesen auf den heidnischen Kult der Germanen zurück. Diese Herleitung des Eigenkirchenwesens vom germanischen Eigentempelwesen und damit die Etikettierung des Eigenkirchenwesens als spezifisch germanische Erscheinung wird heute im allgemeinen nicht mehr vertreten. Der Wiener Wirtschaftshistoriker A. DOPSCH zeigte schon 1920 anhand archäologischer Befunde, daß germanische Eigentempel nicht der Ausgangspunkt für Eigenkirchen gewesen sein können. Stattdessen wird auf die Bedeutung des Ahnengrabes als Kult- und Gerichtsstätte für Familie und Sippe hingewiesen [vgl. 228: BORGOLTE, Stiftergrab und Eigenkirche]. Schon Dopsch hat auch im Anschluß an französische Forscher geltend gemacht, daß die Eigenkirche ein Attribut der Grundherrschaft gewesen sei; sie sei überall dort zu suchen und meist auch zu finden, wo sich die Grundherrschaft selbst ausgebildet hätte. Das Eigenkirchenwesen sei deshalb bei den Griechen und Römern ebenso nachzuweisen wie bei den Germanen, es sei national indifferent. Nach einer Formulierung des Rechtshistorikers K.S. BADER (1968) war das „Eigenkirchenwesen Produkt des Zusammenstoßes einer fortgebildeten Kirchenverfassung mit archaischem Kultur- und Rechtsgut junger Völker", keine spezifisch germanische Erscheinung, sondern eine „Übergangsform in der allgemeinen Rechtsentwicklung". Außerdem ist mit Nachdruck darauf hingewiesen worden, daß die von Stutz vorausgesetzte spätantik-frühmittelalterliche Vermögenseinheit des Bistums und die zentrale Verwaltung des Kirchenguts durch den Bischof, die das Eigenkirchenwesen gestört, ja aufgelöst haben sollen, nach Bedeutung und Dauer stark einzuschränken seien. „In reiner Form nirgends lückenlos durchgesetzt und zu allen Zeiten von Auflösungstendenzen begleitet, hat das ‚Zentralsystem' mehr den Charakter eines Modells, das eine wichtige Entwicklungslinie im römisch geprägten Kirchenrecht verdeutlichen kann" [203: R. SCHIEFFER, Die Entstehung von Domkapiteln in Deutschland, 104 Anm. 30, mit Bezug auf 241: PÖSCHL, Bischofsgut und Mensa Episcopalis, I 10]. Von den Eigenkirchen unterscheiden muß man Kirchenstiftungen, die zwar ebenfalls der bischöflichen Verfügungsgewalt entzogen waren, aber auch keiner anderen Herrschaft unterstanden [227: BORGOLTE, Der churrätische Bischofsstaat und die Lehre von der Eigenkirche].

Kirchenstiftungen von Eigenkirchen zu trennen

Die Umwandlung des Eigenkirchenrechts zum Patronatsrecht seit dem Hochmittelalter hat nach P. LANDAU dazu geführt, daß das Eigenkirchenwesen kein dauerhaftes Strukturelement kirchlicher Ordnung werden konnte [Art. Eigenkirchenwesen in: TRE IX, 1982, 403; vgl. 236: LANDAU, Jus Patronatus]. Demgegenüber wurde jüngst aus der Perspektive des Spätmittelalters und der Frühen Neuzeit die Auffassung vertreten, daß das Eigenkirchenwesen erst abgelöst worden sei „durch die kirchenrechtlichen Änderungen im Gefolge der allmählichen Durchsetzung territorialstaatlicher Kirchlichkeit"; der Begriff der Eigenkirche bedürfe überhaupt einer neuen Diskussion [169: SIEGLERSCHMIDT, Territorialstaat und Kirchenregiment, 23 mit Anm. 38].

Patronatsrecht eine Überwindung des Eigenkirchenwesens?

In der neueren Forschung wird die kirchliche Organisation zwischen Pfarrei und Archidiakonat oft weniger unter institutionengeschichtlichem Gesichtspunkt betrachtet, sondern der genossenschaftliche Aspekt betont. Tatsächlich war ja für das Christentum die Bildung der Gemeinden von Anfang an die konstitutive Sozialform. „Soweit wir christliche Kultgemeinden in der Zeit vor 800 quellenmäßig fassen oder auch nur erschließen können, eignete ihnen durchwegs der Charakter von Personalverbänden." Sie „grenzten sich gegenseitig allein durch personale Zugehörigkeit bzw. Nichtzugehörigkeit ab" und wurden erst in karolingischer Zeit zum Zweck der Besteuerung in räumlich definierte Einheiten verwandelt [246: SEMMLER, Zehntgebot und Pfarrtermination, 37]. In der germanischen Missionszeit soll es auch „neben oder über der Eigenkirche beherrschend die an agrarische, gerichtliche, zum Teil auch heidnisch-kultische Verbände anknüpfende genossenschaftliche Gemeindekirche" gegeben haben [38: FEINE, Kirchliche Rechtsgeschichte, 185]; doch wird heute bezweifelt, daß sich eine ursprüngliche Kirchherrschaft gemeindlicher Genossenschaften nachweisen lasse. D. KURZE hat gezeigt, daß die aktive Mitarbeit der Pfarrkinder an den kirchlichen Belangen ein Charakteristikum ländlicher

Sozialgeschichtliche Ansätze der Landkirchenforschung

Aktive kirchliche Gemeinden seit dem 11./12. Jh.

Pfarreien in Deutschland seit dem 11. Jahrhundert war [233: Ländliche Gemeinde und Kirche]. Diese Entwicklung war mitbedingt durch die politische Selbstorganisation der bäuerlichen Bevölkerung in Landgemeinden, die im Reich seit dem 11., besonders aber im 12./13. Jahrhundert in landschaftlich verschiedener Ausprägung und Intensität entstanden. Die Zusammenhänge zwischen der Entstehung aktiver kirchlicher Gemeinden auf dem Lande und den allgemeinen Reformbestrebungen im Zeitalter des Investiturstreites wurden bisher noch nicht untersucht.

Im Anschluß an P. BLICKLES These einer „Gemeindereformation" sind in allerletzter Zeit die Studien von D. KURZE vom Hochins Spätmittelalter verlängert worden. Dabei zeigte sich, daß bäuerliche Gemeinden aus religiösen Bedürfnissen in der Lage waren, mit kollektiv finanzierten Stiftungen eigene Seelsorgestellen zu schaffen. Im günstigsten Falle konnte sich der Filialort von der Mutterpfarrei trennen, so daß es möglich wurde, alle sakramentalen Handlungen im eigenen Dorf zu vollziehen [225f., 243: jeweils bes. die Beiträge von R. FUHRMANN und H. v. RÜTTE]. *Kollektive Stiftungen zum Ausbau der Seelsorge*

Auch auf der Ebene der Landdekanate wird derzeitig über das Verhältnis zwischen kirchlichem Leitungsamt und sozialer Gruppe diskutiert. Dabei geht es um die Priorität des Dekans bzw. des Landkapitels. Landkapitel begegnen als Zusammenschluß der Priester innerhalb eines Dekanats allenthalben in spätmittelalterlichen Quellen und werden deshalb traditionell für eine Institution gehalten, die nicht vor dem 12. Jahrhundert entstanden sei. Gegenüber den Kapiteln soll „das Amt des Dekans das primäre" gewesen sein: „Erst nach der Schaffung seines Aufgabenbereichs schlossen sich die ihm unterstellten Geistlichen seines Sprengels zu den Landkapiteln zusammen" [245: SEILER, Studien zu den Anfängen der Pfarrei- und Landdekanatsorganisation, 171]. Aus dieser Sicht erklärt es sich, daß die Forschung lange Zeit auf das Amt des Dekans fixiert war, das mit ihm verbundene Landkapitel aber kaum wahrgenommen hat. Glückliche Quellenfunde haben aber im Falle der sogenannten „Hegaupriester" ergeben, daß im Bodenseeraum Priesterbruderschaften schon im 11. Jahrhundert existiert und das Substrat für Landkapitel abgegeben haben, während die betreffenden Dekanate erstmals 1275 bezeugt sind [238: MAURER, Die Hegau-Priester; 204: SCHMID, Bemerkungen zum Konstanzer Klerus]. *Priorität von Dekanat oder Landkapitel?*

Von den Landkapiteln müssen typologisch wohl die Kalande in Norddeutschland getrennt werden; während die Kapitel im Laufe der Zeit in die kirchliche Verwaltungsorganisation integriert *Kalande in Norddeutschland* worden sind, scheinen die Kalande Bruderschaften neben der geistlichen Hierarchie geblieben zu sein [274: HELMERT, Kalendae, Kalenden, Kalande].

Kirchliche Parochialverbände und die Entstehung der Kommunen

Auch in den Städten, wo sich das Pfarrnetz besonders zwischen dem 11. und 13. Jahrhundert verfeinerte, standen kirchliche und weltliche Gemeindebildung in Wechselbeziehung. So haben sich in Köln aus ursprünglich wohl rein kirchlichen Parochialverbänden Sondergemeinden entwickelt, die eine wichtige Rolle bei der Ausformung der Kommune spielten [253: FRÖLICH, Kirche und städtisches Verfassungsleben; vgl. aber 258: JAKOBS, Verfassungstopographische Studien].

2. Die soziale Wirklichkeit

2.1 Bischof und Domkapitel

Bischofsmonographien als etabliertes wissenschaftliches Genus

Die überragende Stellung des Bischofs in der Kirche und die starke Konzentration der „kirchengeschichtlichen" Überlieferung des Mittelalters auf seine Person und Amtsführung haben es mit sich gebracht, daß Monographien über einzelne Oberhirten geradezu ein Genus wissenschaftlicher Arbeiten darstellen [Lit.: B.3.]. Dabei trägt man häufig der bischöflichen Doppelrolle als geistlicher Hirte und Politiker Rechnung [z.B. 69: LIPPELT, Thietmar von Merseburg. Reichsbischof und Chronist; 68: KIRCHNER-FEYERABEND, Otto von Freising als Diözesan- und Reichsbischof]. Persönlichkeitsschilderungen im Stile einer Biographie lassen die Quellen jedoch erst im späten Mittelalter zu [70: MILLER, Jakob von Sierck]; die Tätigkeit eines Fürstbischofs ist gelegentlich sogar so facettenreich und dicht belegt, daß vorderhand eine dringend erwünschte Gesamtdarstellung desselben noch gar nicht in Angriff genommen werden konnte [67: HEYEN, Balduin von Luxemburg]. Andererseits kann in der Gegenwart, wie schon im Mittelalter (*Gesta Episcoporum*), die Geschichte eines ganzen Bistums unter dem Aspekt der Bischofsreihe geschrieben werden [62: Die Bischöfe von Konstanz].

Mangel an komparatistischen Studien. Sozial-, mentalitäts- und verfassungshistorische Frageansätze

Vergleichende oder gar zusammenfassende Abhandlungen über die Bischöfe eines bestimmten Zeitabschnitts fehlen dagegen weitgehend. Sie könnten sozial- und mentalitätsgeschichtlich konzipiert sein, wie die Arbeit von G. SCHEIBELREITER über die vordeutschen Bischöfe des 5.-8. Jahrhunderts [202: Der Bischof in merowingischer Zeit], oder in verfassungsgeschichtlichem Zugriff die spezifisch weltlichen Herrschaftsbefugnisse der Bischöfe zum Thema ha-

2. Die soziale Wirklichkeit

ben [vgl. 194: KAISER, Bischofsherrschaft zwischen Königtum und Fürstenmacht]. Neuerdings wurde versucht, die epochenspezifischen Bischofstypen für das frühe („Reichsbischof"), hohe („Reichsbischof und Territorialfürst") und späte Mittelalter („Bischof, Reichsfürst und Landesherr") zu charakterisieren und davon ein „Bischofsideal", das Normative des vorbildlichen Bischofs, abzuheben [184: BERGLAR/ENGELS, Der Bischof in seiner Zeit; s.a. ENGELS, in 127: Die Zeit der Salier 3, 514-533]. In einer interessanten neuen Studie wurden Bischofsviten der Salierzeit als Zeugnisse ihrer besonderen historischen Entstehungsbedingungen interpretiert: „Anscheinend bedienten sich geistliche Gemeinschaften des 11. Jahrhunderts unter anderem des Mittels der Heiligenvita, um mit diesem *gladius spiritualis* ihre Interessen zu verteidigen" [COUÉ, in 127: Die Zeit der Salier 3, 348]. Selbstverständnis und handfeste wirtschaftliche Interessen von Mönchskommunitäten und Domkapiteln stützten sich im Mittelalter auch auf Bischofsgräber [185: BORGOLTE, Fiktive Gräber in der Historiographie], während sich umgekehrt der Bischof mit seiner Grabplatzwahl sozial und historisch zuordnete [186: BORGOLTE, Salomo III. und St. Mangen]. In diesem Zusammenhang müssen auch die sogenannten „Bischofsfamilien" Beachtung finden [190: HAUCK, Apostolischer Geist im Genus Sacerdotale der Liudgeriden], die aber noch nicht systematisch erforscht sind.

Eine moderne Untersuchung über die soziale Zusammensetzung des deutschen Episkopats hat nur H. ZIELINSKI 1984 vorgelegt [122]. Er behandelte den Reichsepiskopat in spätottonischer und salischer Zeit, genau 400 zwischen 1002 und 1125 amtierende Oberhirten. Natürlich wurden dabei nicht ganz neue Ergebnisse erzielt, da die Dominanz des Adels in der Kirche seit langem feststeht [oben Kap. II.A.2.]; doch ist es bemerkenswert, daß der neuerdings aufgekommene Verdacht, unter den Bischöfen unbekannter Herkunft könnten sich zahlreiche Ministerialen verbergen, mit überzeugenden Argumenten ausgeräumt werden konnte. Wichtiger ist noch, daß Zielinski die Karrieren der Bischöfe und damit die Bedingungen ihres Aufstiegs im einzelnen genauer studierte. Bei den Adelsbischöfen achtete er weniger auf die Unterschiede in der Rechtsstellung – ob es sich also um Grafen, Herzöge, Freiherrn usw. handelte – als beispielsweise auf die Königsverwandtschaft und deren Bedeutung. Ertragreich sind Zielinskis Forschungen zur Bildung und zum geistlichen Werdegang der Bischöfe gewesen. Besonders für nichtadlige Kleriker oder solche aus unbedeutenden Adelsfamilien war

Sozialhistorische Untersuchung des Reichsepiskopats durch H. Zielinski

das Studium eine wichtige Karrierevoraussetzung (z.B. Benno von Osnabrück, 1068-1088). Dabei ging es aber nicht nur, vielleicht nicht einmal in erster Linie, um den Erwerb von Kenntnissen und Fähigkeiten, sondern um die Aufnahme persönlicher Verbindungen. Während die Hochadligen „die für ihre Karriere unerläßlichen Kontakte zu einflußreichen Persönlichkeiten und zum Königshof mit Hilfe ihrer Familie bereits vorfanden oder doch unschwer herstellen konnten, mußten sich jene während des Studiums erst in besonderer Weise auszeichnen. Für die mindervornehmen Bischöfe war das Studium das vorrangige Sprungbrett für den sozialen Aufstieg in das gewöhnlich dem Hochadel vorbehaltene Bischofsamt. Den Zeitgenossen des 11. Jahrhunderts war diese Funktion des Studiums durchaus bewußt" [ebd. 124].

Domkapitel als klassisches sozialgeschichtliches Forschungsgebiet: A. Schulte und seine Schüler. L. Santifaller, R. Meier

Mit der Frage nach der Rekrutierung des Episkopats war, schon wegen des Wahlrechts, diejenige nach der Repräsentanz der sozialen Schichten in den Domkapiteln aufs engste verbunden. Seit den grundlegenden Studien A. SCHULTES [205: Der Adel und die deutsche Kirche im Mittelalter] und seiner Schüler vom Anfang unseres Jahrhunderts bildet die Domkapitelforschung ein traditionelles Arbeitsfeld der Sozialgeschichte [noch immer wertvoll 196: KISKY, Die Domkapitel der geistlichen Kurfürsten, und 263: KOTHE, Kirchliche Zustände Strassburgs im vierzehnten Jahrhundert]. Epoche machte die Dissertation von L. SANTIFALLER über das Brixner Domkapitel [201]. Der Autor ermittelte in dem Alpenbistum eine äußerst geringe Anzahl edelfreier Domherren, während Ministerialen und Ritter, Bürger und Bauern die Hauptmasse der Kanoniker stellten. Gegen Ende des Mittelalters habe das bürgerlich-bäuerliche Element auf Kosten des Adels stetig zugenommen, weil die Pfründen schlecht dotiert waren. Santifallers zweibändiges Werk ist weniger wegen seines recht unbedeutenden Gegenstandes, des Brixner Domkapitels, von Interesse, sondern aus methodischen Gründen. Die Analysen beruhten nämlich erstmals (1924/25) auf prosopographischer Grundlage. In 405 personengeschichtlichen Artikeln wurden alle bekannten Domherrn behandelt (von der Jahrtausendwende bis 1500); Santifaller wies die Zugehörigkeit zum Kapitel, die soziale und regionale Herkunft, den Bildungsweg und die Weihen, die Pfründen und die sonstigen Aktivitäten auf der Basis aller verfügbaren Quellen nach. So konnte er im systematischen Teil neben den Standesverhältnissen auch den regionalen Einzugsbereich des Domkapitels studieren, Weihegrad und Weihedignität untersuchen, den Schul- und Bildungsverhältnissen, ja den literarischen und künstlerischen Bestrebungen der einzelnen Domherren nachgehen und natürlich die geistlichen Karrieren inner- und außerhalb des Kapitels vergleichen. Das Werk ist also die sozial-, verfassungs- und bildungsgeschichtliche Untersuchung einer geistlichen Gemeinschaft auf prosopographischer Grundlage.

Die jüngere Domkapitelforschung orientiert sich bis heute an diesem Vorbild. Das wird schon daran deutlich, daß die neueren Monographien stets mit einer Domherren-Prosopographie ausgestattet sind. Der Gegenstand richtet sich dagegen an landesgeschichtlichen Interessen aus [zuletzt 188: FRIEDERICI; 192: HOLBACH; 195: KALUZA-BAUMRUKER]. Weiterführend war die Abhandlung von R. MEIER über „Die Domkapitel zu Goslar und Halberstadt" [199]. In ihr wurde geprüft, ob zwischen den Wandlungen in der sozialen Struktur des Goslarer Kapitels und der Geschichte der Stände in Ostfalen Zusammenhänge bestanden haben; dazu mußte Meier die Verhältnisse der Domkapitel von Halberstadt und Hildesheim und die soziale Entwicklung in deren Umgebung ergänzend und vergleichend mit heranziehen. In der ständischen Zusammensetzung der drei Kapitel konnte Meier bereits im 13. Jahrhundert erhebliche Unterschiede ermitteln. „Während in Halberstadt noch 1271 fast ausschließlich Edelfreie vertreten waren, überwog in Goslar zu diesem Zeitpunkt bereits der niedere Adel, in Hildesheim waren die Anteile beider Adelsschichten ungefähr gleich" [ebd. 60]. In Goslar begannen seit Anfang des 14. Jahrhunderts die Bürgerlichen die Adligen, besonders die Ministerialen, zu verdrängen. Sie entstammten vor allem Goslarer Bürger- bzw. Ratsfamilien. Während des 15. Jahrhunderts und bis zur Einführung der Reformation (1528) wurden nur noch bürgerliche Kanoniker aufgenommen. Das unterschiedliche Sozialprofil der drei Kapitel im Hochmittelalter erklärte Meier mit dem verschiedenen generativen Verhalten der Adelsfamilien. So sei der hohe Adel in der Diözese Hildesheim schneller ausgestorben als in der Diözese Halberstadt, und dies habe zum früheren Rückgang des hohen Adels im Hildesheimer Domkapitel geführt. Von Bedeutung für die Zusammensetzung der Kapitel war aber nicht nur der Mannes-(oder Agnaten-)stamm der Adelsgeschlechter. Bei der Besetzung freigewordener Pfründen dürften die Domherrn, die ein Wahl-(Kooptations-)recht ausübten, nämlich eher für einen Schwestersohn gesorgt haben, als für einen entfernten agnatischen Verwandten. Das Vorkommen verschiedener Ministerialensöhne im Halberstädter Domkapitel erklärt sich durch Konnubium der adligen Stiftsfamilien mit Ministerialengeschlechtern. Ein entsprechender Nepotismus wurde zweifellos auch von den ministerialischen und bürgerlichen Kanonikern etwa in Goslar praktiziert.

Domkapitelforschung nach dem verflechtungsanalytischen Ansatz: G. Fouquet

Das 1987 erschienene zweibändige Werk von G. FOUQUET über „Das Speyerer Domkapitel im späten Mittelalter" verspricht nach Schultes Buch von 1910 und Santifallers Arbeit der dritte Klassiker einer sozialhistorisch ausgerichteten Domkapitelforschung der deutschen Mediävistik zu werden [187]. Angeregt durch R. Meier, P. Moraw und auch vergleichbare Arbeiten in der Neueren Geschichte wollte Fouquet „dem wirksamen sozialen und politischen Beziehungsnetz Speyers" nachgehen und nach „dessen Kontinuitäten und Diskontinuitäten fragen" [ebd. I, 15]. Um die Interdependenz zwischen den sozialen und politischen Innen- und Außenbeziehungen der „Speyerer Stiftsgesellschaft" zu erfassen, bediente er sich besonders des verflechtungsanalytischen Ansatzes der Sozialgeschichte, den mit Erfolg der Neuhistoriker W. REINHARD erprobt hatte. Der Autor fragte also: „Wer sind die Familien, die die Zölibatäre stellen? In welcher Weise nehmen sie Führungspositionen außerhalb des Stifts wahr – im Verhältnis zu den benachbarten Territorialstaaten, im Verhältnis zum König? Wie wirken sich diese außerstiftischen Positionen auf die Besetzungs- und Avancementmöglichkeiten in Speyer aus? In welcher Weise kommt es zur Bildung von Personenverbänden und abgehobenen Cliquen, und wie drükken sich die darin stattfindenden sozialen Vorgänge zur Verteilung von Führungspositionen in der Zusammensetzung des geistlichen und weltlichen Stiftspersonals aus? Wie konstant sind diese Verbände und welchen inneren und äußeren Veränderungsbedingungen sind sie unterworfen? In welcher Art greifen Patronage-Klientel-Beziehungen beim Adel, bei den bürgerlichen Gruppen?" [ebd. I, 28]. Bei der Untersuchung wurde auch die politische Lage Speyers im hohen und späten Mittelalter berücksichtigt. Die enge Verbindung der Diözese und namentlich des Domkapitels mit dem Königtum seit der Salierzeit sei unter Karl IV. gelöst worden, weil sich das politische Schwergewicht des Reiches nach dem Osten verlagerte. Seit der Endphase Ludwigs des Bayern habe sich das Kapitel stattdessen „von einer königsnahen zu einer territorialen, von der Pfalzgrafschaft dominierten vornehmlich ritteradligen Klientel geändert" [ebd. I, 18]. Die von den Wittelsbachern protegierte Ritterschaft saß weitgehend in einer bestimmten, eher abgelegenen Landschaft, dem Kraichgau (um Stuttgart). Die Fixierung der ritteradligen Domherren auf Speyer kommt darin zum Ausdruck, daß sie im Durchschnitt nur ca. 1,8 Pfründen innehatten, während der übrige

2. Die soziale Wirklichkeit 107

Adel erheblich mehr Präbenden zu akkumulieren vermochte. Auch die Verweildauer lag bei den Domherren aus dem Ritteradel eindeutig am höchsten; die Spitzenzeiten lagen bei 55 Jahren, die Schwerpunkte in den Bereichen von 0 bis 5 bzw. 11 bis 35 Jahren.

Obwohl Fouquet bei 415 Personen und 265 Familien für seine Untersuchung nach eigener Aussage 20.000 Karteikarten anlegen mußte, hat er noch auf die Elektronische Datenverarbeitung verzichtet. Gleichzeitige Untersuchungen über die Domkapitel in der Neuzeit haben diesen Schritt bereits vollzogen [191: HERSCHE, Die deutschen Domkapitel im 17. und 18. Jahrhundert]. Auch mit neueren französischen Forschungen über mittelalterliche Kathedralkapitel muß sich die deutsche Mediävistik noch eingehender auseinandersetzen. An der Universität Paris I hat vor kurzem H. MILLET das Domkapitel von Laon bearbeitet [200: Les chanoines du chapitre cathédral de Laon]. Frau Millet beschränkte sich auf die Zeit von 1272 bis 1412, hatte aber schon für diese 140 Jahre eine Überlieferung von 850 Personen zur Verfügung. Die statistische Auswertung des Materials mit Hilfe des Computers bildet nur einen Teil ihres Buches. Neben Aspekten der Kanoniker- und Kapitelgeschichte, wie man sie auch aus deutschen Arbeiten kennt, und einer – allerdings nur 134 Nummern umfassenden – Prosopographie behandelte sie in einigen Unterkapiteln moderne Fragen nach der Lebensweise der Kanoniker und deren Mentalitäten. Bei ihren sozialgeschichtlichen Untersuchungen hat sich die Autorin von der herkömmlichen personengeschichtlichen Materialerfassung abgewandt. Stattdessen bediente sie sich des Prinzips der „kollektiven Biographie", ein Verfahren, das auf den Engländer Sir Lewis NAMIER zurückgeht (1929). Die kollektive Biographie kann erstellt werden, wenn eine große Anzahl von Individuen vorhanden ist, die durch eine beschränkte Anzahl von Variablen bestimmt sind. Das reale Individuum wird bewußt vernachlässigt zugunsten eines Typs, der durch die Vielzahl seiner Charakteristika diesen oder jenen Bruchteil der ganzen Population zusammenfaßt. Die untersuchte Personengruppe muß durch genaue Grenzen, z.B. institutioneller Art, definiert sein. Diese Forderung wird bei der Gruppe der Domherren von Laon in genügendem Maße erfüllt. Für die Analyse ihrer „Mikropopulation" bediente sich Frau Millet mathematischer Verfahren („Faktorenanalyse") und neuer Darstellungsmittel („Kreuztabulierungen"). Die „Verteilungskarten", auf denen die statistischen Befunde veranschaulicht und alle verfügbaren Variablen (33) zueinander in Beziehung gesetzt werden, bieten ein ernstzunehmendes neues Hilfsmittel

Noch keine EDV in der deutschen Erforschung von Domkapiteln

Methode der kollektiven Biographie in der französischen Forschung

für die historische Interpretation. Allerdings setzt die Anwendung der neuen Methode eine Datenmenge voraus, die im Bereich der deutschen Kirche des Mittelalters selten sein dürfte.

2.2 Regularkanoniker und Kollegiatstifte

Forschungen zur Kanonikerreform: Rottenbuch

Die Erforschung der hochmittelalterlichen Kanonikerreform nimmt seit der Monographie von J. MOIS über Rottenbuch von 1953 breiten Raum unter den neueren Arbeiten zur Geschichte der deutschen Kirche ein. Anders als Mois, der die Erneuerung des kanonikalen Lebens in einen engen Zusammenhang mit dem Reformpapsttum gesetzt hatte, haben K. BOGUMIL [63: Das Bistum Halberstadt im 12. Jahrhundert] und ST. WEINFURTER [224: Salzburger Bistumsreform]

Dominante Rolle der Bischöfe in der Reform: Bogumil und Weinfurter

die dominante Rolle der Bischöfe hervorgehoben. Die Oberhirten von Halberstadt und Salzburg sind bestrebt gewesen, die laikalen Eigenklöster ihrer Herrschaft einzufügen, ihre Autorität durch eine systematische Neuordnung der Diözesen zu sichern und ihren Wirkungsradius durch Übereignung adliger oder ministerialischer Schenkungen zu erweitern. Als Helfer ihrer Politik haben sich die Regularkanoniker besonders deshalb angeboten, weil sie sich als Kleriker, im Gegensatz zu den Mönchen, vollständig in die Hierarchie Bischof – Priester einordneten; durch ihre reformerische Begeisterung, aber auch ihre Disziplin und die Ideale der Armut und persönlichen Besitzlosigkeit sind die regulierten Chorherren bestens für den Dienst an der Diözesankirche geeignet gewesen. Planmäßig haben die Bischöfe Reformstifte an politisch wichtigen Stätten errichtet und den Regularkanonikern große Anteile an der Seelsorgearbeit und der Diözesanverwaltung übertragen. Gleichzeitig konnten die Regularkanoniker auf diese Weise Vorbild für den übrigen Klerus werden. Das Gewicht der Bischöfe wird auch daran deutlich, daß sie andernorts die Kanonikerreform behinderten. Dafür ist Springiersbach in der Diözese Trier ein Beispiel.

Auswertung der Consuetudines

Bei der Differenzierung der verschiedenen Reformkreise zieht man nach dem Vorbild der Klosterreformforschung [K. HALLINGER] auch die *Consuetudines* heran. Es handelt sich um gegenüber der Regel detailliertere Bestimmungen und Vorschriften zum Tagesablauf, zu den Ämtern, den Strafen, der Liturgie usw. Nach einer Zusammenstellung von 1977 haben zum Reformkreis Rottenbuch acht Stifte gehört, zu Springiersbach elf, zum Domstift Salzburg 29, zu Marbach etwa 30 und zu Hamersleben 14 [223: WEINFURTER, Neuere Forschungen zu den Regularkanonikern, 388].

2. Die soziale Wirklichkeit

Dem bedeutendsten Kopf des regulierten Klerus, Gerhoch von Reichersberg (†1169), hat P. CLASSEN eine hervorragende Biographie gewidmet [220], die minutiöse Handschriften- und Textstudien mit einem „Panorama des geistigen und kirchlichen Lebens im deutschen Südosten" verbindet [H. KELLER]. Gerhoch geriet mit seinen radikalen Auffassungen über den Sinn des Regularkanonikertums, die eine Absage an den Weltklerus, eine Abwertung des Mönchtums, eine Kritik an Domherren und Bischöfen, an Regalienbesitz und Pfründenwesen, ja sogar eine Leugnung der sakramentalen Gewalt der besitzenden Priester einschlossen, in die Nähe zur Häresie. Und auch als er sich gemäßigt hatte, blieb der Propst von Reichersberg, obzwar der fruchtbarste Schriftsteller des 12. Jahrhunderts, „ein Einzelgänger ohne Einfluß"; seine exegetischen, theologischen und philosophischen Werke wurden, wie Classen zeigte, von seinen Zeitgenossen kaum zur Kenntnis genommen.

Über die Kanonikerreform in der ersten Hälfte des 13. Jahrhunderts wurde bisher noch kaum gearbeitet.

Das weltliche Kollegiatstift ist ein besonderes Forschungsanliegen der „Germania Sacra" [39; Jahresberichte im DA]. Seitdem dieses Großprojekt zur Darstellung der kirchlichen Institutionen in Deutschland 1956 beim Max-Planck-Institut für Geschichte in Göttingen angesiedelt wurde, lag der Akzent der Arbeiten zunächst bei den Bistümern Trier, Würzburg und Münster [208: CRUSIUS, Das weltliche Kollegiatstift als Schwerpunkt innerhalb der Germania Sacra]; inzwischen wurden und werden aber auch Stiftskirchen in den Diözesen Hildesheim, Konstanz, Osnabrück, Freising, Speyer und Köln einbezogen. Das besondere Interesse der Germania Sacra-Bearbeiter gilt der Verfassungs-, Wirtschafts- und Personengeschichte; ihr vielerprobtes Konzept wurde zum Muster auch für andere Monographien über Kollegiatstifte [vgl. 207: BÖSTERLING-RÖTTGERMANN]. Vergleichende Studien sind demgegenüber rar [vgl. die unter 15 und 213 genannten Kolloquiumsbände], und eine Gesamtdarstellung fehlt noch. Den engen Zusammenhang zwischen Burg und Stift verdeutlicht das materialreiche Werk von G. STREICH [217].

Einer komparatistisch arbeitenden Stiftskirchenforschung hat erst P. MORAW in mehreren programmatischen Aufsätzen von 1977 und 1980 die Wege gewiesen [vgl. aber zuletzt DERS., in 127: Die Zeit der Salier 2, 355-372: Die Pfalzstifte der Salier]. Maßgeblich ist für Moraw die Annahme, daß der Historiker von einem kirchenrechtlichen oder kirchengeschichtlichen Zugriff auf seinen Gegenstand weitgehend absehen könne; stattdessen sei die Stiftskirche zu begreifen „als eine der interessantesten Stätten der (...) Begegnung von Kirche und Welt". Unter diesem Blickwinkel lasse sich die gesamte Geschichte der Stiftskirche vom 9. bis zum 16. Jahrhundert betrachten. Er biete sich auch deshalb an, „weil die Quellensituation für den engeren religiösen Bereich, für das innere Leben im Stift, zumindest während der entscheidenden Wandlungen des Hochmittelalters, aber im Grunde auch noch im späten Mittelalter, desolat ist". Wo Stiftsstatuten vorhanden seien, was in der Regel nur für das Spätmittelalter gelte, spiegelten sie auch nur einen kleinen Ausschnitt der vergangenen Wirklichkeit wider. Für personengeschichtliche Studien, wie sie in der Klosterreformforschung betrieben würden, mangele es im übrigen an Überlieferung. „Aus diesen Gründen" dürfe man nach Moraw „den besser bezeugten Umstand hervorheben, daß Stiftskirchen in ihrem Einzugsbereich Träger sozialen, wirtschaftlichen und politischen Einflusses gewesen sind und vor allem sozialen, wirtschaftlichen und politischen Einflüssen seitens stärkerer geistlicher und weltlicher Kräfte ausgesetzt waren" [212: Hessische Stiftskirchen im Mittelalter, 427f.]. Moraw bringt diesen Befund auf die Formel: „Die Rolle der Stiftskirche in der Welt war in viel höherem Maße passiv als aktiv". Normalerweise hat das Stift, „als Institution für sich genommen, einem auswärtigen Anspruch nicht nur keine Macht, sondern auch keine eigentliche, auf seine kirchliche Existenz bezogene Funktion im Dienste einer Selbstbehauptung entgegensetzen können. So verlangte dieser Typ von Kirche geradezu nach einem Herrn, und ihr Lebenszweck wurde ihr von außen auferlegt. Oder allgemeiner formuliert: Die Geschichte der Stiftskirche war auch oder gar zuerst die Geschichte der Gemeinschaften, der Lebenskreise, denen sie angehörte" [213: Über Typologie, Chronologie und Geographie der Stiftskirche im deutschen Mittelalter, 12, 36]. Für Untersuchungen über die „Begegnung von Kirche und Welt auf der Bühne der Stiftskirche" unterscheidet Moraw drei Fragekreise: einen sozial-, einen wirtschafts- und einen politikgeschichtlichen. Der entscheidende Ansatzpunkt sozialgeschichtlicher Interpretation liegt bei der Pfründe. Diese außerordentlich wichtige Position im sozialen Gefüge des Alten Europa sei lange Zeit diskriminiert und verkannt worden, müsse aber wertfrei analysiert werden. „Die Pfründe bot dem Inhaber Unterhalt und lebenslange Sicherheit bei geringen Verpflichtungen und einem hohen Maße von Abkömmlichkeit. Die Pfründe war eine günstige Wirkungsplattform, falls ihr Inhaber dies wünschte, oder aber konnte als bloße Sinekure dienen. Die Pfründe war mobilisierbar, d.h. vertauschbar oder verpachtbar, wie andere herrschaftliche oder ökonomische Positionen, sie war innerhalb gewisser Grenzen akkumulierbar, sie verschaffte soziales Ansehen und immer wieder auch Macht in der jeweiligen Kirche und darüber hinaus. Die Pfründe bot zuletzt die Chance, diese Position wie ein fürstliches Herrschaftsrecht oder einen Anteil an einer Handelsgesellschaft innerhalb von Familie oder Verwandtschaft zu vererben. Die Stiftspfründe war daher – vom Interesse einer sozialen Gruppe aus geurteilt – viel zweckmäßiger als ein Platz selbst in einem reichen Kloster; auch deshalb sind immer wieder Klöster in Stifte umgewandelt worden. Es lohnte sich also, sich um Pfründen zu bemühen und sie zu verteidigen" [214: Zur Sozialgeschichte der Propstei des Frankfurter Bartholomäusstifts, 223; vgl. 216: SCHWARZ, Über Patronage und Klientel]. Bei sozialgeschichtlichen Analysen könne man immer wieder statt vom Einzelstift von Familien oder Gruppen ausgehen und deren unterschiedliche kirchliche Interessen studieren; kaum eine wichtige Adelsfamilie sei ohne irgendeine Form kirchlicher Patronage bis hinab zur Altarpfründe ausgekommen. MORAW geht es also nicht mehr um die „herkömmliche Standesanalyse der Stiftsmitglieder", sondern um „diejenigen Gruppen, die die entsprechende Kirche als Teil ihres Besitzstandes ansahen" [214: 222]. Er richtete seine Aufmerksamkeit auch auf die einzelnen Stiftsherren; das personengeschichtlich faßbare Verhalten der Stiftsherren selbst: Bildung, Karriere, Verweildauer, Mobilität, Außenaktivitäten usw., bilden einen besonderen Schwerpunkt in seinem sozialhistorischen Forschungsprogramm.

MORAW selbst hat seine Einsichten erzielt bzw. angewandt bei einer Analyse des Frankfurter Bartholomäusstifts und dessen Propstei [214]. Am erfolgreichsten umgesetzt hat sie danach wohl G. FOUQUET in einer Arbeit über ein spätmittelalterliches Residenzstift, die Schloßkirche der Markgrafen von Baden [209: St. Michael in Pforzheim; vgl. auch zu Nr. 187 das vorige Kapitel]. Die Anregungen Moraws reichen aber weit über die Stiftskirchenforschung selbst hinaus [vgl. 122: ZIELINSKI]. *Sozialgeschichtliche Fallbeispiele*

Der Ansatz, Kollegiatstifte zu verstehen als Stätte der Begegnung von Kirche und Welt, muß freilich ergänzt werden durch eine innere Geschichte der Häuser, die – bei allen Mängeln der Quellenlage – der Selbstorganisation und den religiösen Aufgaben der Stiftsherren Rechnung trägt. Die Richtung auf diesem Wege hat vor kurzem G.P. MARCHAL gewiesen. Gestützt auf die Edition und ver- *Kollegiatstift als Korporation* fassungsgeschichtliche Untersuchung von Stiftsstatuten und eine Synopse der Kollegiatstifte in der Schweiz formulierte Marchal 1982 die These: „Das weltliche Kollegiatstift ist verfassungsgeschichtlich gesehen *die* korporative Institution par excellence"; das habe sich bei den Wahlen und selbsterlassenen Statuten gezeigt. Erst die Kombination der verfassungsrechtlichen mit den sozioökonomischen und funktionalen Aspekten könne die Forschung zu einer dem Institut Kollegiatstift immanenten Typologie führen [210: MARCHAL, Das Stadtstift, 461, 472]. Zu den zentralen Aufgaben der Stiftskirchen gehörten auch das Totengedenken und die Grabsorge.

Stift und Stadt als Forschungsaufgabe

Im Anschluß an die Thesen Moraws wird derzeitig auch das Verhältnis von Stift und Stadt diskutiert. Nach einer These von E. MEUTHEN gehörte das Klerikerstift in eine größere Siedlung; es sei „in weitester, geschichtlich dann auch konkret verengender Bedeutung eine ‚städtische' Sache" [211: Stift und Stadt als Forschungsproblem der deutschen Geschichte, 10]. Meuthen leitete dieses Urteil aus den seelsorgerischen Funktionen ab, die die Kleriker als Priester, Hirten und Lehrer zu erfüllen gehabt hätten. Wenn die These zutrifft, bietet sie ein wichtiges Unterscheidungsmerkmal der Kollegiatstifte von den älteren Benediktinerklöstern, die auf dem

Stadtstift und städtisches Stift

Lande gegründet worden waren. MARCHAL hat vorgeschlagen, städtische Stifte vom Typ des Stadtstiftes zu unterscheiden. Man müsse genau beachten, in welchem Grade ein Stift in die Stadtgemeinde integriert war. „Als städtischen Stiftstyp sui generis" will Marchal „nur ein Stift bezeichnen, das von der Stadtbürgerschaft gegründet worden ist, und/oder in welchem dem Stadtrat statutarisch mehr oder weniger weitgehende Rechte institutionell zugestanden werden. In diesem Sinne wäre vom Stadtstift zu sprechen in Unterscheidung zum städtischen Stift, das dann lediglich ein in der Stadt gelegenes Stift darstellen würde" [210: Das Stadtstift, 463]. Näherhin zeigt sich freilich, daß das Stadtstift im Sinne Marchals auf das Gebiet der Eidgenossenschaft beschränkt gewesen zu sein scheint (St. Vinzenz in Bern, St. Nikolaus zu Freiburg im Üchtland, St. Leodegar im Hof zu Luzern, St. Ursus in Solothurn). Für alle diese, erst im Spätmittelalter gegründeten oder umgewandelten Kollegiatstifte galt, daß sie in politisch selbständigen Städten mit eigenem Machtbereich lagen, die sich aber in Randzonen einer Diözese befunden haben. Für Bern, Freiburg und Solothurn war der weit entfernte Bischofssitz Lausanne zuständig, für Luzern gar das außerhalb der Eidgenossenschaft liegende Konstanz. Es sei den Städten bzw. ihren Ratsherren nach Marchal darum gegangen, in Konkurrenz zu den auswärtigen Bischofssitzen ein eigenes kirchliches Zentrum zu errichten, das seinen Ausdruck vor allem im liturgischen Bereich, im feierlichen Stiftsgottesdienst, finden sollte [zu Bern jetzt 218: TREMP-UTZ, Das Kollegiatstift St. Vinzenz].

2.3 Niederklerus und Laien in Stadt und Land

Unter Niederklerus versteht man nach D. KURZE „alle die Weltgeistlichen, die, im Besitz der niederen oder auch höheren Weihen – vom Akoluth bis zum Priester –, als Pfarrer, Vikare, Gesellpriester, Altaristen, Meßpriester, Kapläne u. ä. tätig waren oder eine entsprechende Pfründe besaßen" [234: Der niedere Klerus in der sozialen Welt des späteren Mittelalters, 274]. Der Definitionsversuch löst freilich nicht alle Abgrenzungsfragen, da es auch Inhaber von Pfarr- und Kaplaneipfründen gab, die zugleich mit Kanonikaten oder Dignitäten an Dom- und Stiftskirchen ausgestattet waren, und da andererseits Ordensgeistliche in der *cura animarum* wirkten. Abgesehen von den Bettelorden war der niedere Klerus „die Personengruppe, in der und durch die die Anstaltskirche mit der Masse des Volkes ihre breiteste und intensivste Kommunikation erlebt" hat [ebd. 280]. Trotzdem gibt es bisher nur im Rahmen stadtgeschichtlicher Untersuchungen – nicht aber bezogen auf eine Region, das Reich oder gar auf die europäischen Länder im Vergleich – eine monographische Behandlung dieser einflußreichen Klerikerschicht. Vor einigen Jahren hat lediglich D. KURZE in Aufsatzform über die soziale Lage des Niederklerus im Spätmittelalter berichtet [234]. Mit „Problemen des Niederkirchenwesens im Mittelalter" hat sich im Herbst 1987 auch eine Tagung des Konstanzer Arbeitskreises für mittelalterliche Geschichte befaßt [242]; dabei standen verfassungs- und rechtsgeschichtliche Fragen (Zusammenhang von Pfarrorganisation und Siedlungsgeschichte, Inkorporation) und die Träger und Formen der Seelsorge im Vordergrund. Eine neue Differenzierung der Klerikerklassen hat unlängst B.-U. HERGEMÖLLER vorgeschlagen [256: „Pfaffenkriege" I, 281]: Danach sollen zum Hochklerus Stiftsherren, Prälaten, Prioren und Äbte, zum „Mittelklerus" Pfarrer, festbepfründete Vikare, Mönche und Nonnen und zum Niederklerus alle übrigen Vikare, Meßpriester und Laienschwestern/brüder gezählt werden. Weitgehend unerforscht ist noch die Geschichte der „Priestersöhne", unter denen in mittelalterlichen Texten männliche Nachkommen von Klerikern überhaupt (auch von Subdiakonen, Mönchen usw.) bzw. von Nonnen oder Kanonissen verstanden wur-

Forschungsbegriff des Niederklerus: D. Kurze

Soziale und rechtliche Lage des Niederklerus

„Priestersöhne" als Forschungsaufgabe

den. Um die Reformforderung des Zölibats durchzusetzen, hat sich die kirchliche Gesetzgebung und Rechtslehre seit dem 11. Jahrhundert darum bemüht, diesen Priestersöhnen den Weg zum geistlichen Amt zu versperren und insbesondere die direkte Vererbung von Pfründen zu vereiteln. Wie B. SCHIMMELPFENNING an kirchenrechtlichen Texten und päpstlichen Dispensen gezeigt hat, gelang es Gregor VII. und seinen Nachfolgern wohl nur in der Theorie, Priestertum und Zölibat unlösbar miteinander zu verbinden. „Wahrscheinlich waren im 13. und 14. Jahrhundert die Geistlichen genauso häufig beweibt wie im 11. Jahrhundert, nur lebten sie jetzt nach offizieller Lehre in schwerer Sünde" [244: Zölibat und Lage der „Priestersöhne" vom 11. bis 14. Jahrhundert, 39]. Andererseits scheint der Bestand des Klerus im Spätmittelalter nur durch großzügige päpstliche Dispense bzw. die Legitimation unehelicher Klerikersöhne durch die Landesherren gesichert worden zu sein. Für genauere Aussagen fehlen regionalgeschichtliche Detailstudien.

Nicht nur in der Stadt, auch auf dem Lande hat es seit dem 11. Jahrhundert eine Interdependenz zwischen weltlicher und kirchlicher Gemeindebildung gegeben [s. Kap. II.B.1.4]. Die Bedeutung der „Wahlen zu niederkirchlichen Ämtern für die kommunale Geschichte des Mittelalters sowie für das Mit- und Gegeneinander von Klerus und Laien auf breitester Ebene" hat D. KURZE herausgearbeitet [232: Hoch- und spätmittelalterliche Wahlen im Niederkirchenbereich, 200]. Dabei ist erst jüngst deutlich geworden, daß die Pfarrerwahlen von dem Komplex der anderen Ämter- und Pfründenvergaben abzusetzen sind. „Wahlnachrichten aus dem Bereich der Kapellen, Altäre, Meßpriesterstellen, Küster, Glöckner usw. erreichen uns seit dem 12. Jahrhundert. Sie sind Zeugnisse für das lawinenartige Anschwellen des öffentlichen, bruderschaftlichen und privaten Stiftungseifers und der Bemühung, über diese Stiftungen eine zeitweise oder dauernde Kontrolle zu behalten bzw. zu erringen" [ebd. 203f.]. Das Wahlgeschehen selbst war von „verwirrender Vielfalt", und zwar sowohl, was die Mitwirkungsrechte, als auch, was die Verfahren betrifft. Wahl war eher ein Prinzip als eine konkrete Form, so daß sie ein ungemein flexibles Instrumentarium zur Darstellung von Machtverhältnissen und zur Regelung von Konflikten geboten hat; die Gesamtkirche ließ Entscheidungen vor Ort einen weiten Gestaltungsspielraum. Analog und teilweise konkurrierend zum entstehenden landesherrlichen Kirchenregiment bildete sich die innerkommunale Kirchenhoheit durch Kirchenpflegschaften und Stadträte heraus. Diese Leitungsgremien verdrängten brei-

Wahlen und Gemeindebildung

2. Die soziale Wirklichkeit

tere Wählerschichten aus ihrer unmittelbaren Verantwortung für die Kirche.
Besondere Beachtung schenkte die neuere Forschung den Bruderschaften in Stadt und Land. Derlei Arbeiten waren bisweilen, durchaus von theologischer Seite, im Geist des II. Vaticanum motiviert: „Eine Kirchengeschichte, die sich als Geschichte des Volkes Gottes versteht, darf nicht bei einer Betrachtung der institutionellen Gestalt der Kirche stehenbleiben, sie wird auch das Christentum des Alltags einbeziehen und den Blick richten auf jene Aktivitäten, die oft neben oder unabhängig von den offiziellen kirchlichen Strukturen erfolgt sind" [277: REMLING, Bruderschaften in Franken, 3]. Bruderschaften waren „totale soziale Phänomene" [M. MAUSS] mit der für die Vormoderne charakteristischen gegenseitigen Durchdringung religiöser, kultureller, rechtlicher und wirtschaftlicher Momente, so daß sie auch von verschiedenen wissenschaftlichen Disziplinen erforscht werden (vor allem Kirchengeschichte, Volkskunde, Sozial- und Wirtschaftsgeschichte). Eine besondere Schwierigkeit besteht in der Uneinheitlichkeit des mittelalterlichen Sozialvokabulars; so können sich unter Begriffen wie *fraternitas, convivium* und *amicitia, bruderschaft, susterscop* (Schwesterschaft, sic!), *gesellschaft* und *ainung* die gleichen oder ganz verschiedene Gesellungsformen verbergen. Es war deshalb ein erheblicher methodischer Fortschritt, daß vor kurzem aufgrund einer breiten landesgeschichtlichen Überlieferung ein Forschungsbegriff der Bruderschaft formuliert worden ist: Bruderschaften lassen sich demnach definieren „als freiwillige, auf Dauer angelegte Personenvereinigungen mit primär religiösen, oft auch caritativen Aktivitäten, bestehend innerhalb oder neben der Pfarrei, wobei durch die Mitgliedschaft weder der kirchenrechtliche Status des einzelnen tangiert wird, noch sich im privaten Lebensbereich Veränderungen ergeben müssen" [277: REMLING, 49f.].

Bruderschaften in Stadt und Land als „Pfarreibildung durch Konsens"

Auch wenn Bruderschaften vor allem Zeugnisse der Frömmigkeit waren (Sakramentsverehrung in Corporis Christi-Bruderschaften, Heiligenbruderschaften usw.), dienten sie auch der gegenseitigen Hilfe. Insbesondere die niederen Kleriker, etwa die rechtlich und wirtschaftlich schlecht gestellten Vikare in der Stadt oder an einer Stiftskirche, schlossen sich in Bruderschaften zusammen. Es gab aber auch Spital-, Pilger- und Elendenbruderschaften, und ob bei den Handwerkern „Bruderschaft" und „Trinkstuben-Gesellenschaft" zu trennen sei, wird intensiv diskutiert. Ein besonderes Merkmal der Bruderschaften war die gemeinsame Mitgliedschaft von Klerikern und Laien, Männern und Frauen. Noch nicht voll ge-

Typen der Bruderschaften

Egalitäre Struktur, Überwölbung der Standesschranken

klärt scheint die Abgrenzung zwischen Bruderschaften und Gilden zu sein [zu den Gilden vor allem 279 und 276: OEXLE; zu 274: HELMERT s.o. Kap. II.B.1.4]; weil zwischen beiden eine offenkundige Verwandtschaft bestanden hat (Totenmemoria, Gottesdienst, Armensorge, Geselligkeit), sollte man vorsichtig damit sein, in den Bruderschaften ein universales Phänomen nur des späteren Mittelalters zu sehen [275: Le mouvement confraternel au Moyen Âge].

Vorsprung der polnischen Bruderschaftenforschung

Sehr zu beachten sind von der künftigen deutschen Bruderschaftsforschung Anregungen aus Polen. Wohl wegen der Nähe der Bruderschaft zum Themenkreis der „Volksfrömmigkeit", die in den osteuropäischen Ländern traditionell stärker studiert wird, scheint die polnische Mediävistik auf diesem Gebiet einen gewissen Vorsprung zu haben. Jedenfalls hat H. ZAREMSKA am Beispiel Krakaus die Sozialstruktur der Bruderschaften und der Pfarrsprengel in einer Weise vergleichend untersucht, wie es in Deutschland bis jetzt noch nie geschehen ist [280: Bractwa w średniowiecznym Krakowie; vgl. CZACHAROWSKI, in 272: Bürgerschaft und Kirche, 26-37].

Stadtbürgerliche Gesellschaft und Kirche als jüngerer Forschungsschwerpunkt

In den letzten Jahrzehnten hat sich die deutsche Mittelalterforschung intensiv mit dem Themenbereich „Stadt und Kirche" befaßt [vgl. 272: SYDOW, in: Bürgerschaft und Kirche, 9-25]. In einer Reihe von Monographien wurden einzelne Städte bearbeitet (u.a. Augsburg, Eichstätt, Erfurt, Esslingen a.N., Göttingen, Hannover, Hildesheim, Kitzingen, Köln, Mainz, Speyer, Ulm, Wimpfen a.N., Würzburg) [vgl. Lit. B.11.; dort auch 269: RÜTHING, Höxter]. Generell herrscht die rechts- und verfassungsgeschichtliche Sicht vor, die durch die ältere stadtgeschichtliche Forschung nahegelegt war. Für dezidiert sozialhistorische Untersuchungen hat sich die Formel „Bürgerschaft und Klerus", oder „Bürgerliche Gesellschaft und Kirche" durchgesetzt. Exemplarisch in diesem Sinne ist die Abhandlung von H. JOHAG [259: Die Beziehungen zwischen Klerus und Bürgerschaft in Köln zwischen 1250 und 1350]. Nach dem Vorbild der älteren Arbeit von KOTHE [263] über Straßburg untersuchte Frau Johag die Zuordnung sozialer Schichten zu den einzelnen Kölner Stiften und Klöstern, darüber hinaus aber den Einfluß der Kirche auf das Leben des Einzelnen und der Bürgergemeinde. Unübertroffen durch jüngere Monographien ist das 1971 erschienene Buch

R. Kießlings Modellstudie über Augsburg

von R. KIESSLING [260: Bürgerliche Gesellschaft und Kirche in Augsburg im Spätmittelalter]. Kießling wollte eine gesellschaftsgeschichtliche Strukturanalyse der Stadt Augsburg im Spätmittelalter geben. Im Unterschied zu älteren Arbeiten mit diesem sozialhistorischen Ansatz, z.B. derjenigen seines Lehrers K. BOSL über Regens-

2. Die soziale Wirklichkeit

burg (1966), ging er aber davon aus, daß eine Untersuchung der stadtbürgerlichen Gesellschaft berücksichtigen müsse, daß der Bürger auch aktiv und passiv Mitglied der Kirche war und daß die Kirche maßgeblich sämtliche Lebensformen beeinflußte. Eine Analyse unter dem Aspekt des Verhältnisses von stadtbürgerlicher Gesellschaft und Kirche erscheine deshalb geeignet, die wesentlichen Gesichtspunkte der Struktur einer spätmittelalterlichen Stadt zu klären. Zeitlich beschränkte der Autor seine Abhandlung auf das Spätmittelalter, in dem sich Hochstift und Reichsstadt als selbständige Rechtskörper gegenüberstanden (seit 1316); einen Einschnitt bildete die Zunftrevolution von 1368, den Endpunkt die Reformation bzw. die Restauration der Patrizierherrschaft 1548. Neben der verfassungsgeschichtlichen und kirchenorganisatorischen Ausgangslage, der gesellschaftlichen Schichtung des Bürgertums, den wirtschaftlichen Verhältnissen der verschiedenen Schichten und Gruppen sowie der geistlichen Institute untersuchte er u.a. „Fürsorge und Bildung" und „Kirchenreform und Kirchenkritik". Zwischen allen sozialen Kräften und Institutionen suchte er Querverbindungen herzustellen bzw. nachzuweisen. Denn eine gesellschaftsgeschichtliche Strukturanalyse der spätmittelalterlichen Stadt Augsburg zu entwerfen heiße, „die Frage nach der Zahl, der Natur und der Zielrichtung der Kräfte zu stellen, die zwischen den einzelnen gesellschaftlichen Gruppen dieses abgrenzbaren Systems in einer abgrenzbaren Zeit verlaufen, welche Spannungen daraus resultieren und in welche Richtung es sich deshalb verändert. Die Erforschung der speziellen Fragen und der Stellenwert eines Einzelergebnisses in der Gesamtheit des Beziehungsgeflechtes muß geklärt werden, denn erst die Ordnung der verschiedenen einzelnen Beziehungen führt zur Struktur. Erst dann entgeht man der Gefahr, einzelne Züge, die aus irgendwelchen Gründen ins Auge springen, überzubewerten" [ebd. 17]. Das Verhältnis von Bürgertum und Kirche hat Kießling am eindrucksvollsten an den Pfarrpflegschaften sowie am Stiftungsverhalten der einzelnen Familien, Schichten und Gruppen demonstriert. Im Unterschied zur vorangegangenen Forschung sah er in den Pflegschaften („Zechen") nicht nur ein Instrument der Wirtschaftsverwaltung seitens der Laien, Pfarrgenossen und Stadträte, sondern weitergehend einen Ansatz, auf das gesamte kirchliche Leben von der Personalpolitik bis zur Klosterreform einzuwirken.

    Der Gestaltungsspielraum der Bürger im Hinblick auf die Kirche hing natürlich entscheidend von der Rechtslage der Stadt ab, ob es sich also um eine Reichsstadt, Territorial- oder Landstadt, Freie

Besondere Probleme der Geistlichen Städte

Stadt oder Geistliche Stadt handelte. Für die Geistlichen Städte war eine „starke verfassungspolitische Stellung des Bischofs und seines Kapitels" und eine „große Konzentration geistlicher Institutionen in der Stadt" charakteristisch, die „kirchenpolitischen Tendenzen des Rats einen starken Widerpart" boten [273: TRÜDINGER, Stadt und Kirche im spätmittelalterlichen Würzburg, 17]. Trotzdem wurde zu Recht die Interdependenz von Bischof, Domkapitel und Rat (bzw. Bürgerschaft) betont. Der Bischof war ja nicht nur Stadtherr, sondern auch oberster Seelsorger der gesamten Diözese; er lieh sich von den wohlhabenden Bürgern Geld, half aber auch dem Rat in Notlagen aus. Obzwar, wie im Falle von Eichstätt, die Stadt kein Bischofswahlrecht hatte, pflegte das Domkapitel doch die Bürger zu hören; eine Regierung gegen ihren Willen war nicht möglich [252:

„Pfaffenkrieg" als Studienobjekt neuerer Konfliktforschung

FLACHENECKER, Eine geistliche Stadt, 382f.]. Auch bei den jüngst untersuchten norddeutschen „Pfaffenkriegen" des 15. Jahrhunderts, in denen die Städte die Kommunalisierung weiter Bereiche des Kirchenwesens anstrebten und meist auch erreichten, war das Ergebnis nicht eine Dissoziation von Klerus und Bürgerschaft, im Gegenteil: Die mittelalterliche Stadtgesellschaft „beruhte nämlich nicht in erster Linie auf einer gegenseitigen Abgrenzung und Abschottung – selbst wenn diese Tendenzen gerade um 1400 verstärkt zu beobachten sind –, sondern auch auf einer wechselseitigen Durchdringung und Kongruenz" [256: HERGEMÖLLER, „Pfaffenkriege" I, 453f.].

Teilhabe des Klerus am Wirtschaftsleben der Stadt

In den Arbeiten über „Stadt und Kirche", „Bürgerschaft und Klerus" werden regelmäßig auch Fragen des Wirtschaftslebens berührt; erst neuerdings wurde aber eine Monographie über die Rolle der Geistlichkeit im ökonomischen Gefüge einer Stadt, und zwar Kölns, vorgelegt [254: GECHTER, Kirche und Klerus]. Dabei konnten für die geistlichen Institute sowie z.T. für einzelne Kleriker Weinaufkommen, Bierproduktion, Anteile am Textilgewerbe, am Rentenmarkt und am Grundbesitz genau quantifiziert werden. Weitere wichtige Spezialstudien beziehen sich auf das Bildungswesen; bei ihnen zeigte sich, daß die städtischen Schulen auch im Zeichen der Verbürgerlichung nachhaltig von kirchlich geprägten Traditionen bestimmt blieben [261: KINTZINGER, Das Bildungswesen in der Stadt Braunschweig]. Intensiv wird derzeitig über Interessenkongru-

Verhältnis von Mendikanten und Bürgerschaft

enzen und -divergenzen zwischen Bürgerschaft und Mendikanten diskutiert [251: ELM, Stellung und Wirksamkeit der Bettelorden in der städtischen Gesellschaft]. Für generalisierende Aussagen scheint es aber noch zu früh zu sein [255: HECKER, Bettelorden und Bürgertum], so daß man sich vorerst auf Fallstudien konzentriert [270:

SCHMIDT, Bettelorden in Trier; vgl. auch 267: NEIDIGER, Mendikanten zwischen Ordensideal und städtischer Realität].

2.4 Caritas und Stiftungswesen

In der Geschichte von fünftausend Jahren Wohltätigkeit, gerechnet vom Alten Ägypten bis heute, hat die christliche Caritas Epoche gemacht. Zwar hatte es im Orient, in dieser Form nicht bei Griechen und Römern, schon vorher planmäßige und außerplanmäßige, öffentliche und private Sorge für notleidende und gefährdete Mitmenschen gegeben, und Wohltätigkeit hatte durchaus der sittlichen Verpflichtung und religiösen Motivation unterlegen. Aber die Caritas war doch etwas Neues: Sie gründete in der Person des Religionsstifters, der nicht bloß Liebe gelehrt und geboten, sondern selbst geübt hatte, und bestand in der rückhaltlosen barmherzigen Liebe zu den Bedürftigen ohne Ansehen der Person. Der äußere Rahmen, durch den sich die christliche Caritas über die persönliche Liebestätigkeit hinaus entfalten konnte, war die Gemeinde. Sie ermöglichte eine geordnete Fürsorge, die den entscheidenden Entwicklungssprung gegenüber den Formen der älteren orientalischen Wohltätigkeit darstellte. Nicht nur war jedes Glied der Gemeinde persönlich zur Barmherzigkeit angehalten, die Gemeinde übte sie auch insgesamt durch ihre Organe. Die Leitung der Caritas lag in den Händen der Presbyter oder der Bischöfe, denen die Diakone zur Seite standen. Eigener Institutionen der Armenpflege bedurfte es zunächst jedoch nicht. Die Kirchenväter Origines und Cyprian betonten in der Mitte des 3. Jahrhunderts bereits die sündentilgende Kraft der Almosen; sie standen damit in der Tradition orientalischen Denkens über die Wohltätigkeit und auch des Alten Testaments (Spr 19,18; Tob 12,8; Sir 3,33). Der Übergang von der „einfältigen Liebe" der frühesten Christen, der Barmherzigkeit um der Armen willen, zur Almosenspende, die zur Tilgung der eigenen Sündenschuld dienen soll, wird in der wissenschaftlichen Literatur unterschiedlich bewertet; dabei schlagen religiöse Bindungen der Autoren durch. Für G. UHLHORN, den Verfasser des bis heute noch nicht ersetzten Standardwerkes über die christliche Caritas und protestantischen Abt von Loccum [287: Die christliche Liebesthätigkeit], setzte bei Cyprian die Verkümmerung der Gemeindearmenpflege ein; diese Fehlentwicklung hat nach Uhlhorn erst die Reformation revidiert. Zwar erkannte Uhlhorn an, daß es auch nach Cyprian noch Liebestätigkeit bei den Christen gegeben habe, er hielt sie aber im Mittelalter für unlauter.

Christliche Caritas als weltgeschichtliche Neuerung

Wertstandpunkte in der Caritasgeschichte

Der Herr habe nämlich Almosengeben ohne jede Rücksicht auf einen zu erlangenden Lohn gefordert. Demgegenüber muß freilich festgestellt werden, daß der Gedanke der sündentilgenden Kraft des Almosens in den Evangelien selbst immer wiederkehrt. Jesus selbst hat – nach Mt 19,21 – gelehrt, daß die Gabe an die Armen einen Schatz im Himmel bedeutet.

Die Geschichte der Caritas im Mittelalter war aufs engste mit der Geschichte der Armut verbunden, die in einem eigenen Band dieser Reihe behandelt wird [OEXLE]; deshalb können hier einige knappe Bemerkungen zur Forschungslage genügen. Wie die Bischöfe, waren auch die Herrscher (und Fürsten) im Mittelalter ethisch zur Caritas verpflichtet; trotzdem wird der Praxis herrscherlicher Armensorge in der Literatur nur geringe Beachtung geschenkt [zu den Karolingern 282: BOSHOF, Untersuchungen zur Armenfürsorge im fränkischen Reich; zu Heinrich IV. SCHMID, in 296: Memoria, 666-726]. Noch erstaunlicher ist, daß es keine neuere Abhandlung über den Bischof als *pater pauperum* gibt; selbst in Bischofsmonographien wird die Armensorge kaum einmal ausführlicher thematisiert [Lit. B.3.]. Der Schwerpunkt der caritasgeschichtlichen Arbeiten liegt, wenn man vom klösterlichen Bereich und den Orden absieht, eindeutig in der stiftischen Spitalgeschichte. Grundlegend blieb bis heute das zweibändige Werk S. REICKES von 1932 über „Das deutsche Spital und sein Recht im Mittelalter" [286]. Seither ist eine Fülle von spitalgeschichtlichen Monographien erschienen, die in der Regel aus den Archivalien eines Instituts oder einer Stadt gearbeitet sind [Lit.: B.12.2]. Im Vordergrund stehen stets Fragen der Verfassung und Verwaltung, der Wirtschaftsgeschichte und auch der Zusammensetzung der Spitaliten („Herrenpfründner" und Bedürftige). Als allgemeiner Bezugsrahmen dient die Arbeit von Reicke und oft auch die jeweilige Stadtgeschichte; eine Zusammenfassung der Spezialstudien und eine Revision des stark rechtsgeschichtlichen Ansatzes von Reicke wäre dringend erwünscht und auch lohnend. Die letzten beiden spitalgeschichtlichen Monographien umgreifen jeweils Spätmittelalter und Frühe Neuzeit und tragen somit den Einwänden gegen die traditionelle Epochenscheidung unter sozialgeschichtlichem Aspekt Rechnung. In Nürnberg läßt die Quellenlage sogar ein umfangreiches Kapitel über „Alltag, Krankheit und Tod" zu [284: KNEFELKAMP, Das Heilig-Geist-Spital in Nürnberg vom 14.-17. Jahrhundert; vgl. 285]. Im Fall Braunschweigs und des Thomae-Spitals wurde deutlich, daß keineswegs immer und überall caritative Einrichtungen einem Kommunalisie-

2. Die soziale Wirklichkeit 121

rungsprozeß unterworfen waren. „Einen solchen Prozeß, in dessen Verlauf der Rat in die Verwaltung von Fürsorgeanstalten eingedrungen ist, kann man in Braunschweig nur bei wenigen Einrichtungen verfolgen. Einer völligen Verbürgerlichung ehemals kirchlicher Anstalten hat es überhaupt nicht bedurft, weil meist schon bei der Institutsgründung die Präsenz des Rates erkennbar war. Anders ist es bei der Kommunalisierung der Anstaltsaufgaben gewesen. Hier ist für alle Braunschweiger Hospitäler und Beginenhäuser eine allmähliche Monopolisierung der Hilfsleistungen auf die Einwohner der Stadt zu beobachten" [281: BOLDT, Das Fürsorgewesen der Stadt Braunschweig in Spätmittelalter und Früher Neuzeit, 237].

Die Spitäler stellten im Mittelalter einen Typ frommer Stiftungen dar und setzten – wenn auch nicht in direkter Kontinuität – die *piae causae* der spätantiken Kaiserzeit fort. Diese begegnen im Codex Iustinianus von 534 und bezeichneten verschiedene Arten caritativer Einrichtungen: Fremdenhäuser (Xenodochien), Armenhäuser, Krankenhäuser, Waisenhäuser, Findelhäuser und Altenheime. Die Geschichte der Stiftungen blieb im Mittelalter aber keineswegs auf die Spitäler beschränkt; insbesondere die derzeitige Forschung hat eine große Vielfalt von Institutionen und Werken nachgewiesen, die durch Stiftungen begründet wurden. Neben den Stiftskirchen und Pfründen [s.o. Kap. II.B.2.2], auch im ländlichen Bereich [Kap. II.B.1.4], stehen Universitäten [294: REXROTH, Deutsche Universitätsstiftungen von Prag bis Köln; 290: BORGOLTE, Stiftungen des Mittelalters im Spannungsfeld von Herrschaft und Genossenschaft], aber auch Sachzeugnisse und Kunstwerke [292: Materielle Kultur und religiöse Stiftung im Mittelalter; SAUERLÄNDER/WOLLASCH, in 296: Memoria, 354-383]. Lange vernachlässigte Quellen, wie die Testamente, werden unter dem Aspekt der Stiftungen erschlossen [248: BAUR, Testament und Bürgerschaft]. Aufgrund dieser und verwandter Überlieferungen schenkt die neuere stadtgeschichtliche Forschung der Stiftungstätigkeit der Bürger beträchtliche Aufmerksamkeit [s.o. Kap. II.B.2.3 zu KIESSLING; ferner 267: NEIDIGER]. Die Stiftungen von Fürsten- und Herrscherhäusern werden oft generationenübergreifend als Gesamtwerk gewürdigt [171: STRAUB, Die Hausstiftung der Wittelsbacher in Ingolstadt; ZIELINSKI, in 15: Beiträge, 95-134]. Ein bemerkenswerter Fortschritt besteht auch darin, daß jetzt nicht mehr nur nach dem Stiftungsakt und dem Stifterwillen, sondern ebenso nach dem Vollzug der Stiftungen, also der Stiftungswirklichkeit, gefragt wird [289: BESOLD-BACKMUND, Stiftungen und Stiftungswirklichkeit]. Alle diese Stiftungen hatten eine

Stiftungen als neuer Forschungsschwerpunkt

Stiftungen als Grundlage sozialer Wechselbeziehungen zwischen Lebenden und Toten in der Geschichte Alteuropas

doppelte Aufgabe. Sie sollten aufgrund einer materiellen Dotation dem Willen des Stifters, meist im Sinne des „guten Werkes", Dauer verleihen, zugleich aber seine Memoria sichern [295: SCHMID, Stiftungen für das Seelenheil]. Letzteres geschah dadurch, daß die durch die Stiftung Begünstigten (Destinatäre) zur Gebetsfürsorge für den Stifter (und seine Angehörigen) verpflichtet wurden. Zwischen dem toten Stifter und den durch die Stiftung kreierten Personengemeinschaften bestand eine echte Wechselbeziehung im Sinne des Gabenaustauschs [291: BORGOLTE, Die Stiftungen des Mittelalters in rechts- und sozialgeschichtlicher Sicht]. Die künftige Erforschung des mittelalterlichen Stiftungswesens wird deshalb weniger nach den durch die Stiftung geschaffenen Institutionen fragen müssen – dieser Ansatz beruht z.T. auf einem modernen Mißverständnis –, sondern nach dem sozialen Gefüge, durch das die Stiftung mit Leben erfüllt wurde.

III. Quellen und Literatur

Abkürzungen

Die Abkürzungen für Zeitschriften entsprechen den Siglen der „Historischen Zeitschrift". Außerdem werden hier verwendet:

Ndr. = Nachdruck
RottJb = Rottenburger Jahrbuch für Kirchengeschichte
TRE = Theologische Realenzyklopädie

A. Quellensammlungen und Regesten

1. Ausgewählte Quellen zur deutschen Geschichte des Mittelalters. Freiherr vom Stein-Gedächtnisausgabe. Begründet v. R. BUCHNER und fortgeführt v. F.-J. SCHMALE. Bd. 1ff. Darmstadt 1955ff.
2. J.F. BÖHMER (Ed.), Fontes rerum Germanicarum. 4 Bde. Stuttgart 1843-68.
3. DERS., Regesta Imperii. Die Regesten des Kaiserreichs 751-1439. 12 Bde. verschiedener Bearbeiter, überwiegend Neubearbeitungen. Verschiedene Orte 1881ff. Darunter Bd. II: Sächsisches Haus 919-1024. Fünfte Abt.: Papstregesten 911-1024. Bearb. v. H. ZIMMERMANN. Wien/Köln/Graz 1969.
3a. Regesten Kaiser Friedrichs III. 1440-1493. Aus Archiven und Bibliotheken hrsg. v. H. KOLLER. 4 Hefte. Wien/Köln/Graz 1982-1986.
4. Die Chroniken der Deutschen Städte vom 14. bis ins 16. Jahrhundert. Hrsg. durch die Historische Kommission bei der Bayerischen Akademie der Wissenschaften. 36 Bde. Leipzig u.a. 1862-1931.

5. Deutsche Reichstagsakten. Hrsg. durch die Historische Kommission bei der Bayerischen Akademie der Wissenschaften. Ältere Reihe [1376-1493]. Bd. 1ff. München u.a. 1867ff. Mittlere Reihe. Deutsche Reichstagsakten unter Maximilian I. Bd. 1ff. Bearb. v. E. BOCK/H. ANGERMEIER/H. GOLLWITZER. Göttingen 1972ff.
6. PH. JAFFÉ (Ed.), Bibliotheca rerum germanicarum. 6 Bde. Berlin 1864-73.
7. Monumenta Germaniae Historica. (Versch. Hrsg.). Serien: Scriptores (darunter: Staatsschriften des späteren Mittelalters), Leges (darunter: Concilia und Constitutiones), Diplomata, Epistolae, Antiquitates sowie Quellen zur Geistesgeschichte des Mittelalters und Deutsches Mittelalter. Kritische Studientexte. Hannover u.a. 1826ff.
8. Regesta Pontificum Romanorum. Germania Pontificia. Voll. I-III.3. Ed. A. BRACKMANN. Berlin 1911-1935; Vol. IV.4. Edd. H. BÜTTNER/H. JAKOBS. Göttingen 1978; Vol. VI. Edd. W. SEEGRÜN/TH. SCHIEFFER. Göttingen 1981; Vol. VII.1. Ed. TH. SCHIEFFER. Göttingen 1986.
9. Die Regesten der Bischöfe und des Domkapitels von Augsburg. Bearb. v. W. VOLKERT. Bd. 1. Augsburg 1955-1985.
10. Die Regesten der Erzbischöfe von Köln im Mittelalter. Bearb. v. F.W. OEDIGER u.a. Bde. 1-10 (bis 1400). Bonn 1901-1987.
11. Repertorium Germanicum. Regesten aus den päpstlichen Archiven zur Geschichte des deutschen Reiches und seiner Territorien im XIV. und XV. Jahrhundert. Pontificat Eugens IV. 1431-1447. Unter Mitwirkung v. J. HALLER/J. KAUFMANN/J. LULVÈS bearb. v. R. ARNOLD. Berlin 1897.
11a. Repertorium Germanicum I. Verzeichnis der in den Registern und Kameralakten Clemens' VII. von Avignon vorkommenden Personen, Kirchen und Orte des Deutschen Reiches, seiner Diözesen und Territorien 1378-1394. Bearb. v. E. GÖLLER. Berlin 1916. Weitere Bände (II-VII) verschiedener Bearbeiter bis zum Pontifikat Calixts III. (1455-58) Berlin/Tübingen 1933-89.
12. B. SCHWARZ, Die Originale von Papsturkunden in Niedersachsen 1199-1417. Città del Vaticano 1988.

B. Literatur

1. Allgemeines zur Kirchengeschichte

1.1 Kirchengeschichte in theologischer und historischer Perspektive

13. K. BORNKAMM, Kirchenbegriff und Kirchengeschichtsverständnis, in: Zs. für Theologie und Kirche 75 (1978) 436-466.
14. V. CONZEMIUS, Kirchengeschichte als „nichttheologische" Disziplin. Thesen zu einer wissenschaftstheoretischen Standortbestimmung, in: Theologische Quartalschrift 155 (1975) 187-197.
15. I. CRUSIUS (Hrsg.), Beiträge zu Geschichte und Struktur der mittelalterlichen Germania Sacra. Göttingen 1989.
16. H. JEDIN, Kirchengeschichte ist Theologie und Geschichte, in: Kirchengeschichte heute. Geschichtswissenschaft oder Theologie? Hrsg. v. R. Kottje. Trier 1970, 33-48.
17. H. LUTZ, Profangeschichte – Kirchengeschichte – Heilsgeschichte, in: Kirchengeschichte heute [wie Nr. 16] 75-94.
18. F. PRINZ (Hrsg.), Herrschaft und Kirche. Beiträge zur Entstehung und Wirkungsweise episkopaler und monastischer Organisationsformen. Stuttgart 1988.
19. E. SAURER, Kirchengeschichte als historische Disziplin? In: Denken über Geschichte. Hrsg. v. F. Engel-Janosi/G. Klingenstein/H. Lutz. München 1974, 157-169.
20. K. SCHATZ, Ist Kirchengeschichte Theologie? In: Theologie und Philosophie. Vierteljahresschrift 55 (1980) 481-513.
21. F.-J. SCHMALE/W. BRANDMÜLLER, Konziliengeschichte im Werden, in: AHC 11 (1979) 253-262.

1.2 Kirchengeschichte und Sozialgeschichte

22. G. ALTHOFF, Verwandte, Freunde und Getreue. Zum politischen Stellenwert der Gruppenbindungen im früheren Mittelalter. Darmstadt 1990.
23. O. BRUNNER, Neue Wege der Verfassungs- und Sozialgeschichte. Göttingen ³1980.

24. J. Kocka, Sozialgeschichte. Begriff – Entwicklung – Probleme. Göttingen ²1986.
25. P. Moraw/V. Press, Probleme der Sozial- und Verfassungsgeschichte des Heiligen Römischen Reiches im späten Mittelalter und in der frühen Neuzeit (13.-18. Jh.), in: ZHF 2 (1975) 95-108.
26. O.G. Oexle, Deutungsschemata der sozialen Wirklichkeit im frühen und hohen Mittelalter. Ein Beitrag zur Geschichte des Wissens, in: Mentalitäten im Mittelalter. Methodische und inhaltliche Probleme. Hrsg. v. F. Graus. Sigmaringen 1987, 65-117.
27. Ders., Die Geschichtswissenschaft im Zeichen des Historismus. Bemerkungen zum Standort der Geschichtsforschung, in: HZ 238 (1984) 17-55.
28. Ders., „Historismus". Überlegungen zur Geschichte des Phänomens und des Begriffs, in: Braunschweigische Wissenschaftliche Gesellschaft. Jahrbuch 1986, 119-155.
29. W. Reinhard, Möglichkeiten und Grenzen der Verbindung von Kirchengeschichte mit Sozial- und Wirtschaftsgeschichte, in: Spezialforschung und „Gesamtgeschichte". Hrsg. v. G. Klingenstein/H. Lutz. Wien 1981, 243-278.
30. W. Schieder, Religion in der Sozialgeschichte, in: Sozialgeschichte in Deutschland. Hrsg. v. Dems./V. Sellin. Bd. III. Göttingen 1987, 9-31.
31. K. Schmid/J. Wollasch, Die Gemeinschaft der Lebenden und Verstorbenen in Zeugnissen des Mittelalters, in: FMSt 1 (1967) 365-405.
32. R. van Dülmen, Religion und Gesellschaft. Beiträge zu einer Religionsgeschichte der Neuzeit. Frankfurt 1989.
33. R. von Thadden, Kirchengeschichte als Gesellschaftsgeschichte, in: Geschichte und Gesellschaft 9 (1983) 598-614.

2. Handbücher, Lexika, übergreifende Darstellungen zur Kirchengeschichte

34. A. Angenendt, Das Frühmittelalter. Die abendländische Christenheit von 400 bis 900. Stuttgart/Berlin/Köln 1990.
35. H. Beumann (Hrsg.), Kaisergestalten des Mittelalters. München 1984.

36. J. EHLERS (Hrsg.), Ansätze und Diskontinuität deutscher Nationsbildung im Mittelalter. Sigmaringen 1989.
37. E. ENGEL/E. HOLTZ (Hrsg.), Deutsche Könige und Kaiser des Mittelalters. Leipzig/Jena/Berlin 1989.
38. H.E. FEINE, Kirchliche Rechtsgeschichte. Die katholische Kirche. Köln/Wien ⁵1972.
39. Germania Sacra. Historisch-statistische Darstellung der deutschen Bistümer, Domkapitel, Kollegiat- und Pfarrkirchen, Klöster und der sonstigen kirchlichen Institute. Hrsg. v. Kaiser-Wilhelm-Institut für deutsche Geschichte bzw. v. Max-Planck-Institut für Geschichte. 7 Bde. bzw. Teilbde. Berlin(/Leipzig) 1929-41 bzw. Berlin(/New York) 1966/72. Neue Folge: Historisch-statistische Beschreibung der Kirche des Alten Reiches. Hrsg. v. Max-Planck-Institut für Geschichte. Bde. 1(-26). Berlin(/New York) 1962(-1989).
40. Geschichtliche Grundbegriffe. Historisches Lexikon zur politisch-sozialen Sprache in Deutschland. Hrsg. v. O. BRUNNER/W. CONZE/R. KOSELLECK. Bde. 1(-6). Stuttgart 1972(-1990).
41. F. GRAUS, Pest – Geissler – Judenmorde. Das 14. Jahrhundert als Krisenzeit. Göttingen 1987.
42. Handbuch der bayerischen Geschichte. Hrsg. v. M. SPINDLER. Bd. 1. München ²1981. Bd. 2. München ²1988. Bd. 3.1-2. München 1971.
43. Handbuch der europäischen Geschichte. Hrsg. v. TH. SCHIEDER. Bd. 1. Stuttgart 1976; Bd. 2. Stuttgart 1987; Bd. 3. Stuttgart 1971.
44. Handbuch der Kirchengeschichte. Hrsg. v. H. JEDIN. Bd. II.1-2. Die Reichskirche nach Konstantin dem Großen. Freiburg/Basel/Wien 1973/75; Bd. III.1-2. Die mittelalterliche Kirche. Freiburg/Basel/Wien 1966/68.
45. A. HAUCK, Kirchengeschichte Deutschlands. Bde. 1-5.2. Berlin/Leipzig ⁵⁻⁷1952/3. ⁹1958/59.
46. K. HAUSBERGER/B. HUBENSTEINER, Bayerische Kirchengeschichte. München 1985.
47. H. HEIMPEL, Die Vener von Gmünd und Straßburg 1162-1447. 3 Bde. Göttingen 1982.
48. Die Kirche in ihrer Geschichte. Ein Handbuch. Begründet v. K.D. SCHMIDT/E. WOLF. Hrsg. v. B. MOELLER. Bd. 2, Lief. E: G. HAENDLER, Geschichte des Frühmittelalters und der Germanenmission; G. STÖKL, Geschichte der Slavenmission. Göttingen ²1976; Lief. F1: G. TELLENBACH, Die westliche Kirche vom 10.

bis zum frühen 12. Jahrhundert. Göttingen 1988; Lief. H1: B. MOELLER, Spätmittelalter. Göttingen 1966.
49. Kirchengeschichte als Missionsgeschichte. Bd. 1: Die Alte Kirche. Hrsg. v. H. FROHNES/U.W. KNORR. München 1974; Bd. 2.1: Die Kirche des früheren Mittelalters. Hrsg. v. K. SCHÄFERDIEK. München 1978.
50. Lexikon des Mittelalters. Bd. Iff. München/Zürich 1980ff.
51. Lexikon für Theologie und Kirche. 11 Bde. Freiburg ²1957-1967.
52. Rheinische Geschichte. Hrsg. v. F. PETRI/G. DROEGE. Bde. 1.1-3. Düsseldorf 1978-1983.
53. W. SCHLESINGER, Kirchengeschichte Sachsens im Mittelalter. 2 Bde. Köln/Wien ²1983.
54. Schleswig-Holsteinische Kirchengeschichte. Bde. 1-2: Anfänge und Ausbau. Unter Mitarbeit v. E. HOFFMANN u.a. Neumünster 1977/78.
55. Series episcoporum ecclesiae catholicae occidentalis ab initio usque ad annum MCXCVIII. Series V: Germania, Tomus 1: Archiepiscopatus Coloniensis. Coadiuvantibus H. KLUGER/E. PACK curaverunt ST. WEINFURTER/O. ENGELS. Stuttgart 1982; Tomus 2: Archiepiscopatus Hammaburgensis sive Bremensis. Coadiuvantibus H. KLUGER/E. PACK/R. GROSSE curaverunt ST. WEINFURTER/O. ENGELS. Stuttgart 1984.
56. H.J. SIEBEN, Die Konzilsidee des lateinischen Mittelalters (847-1378). Paderborn/München/Wien/Zürich 1984.
57. Theologische Realenzyklopädie. Hrsg. v. G. KRAUSE/G. MÜLLER. Bd. 1ff. Berlin/New York 1977ff.
58. A. WERMINGHOFF, Geschichte der Kirchenverfassung Deutschlands im Mittelalter. Bd. 1. Hannover/Leipzig 1905.
59. DERS., Verfassungsgeschichte der deutschen Kirche im Mittelalter. Leipzig 1907. Leipzig ²1913.
60. H. WOLTER, Die Synoden im Reichsgebiet und in Reichsitalien von 916 bis 1056. Paderborn/München/Wien/Zürich 1988.

3. Bistumsgeschichten und Bischofsbiographien

[Vgl. auch verschiedene Bände der Germania Sacra, Nr. 39, zu Domstiften bzw. Bistümern]

61. H.H. ANTON, Trier im frühen Mittelalter. Paderborn/München/ Wien/Zürich 1987.

62. Die Bischöfe von Konstanz. Geschichte und Kultur. 2 Bde. Hrsg. v. E.L. KUHN u.a. Friedrichshafen 1988.
63. K. BOGUMIL, Das Bistum Halberstadt im 12. Jahrhundert. Studien zur Reichs- und Reformpolitik des Bischofs Reinhard und zum Wirken der Augustiner-Chorherren. Köln/Wien 1972.
64. D. CLAUDE, Geschichte des Erzbistums Magdeburg bis in das 12. Jahrhundert. 2 Teile. Köln/Wien 1972-1975.
65. F.-R. ERKENS, Die Trierer Kirchenprovinz im Investiturstreit. Köln/Wien 1987.
66. K. HEINEMEYER, Das Erzbistum Mainz in römischer und fränkischer Zeit. Bd. I. Marburg 1979.
67. F.-J. HEYEN (Hrsg.), Balduin von Luxemburg. Erzbischof von Trier – Kurfürst des Reiches 1285-1354. Mainz 1985.
68. C. KIRCHNER-FEYERABEND, Otto von Freising als Diözesan- und Reichsbischof. Frankfurt a.M./Bern/New York/Paris 1990.
69. H. LIPPELT, Thietmar von Merseburg. Reichsbischof und Chronist. Köln/Wien 1973.
70. I. MILLER, Jakob von Sierck 1398/99-1456. Mainz 1983.
71. F.W. OEDIGER, Das Bistum Köln von den Anfängen bis zum Ende des 12. Jahrhunderts. Köln ^{2}1972.
72. ST. WEINFURTER, Die Geschichte der Eichstätter Bischöfe des Anonymus Haserensis. Regensburg 1987.

4. Mission und Bistumsorganisation

73. A. ANGENENDT, Kaiserherrschaft und Königstaufe. Kaiser, Könige und Päpste als geistliche Patrone in der abendländischen Missionsgeschichte. Berlin/New York 1984.
74. H. BERG, Bischöfe und Bischofssitze im Ostalpen- und Donauraum vom 4. bis zum 8. Jahrhundert, in: Die Bayern und ihre Nachbarn. Teil 1. Hrsg. v. H. Wolfram/A. Schwarcz. Wien 1985, 61-108.
75. H. BEUMANN (Hrsg.), Heidenmission und Kreuzzugsgedanke in der deutschen Ostpolitik des Mittelalters. Darmstadt 1963.
76. Bohemia Sacra. Das Christentum in Böhmen 973-1973. Hrsg. v. F. SEIBT. Düsseldorf 1974.
77. La conversione al cristianesimo nell'Europa dell'alto medioevo. Spoleto 1967.
78. G.P. FEHRING, Missions- und Kirchenwesen in archäologischer

Sicht, in: Geschichtswissenschaft und Archäologie. Hrsg. v. H. Jankuhn/R. Wenskus. Sigmaringen 1979, 547-591.
79. E. FREISE, Das Frühmittelalter bis zum Vertrag von Verdun (843), in: Westfälische Geschichte. Hrsg. v. W. Kohl. Bd. 1. Düsseldorf 1983, 275-335.
80. DERS., Die Sachsenmission Karls des Großen und die Anfänge des Bistums Minden, in: An Weser und Wiehen. Beiträge zur Geschichte und Kultur einer Landschaft. Fschr. für Wilhelm Brepohl. Minden 1983, 57-100.
81. J. FRIED, Otto III. und Boleslaw Chrobry. Das Widmungsbild des Aachener Evangeliars, der „Akt von Gnesen" und das frühe polnische und ungarische Königtum. Eine Bildanalyse und ihre historischen Folgen. Stuttgart 1989.
82. W.H. FRITZE, Zur Entstehungsgeschichte des Bistums Utrecht. Franken und Friesen 690-734, in: Rheinische Vierteljahrsblätter 35 (1971) 107-151.
83. H. FUHRMANN, Provincia constat duodecim episcopatus. Zum Patriarchatsplan Erzbischof Adalberts von Hamburg-Bremen, in: Studia Gratiana 11 (1967) 385-404.
84. O. HAGENEDER, Die kirchliche Organisation im Zentralalpenraum vom 6. bis 10. Jh., in: Frühmittelalterliche Ethnogenese im Alpenraum. Hrsg. v. H. Beumann/W. Schröder. Sigmaringen 1985, 201-235.
85. K. HAUCK, Zwanzig Jahre Brakteatenforschung in Münster/ Westfalen, in: FMSt 22 (1988) 17-52.
86. M. HELLMANN (Hrsg.), Studien über die Anfänge der Mission in Livland. Sigmaringen 1989.
87. K. JORDAN, Die Bistumsgründungen Heinrichs des Löwen. Untersuchungen zur Geschichte der ostdeutschen Kolonisation. Leipzig 1939.
88. K.-D. KAHL, Bausteine zur Grundlegung einer missionsgeschichtlichen Phänomenologie des Hochmittelalters, in: Miscellanea Historiae Ecclesiasticae. Louvain 1961, 50-90.
89. DERS., Compellere intrare. Die Wendenpolitik Bruns von Querfurt im Lichte hochmittelalterlichen Missions- und Völkerrechts, in: Zeitschrift für Ostforschung 4 (1955) 161-193, 360-401.
90. G. LOSHER, Königtum und Kirche zur Zeit Karls IV. Ein Beitrag zur Kirchenpolitik im Spätmittelalter. München 1985.
91. F. LOTTER, Die Vorstellungen von Heidenkrieg und Wenden-

mission bei Heinrich dem Löwen, in: Heinrich der Löwe. Hrsg. v. W.-D. Mohrmann. Göttingen 1980, 11-43.
92. Z.H. NOWAK (Hrsg.), Die Rolle der Ritterorden in der Christianisierung und Kolonisierung des Ostseegebietes. Torun 1983.
93. W. PARAVICINI, Die Preußenreisen des europäischen Adels. Teil 1. Sigmaringen 1989.
94. J. PETERSOHN, Der südliche Ostseeraum im kirchlich-politischen Kräftespiel des Reichs, Polens und Dänemarks vom 10. bis 13. Jahrhundert. Mission – Kirchenorganisation – Kultpolitik. Köln/Wien 1979.
95. H. VON PETRIKOVITS, Art. Germania (Romana), in: Reallexikon für Antike und Christentum. Bd. X. Stuttgart 1978, 548-654.
96. B. SAWYER, Women and the conversion of Scandinavia, in: Frauen in Spätantike und Frühmittelalter. Hrsg. v. W. Affeldt. Sigmaringen 1990, 263-281.
97. K. SCHÄFERDIEK, Art. Germanenmission, in: Reallexikon für Antike und Christentum. Bd. 10. Stuttgart 1978, 493-548.
98. R. SCHIEFFER, Die Anfänge der westfälischen Domstifte, in: Westfälische Zeitschrift 138 (1988) 175-191.
99. DERS., Über Bischofssitz und Fiskalgut im 8. Jahrhundert, in: HJb 95 (1975) 18-32.
100. TH. SCHIEFFER, Winfrid-Bonifatius und die christliche Grundlegung Europas. Freiburg 1954. Ndr. Darmstadt 1972.
101. J. SEMMLER, Mission und Pfarrorganisation in den rheinischen, mosel- und maasländischen Bistümern (5.-10. Jahrhundert), in: Cristianizzazione ed organizzazione ecclesiastica delle campagne nell'alto medioevo: espansione e resistenze. T. 2. Spoleto 1982, 813-888.
102. F. STAAB, Die Gründung der Bistümer Erfurt, Büraburg und Würzburg durch Bonifatius im Rahmen der fränkischen und päpstlichen Politik, in: ArchMrhKig 40 (1988), 13-41.
103. J.M. WALLACE-HADRILL, The Frankish Church. Oxford 1983. Ndr. 1985.
104. M. ZEMEK, Zum Problem der Kontinuität zwischen dem Bistum Mähren und dem Bistum Olmütz, in: Salzburg und die Slawenmission. Zum 1100. Todestag des hl. Methodius. Hrsg. v. H. Dopsch. Salzburg 1986, 109-118.

5. Königtum und Episkopat

5.1 Allgemeines zum Königtum im Mittelalter

105. M. BLOCH, Les rois thaumaturges. Étude sur le caractère surnaturel attribué à la puissance royale, particulièrement en France et en Angleterre. Strasbourg 1924.
106. R. FOLZ, Les Saints Rois du Moyen Âge en Occident (VIe-XIIIe siècles). Brüssel 1984.
107. E.H. KANTOROWICZ, Laudes regiae. A study in liturgical acclamations and mediaeval ruler worship. Berkeley/Los Angeles 1946.
108. DERS., Die zwei Körper des Königs. Eine Studie zur politischen Theologie des Mittelalters. München 1990 (zuerst in engl. Sprache: Princeton, N.J. 1957; ebd. ^{2}1966).
109. Das Königtum. Seine geistigen und rechtlichen Grundlagen. Sigmaringen ^{4}1973.
110. R. SCHNEIDER (Hrsg.), Das spätmittelalterliche Königtum im europäischen Vergleich. Sigmaringen 1987.
111. P.E. SCHRAMM, Kaiser, Könige und Päpste. Gesammelte Aufsätze zur Geschichte des Mittelalters. 4 Bde. Stuttgart 1968-1971.

5.2 911-1024

112. G. ALTHOFF, Adels- und Königsfamilien im Spiegel ihrer Memorialüberlieferung. Studien zum Totengedenken der Billunger und Ottonen. München 1984.
113. H. BEUMANN, Die Ottonen. Stuttgart/Berlin/Köln/Mainz 1987.
114. A. GRAF FINCK VON FINCKENSTEIN, Bischof und Reich. Untersuchungen zum Integrationsprozeß des ottonisch-salischen Reiches (919-1056). Sigmaringen 1989.
115. J. FLECKENSTEIN, Die Hofkapelle der deutschen Könige. 2 Teile. Stuttgart 1959-1966.
116. DERS., Problematik und Gestalt der ottonisch-salischen Reichskirche, in: Reich und Kirche vor dem Investiturstreit. Hrsg. v. K. Schmid. Sigmaringen 1985, 83-98.
117. H. FUHRMANN, Die Synode von Hohenaltheim (916) – quellenkundlich betrachtet, in: DA 43 (1987) 440-468.

118. T. REUTER, The ‚Imperial Church System' of the Ottonian and Salian Rulers: a Reconsideration, in: Journal of Ecclesiastical History 33 (1982) 347-374.
119. L. SANTIFALLER, Zur Geschichte des ottonisch-salischen Reichskirchensystems. Wien 1964.
120. R. SCHIEFFER, Der ottonische Reichsepiskopat zwischen Königtum und Adel, in: FMSt 23 (1989) 291-301.
121. A. SCHULTE, Deutsche Könige, Kaiser, Päpste als Kanoniker an deutschen und römischen Kirchen, in: HJb 54 (1934) 137-177.
122. H. ZIELINSKI, Der Reichsepiskopat in spätottonischer und salischer Zeit (1002-1125). Teil I. Stuttgart 1984.

5.3 1024-1122
[Vgl. unten 7.]

123. E. BOSHOF, Köln, Mainz, Trier. Die Auseinandersetzung um die Spitzenstellung im deutschen Episkopat in ottonisch-salischer Zeit, in: Jahrbuch des Kölnischen Geschichtsvereins 49 (1978) 19-48.
124. J. FLECKENSTEIN (Hrsg.), Investiturstreit und Reichsverfassung. Sigmaringen 1973.
125. P. MILLOTAT, Transpersonale Staatsvorstellungen in den Beziehungen zwischen Kirche und Königtum der ausgehenden Salierzeit. Rheinfelden 1989.
126. G. TELLENBACH, Der Charakter Kaiser Heinrichs IV. Zugleich ein Versuch über die Erkennbarkeit menschlicher Individualität im hohen Mittelalter, in: Person und Gemeinschaft im Mittelalter. Fschr. Karl Schmid. Hrsg. v. G. Althoff u.a. Sigmaringen 1988, 345-367.
127. ST. WEINFURTER (Hrsg.), Die Salier und das Reich. 3 Bde. Sigmaringen 1991.
128. TH. ZOTZ, *Pallium et alia quaedam archiepiscopatus insignia.* Zum Beziehungsgefüge und zu Rangfragen der Reichskirchen im Spiegel der päpstlichen Privilegierung des 10. und 11. Jahrhunderts, in: Fschr. f. Berent Schwineköper. Hrsg. v. H. Maurer/H. Patze. Sigmaringen 1982, 155-175.

5.4 1125-1250

129. M. BORGOLTE, Über Typologie und Chronologie des Königs-

kanonikats im europäischen Mittelalter, in: DA 47 (1991) 19-44.
130. M.-L. CRONE, Untersuchungen zur Reichskirchenpolitik Lothars III. (1125-1137) zwischen reichskirchlicher Tradition und Reformkurie. Frankfurt a.M./Bern 1982.
131. F.-R. ERKENS, Der Erzbischof von Köln und die deutsche Königswahl. Studien zur Kölner Kirchenpolitik, zum Krönungsrecht und zur Verfassung des Reiches (Mitte 12. Jh. bis 1806). Siegburg 1987.
132. K. GANZER, Zur Beschränkung der Bischofswahl auf die Domkapitel in Theorie und Praxis des 12. und 13. Jahrhunderts, in: ZRG 88 KA 57 (1971) 22-82; 89 KA 58 (1972) 166-197.
133. M. GROTEN, Von der Gebetsverbrüderung zum Königskanonikat. Zu Vorgeschichte und Entwicklung der Königskanonikate an den Dom- und Stiftskirchen des deutschen Reiches, in: HJb 103 (1983) 1-34.
134. F. HAUSMANN, Reichskanzlei und Hofkapelle unter Heinrich V. und Konrad III. Stuttgart 1956.
135. E.-D. HEHL, Kirche und Krieg im 12. Jahrhundert. Studien zum kanonischen Recht und politischer Wirklichkeit. Stuttgart 1980.
136. R. KÖHN, Die Verketzerung der Stedinger durch die Bremer Fastensynode, in: Bremisches Jahrbuch 57 (1979) 15-85.
137. K.-F. KRIEGER, Die Lehnshoheit der deutschen Könige im Spätmittelalter (ca. 1200-1437). Aalen 1979.
138. F. OPLL, Amator ecclesiarum. Studien zur religiösen Haltung Friedrich Barbarossas, in: Mitteilungen des Instituts für Österreichische Geschichtsforschung 88 (1980) 70-93.
139. W. PETKE, Kanzlei, Kapelle und königliche Kurie unter Lothar III. (1125-1137). Köln/Wien 1985.
140. L. SPEER, Kaiser Lothar III. und Erzbischof Adalbert I. von Mainz. Eine Untersuchung zur Geschichte des deutschen Reiches im frühen zwölften Jahrhundert. Köln/Wien 1983.
141. Die Zeit der Staufer. Geschichte – Kunst – Kultur. Katalog der Ausstellung. 5 Bde. Stuttgart 1977.

5.5 1250-1517

142. H. ANGERMEIER, Die Reichsreform 1410-1555. Die Staatsproblematik in Deutschland zwischen Mittelalter und Gegenwart. München 1984.

143. H.E. FEINE, Papst, Erste Bitten und Regierungsantritt des Kaisers seit dem Ausgang des Mittelalters, in: ZRG 51 KA 20 (1931) 1-101.
144. H. HEIMPEL, Königlicher Weihnachtsdienst im späteren Mittelalter, in: DA 39 (1983) 131-206.
145. J. HELMRATH, Das Basler Konzil 1431-1449. Forschungsstand und Probleme. Köln/Wien 1987.
146. W. HÖLSCHER, Kirchenschutz als Herrschaftsinstrument. Personelle und funktionale Aspekte der Bistumspolitik Karls IV. Warendorf 1985.
147. A. HUBER, Das Verhältnis Ludwigs des Bayern zu den Erzkanzlern von Mainz, Köln und Trier (1314-1347). Kallmünz 1983.
148. H. HÜRTEN, Die Mainzer Akzeptation von 1439, in: ArchMrhKiG 11 (1959) 42-75.
149. P. JOHANEK, Die „Karolina de ecclesiastica libertate". Zur Wirkungsgeschichte eines spätmittelalterlichen Gesetzes, in: BlldtLG 114 (1978) 797-831.
150. G. LOSHER, Königtum und Kirche zur Zeit Karls IV. Ein Beitrag zur Kirchenpolitik im Spätmittelalter. München 1985.
151. P. MORAW, Beamtentum und Rat König Ruprechts, in: Zeitschrift für die Geschichte des Oberrheins 116 (1968) 59-126.
152. DERS., Grundzüge der Kanzleigeschichte Kaiser Karls IV. (1346-1378), in: ZHF 12 (1985) 11-42.
153. DERS., Kanzlei und Kanzleipersonal König Ruprechts, in: AfD 15 (1969) 428-531.
154. H. PATZE (Hrsg.), Kaiser Karl IV. 1316-1378. Forschungen über Kaiser und Reich. o.O. 1978.
155. L. SANTIFALLER, Die Preces primariae Maximilians I. Auf Grund der Maximilianischen Registerbücher des Wiener Haus-, Hof- und Staatsarchivs, in: Fschr. zur Feier des zweihundertjährigen Bestandes des Haus-, Hof- und Staatsarchivs. I. Bd. Wien 1949, 578-661.
156. E. SCHUBERT, König und Reich. Studien zur spätmittelalterlichen deutschen Verfassungsgeschichte. Göttingen 1979.
157. DERS., Königswahl und Königtum im spätmittelalterlichen Reich, in: ZHF 4 (1977) 257-338.
158. DERS., Die Stellung der Kurfürsten in der spätmittelalterlichen Reichsverfassung, in: Jahrbuch für westdeutsche Landesgeschichte 1 (1975) 97-128.

159. F. SEIBT (Hrsg.), Kaiser Karl IV. Staatsmann und Mäzen. München 1978.
160. H. THOMAS, Deutsche Geschichte des Spätmittelalters. 1250-1500. Stuttgart/Berlin/Köln/Mainz 1983.
161. H. WIESFLECKER, Kaiser Maximilian I. 5 Bde. München 1971-1986. Hier bes. Bd. 5, 151-178.

6. Landesherrliches Kirchenregiment und geistliche Fürstentümer im Spätmittelalter

162. W.-R. BERNS, Burgenpolitik und Herrschaft des Erzbischofs Balduin von Trier (1307-1354). Sigmaringen 1980.
163. I.W. FRANK, Kirchengewalt und Kirchenregiment in Spätmittelalter und früher Neuzeit, in: Innsbrucker Historische Studien 1 (1978) 33-60.
164. J. HASHAGEN, Staat und Kirche vor der Reformation. Eine Untersuchung der vorreformatorischen Bedeutung des Laieneinflusses in der Kirche. Essen 1931.
165. G. KOLLER, Princeps in Ecclesia. Untersuchungen zur Kirchenpolitik Herzog Albrechts V. von Österreich. Wien 1964.
166. Landesherrliche Kanzleien im Spätmittelalter. 2 Bde. München 1984.
167. H. PATZE (Hrsg.), Der deutsche Territorialstaat im 14. Jahrhundert. 2 Bde. Sigmaringen 1970/71. ²1986.
168. H. RANKL, Das vorreformatorische landesherrliche Kirchenregiment in Bayern (1378-1526). München 1971.
169. J. SIEGLERSCHMIDT, Territorialstaat und Kirchenregiment. Studien zur Rechtsdogmatik des Kirchenpatronatsrechts im 15. und 16. Jahrhundert. Köln/Wien 1987.
170. D. STIEVERMANN, Landesherrschaft und Klosterwesen im spätmittelalterlichen Württemberg. Sigmaringen 1989.
171. TH. STRAUB, Die Hausstiftung der Wittelsbacher in Ingolstadt, in: Sammelblatt des Historischen Vereins Ingolstadt 87 (1978) 22-144.

7. Zum Verhältnis von Papsttum und deutscher Kirche

172. H. FICHTENAU, Vom Ansehen des Papsttums im zehnten Jahrhundert, in: Aus Kirche und Reich. Fschr. für F. Kempf. Hrsg. v. H. Mordek. Sigmaringen 1983, 117-124.
173. J. FRIED, Laienadel und Papst in der Frühzeit der französischen und deutschen Geschichte, in: Aspekte der Nationenbildung im Mittelalter. Hrsg. v. H. Beumann/W. Schröder. Sigmaringen 1978, 367-406.
174. H. FUHRMANN, Papstgeschichtsschreibung. Grundlinien und Etappen, in: Geschichte und Geschichtswissenschaft in der Kultur Italiens und Deutschlands. Hrsg. v. A. Esch/J. Petersen. Tübingen 1989, 141-191.
175. K. GANZER, Papsttum und Bistumsbesetzungen in der Zeit von Gregor IX. bis Bonifaz VIII. Ein Beitrag zur Geschichte der päpstlichen Reservationen. Köln/Graz 1968.
176. M. GRESCHAT (Hrsg.), Das Papsttum. 2 Bde. Stuttgart/Berlin/Köln/Mainz 1985.
177. A. MEYER, Zürich und Rom. Ordentliche Kollatur und päpstliche Provisionen am Frau- und Grossmünster 1316-1523. Tübingen 1986.
178. J. MIETHKE, Kaiser und Papst im Spätmittelalter. Zu den Ausgleichsbemühungen zwischen Ludwig dem Bayern und der Kurie in Avignon, in: ZHF 10 (1983) 421-446.
179. R. SCHIEFFER, „Priesterbild", Reformpapsttum und Investiturstreit. Methodische Anmerkungen zu einer Neuerscheinung, in: AKG 68 (1986) 479-494.
180. B. SCHIMMELPFENNIG, Das Papsttum. Grundzüge seiner Geschichte von der Antike bis zur Renaissance. Darmstadt ³1988.
181. CH. SCHUCHARD, Die Deutschen an der päpstlichen Kurie im späten Mittelalter (1378-1447). Tübingen 1987.
182. G. TELLENBACH, Kaiser, Rom und Renovatio. Ein Beitrag zu einem großen Thema, in: Tradition als historische Kraft. Hrsg. v. N. Kamp/J. Wollasch. Berlin/New York 1982, 231-253.
183. DERS., Zur Geschichte der Päpste im 10. und früheren 11. Jahrhundert, in: Institutionen, Kultur und Gesellschaft im Mittelalter. Fschr. f. Josef Fleckenstein. Hrsg. v. L. Fenske u.a. Sigmaringen 1984, 165-177.

8. Bischof, Domkapitel und Partikularsynoden

184. P. BERGLAR/O. ENGELS (Hrsg.), Der Bischof in seiner Zeit. Bischofstypus und Bischofsideal im Spiegel der Kölner Kirche. Fschr. f. J. Kardinal Höffner. Köln 1986.
185. M. BORGOLTE, Fiktive Gräber in der Historiographie. Hugo von Flavigny und die Sepultur der Bischöfe von Verdun, in: Fälschungen im Mittelalter. Bd. I. Hannover 1988, 205-240.
186. DERS., Salomo III. und St. Mangen. Zur Frage nach den Grabkirchen der Bischöfe von Konstanz, in: Churrätisches und st. gallisches Mittelalter. Fschr. f. Otto P. Clavadetscher. Hrsg. v. H. Maurer. Sigmaringen 1984, 195-224.
187. G. FOUQUET, Das Speyerer Domkapitel im späten Mittelalter (ca. 1350-1540). Adlige Freundschaft, fürstliche Patronage und päpstliche Klientel. 2 Teile. Mainz 1987.
188. A. FRIEDERICI, Das Lübecker Domkapitel im Mittelalter 1160-1400. Verfassungsrechtliche und personenstandliche Untersuchungen. Neumünster 1988.
189. M. GROTEN, Priorenkolleg und Domkapitel von Köln im Hohen Mittelalter. Zur Geschichte des kölnischen Erzstifts und Herzogtums. Bonn 1980.
190. K. HAUCK, Apostolischer Geist im Genus Sacerdotale der Liudgeriden. Die „Kanonisation" Liudgers und Altfrids gleichzeitige Bischofsgrablege in Essen-Werden. Essen 1986.
191. P. HERSCHE, Die deutschen Domkapitel im 17. und 18. Jahrhundert. 3 Bde. Bern 1984.
192. R. HOLBACH, Stiftsgeistlichkeit im Spannungsfeld von Kirche und Welt. Studien zur Geschichte des Trierer Domkapitels und Domklerus im Spätmittelalter. 2 Teile. Trier 1982.
193. P. JOHANEK, Synodalia. Untersuchungen zur Statutengesetzgebung in den Kirchenprovinzen Mainz und Salzburg während des Spätmittelalters. 3 Bde. Habilitationsschrift Würzburg 1978/9 [ungedruckt].
194. R. KAISER, Bischofsherrschaft zwischen Königtum und Fürstenmacht. Studien zur bischöflichen Stadtherrschaft im westfränkisch-französischen Reich im frühen und hohen Mittelalter. Bonn 1981.
195. M. KALUZA-BAUMRUKER, Das Schweriner Domkapitel (1171-1400). Köln/Wien 1987.

196. W. KISKY, Die Domkapitel der geistlichen Kurfürsten in ihrer persönlichen Zusammensetzung im vierzehnten und fünfzehnten Jahrhundert. Weimar 1906.
197. P. TH. LANG, Die Synoden in der alten Diözese Würzburg, in: RottJb 5 (1986) 71-84.
198. K. MAIER, Die Konstanzer Diözesansynoden im Mittelalter und in der Neuzeit, in: RottJB 5 (1986) 53-70.
199. R. MEIER, Die Domkapitel zu Goslar und Halberstadt in ihrer persönlichen Zusammensetzung im Mittelalter (mit Beiträgen über die Standesverhältnisse der bis zum Jahre 1200 nachweisbaren Hildesheimer Domherren). Göttingen 1967.
200. H. MILLET, Les chanoines du chapitre cathédral de Laon. 1272-1412. Rom 1982.
201. L. SANTIFALLER, Das Brixner Domkapitel in seiner persönlichen Zusammensetzung im Mittelalter. Innsbruck 1924/25.
202. G. SCHEIBELREITER, Der Bischof in merowingischer Zeit. Wien/Köln/Graz 1983.
203. R. SCHIEFFER, Die Entstehung von Domkapiteln in Deutschland. Bonn 1976.
204. K. SCHMID, Bemerkungen zum Konstanzer Klerus der Karolingerzeit, in: Freiburger Diözesanarchiv 100 (1980) 26-58.
205. A. SCHULTE, Der Adel und die deutsche Kirche im Mittelalter. Studien zur Sozial-, Rechts- und Kirchengeschichte. Stuttgart 1910. 1922.
206. H. WOLTER, Die Kölner Provinzialsynoden bis zum vierten Laterankonzil im Jahre 1215, in: AHC 21 (1989) 62-102.

9. Regularkanoniker und Kollegiatstifte

9.1 Stiftskirchen
[Vgl. zahlreiche Bände der Germania Sacra, Nr. 39]

207. A. BÖSTERLING-RÖTTGERMANN, Das Kollegiatstift St. Mauritz-Münster. Untersuchungen zum Gemeinschaftsleben und zur Grundherrschaft des Stifts von den Anfängen bis zur Mitte des 14. Jahrhunderts. Münster 1990.
208. I. CRUSIUS, Das weltliche Kollegiatstift als Schwerpunkt innerhalb der Germania Sacra, in: BlldtLG 120 (1984) 242-253.
209. G. FOUQUET, St. Michael in Pforzheim. Sozial- und wirtschaftsgeschichtliche Studien zu einer Stiftskirche der Markgrafschaft

Baden (1460-1559), in: Pforzheim im Mittelalter. Hrsg. v. H.-P. Becht. Sigmaringen 1983, 107-169.
210. G.P. MARCHAL, Das Stadtstift. Einige Überlegungen zu einem kirchengeschichtlichen Aspekt der vergleichenden Städtegeschichte, in: ZHF 9 (1982) 461-473.
211. E. MEUTHEN, Stift und Stadt als Forschungsproblem der deutschen Geschichte, in: Klever Archiv 5 (1984) 9-26.
212. P. MORAW, Hessische Stiftskirchen im Mittelalter, in: AfD 23 (1977) 425-458.
213. DERS., Über Typologie, Chronologie und Geographie der Stiftskirche im deutschen Mittelalter, in: Untersuchungen zu Kloster und Stift. Hrsg. v. Max-Planck-Institut für Geschichte. Göttingen 1980, 9-37.
214. DERS., Zur Sozialgeschichte der Propstei des Frankfurter Bartholomäusstifts im Mittelalter, in: Hessisches Jahrbuch für Landesgeschichte 27 (1977) 222-235.
215. B. SCHNEIDMÜLLER, Verfassung und Güterordnung weltlicher Kollegiatstifte im Hochmittelalter, in: ZRG 103 KA 72 (1986) 115-151.
216. B. SCHWARZ, Über Patronage und Klientel in der spätmittelalterlichen Kirche am Beispiel des Nikolaus von Kues, in: Qu FiAB 68 (1988) 284-310.
217. G. STREICH, Burg und Kirche während des deutschen Mittelalters. Untersuchungen zur Sakraltopographie von Pfalzen, Burgen und Herrensitzen. 2 Teile. Sigmaringen 1984.
218. K. TREMP-UTZ, Das Kollegiatstift St. Vinzenz in Bern. Von der Gründung 1484/85 bis zur Aufhebung 1528. Bern 1985.

9.2 Die Kanonikerreform des Hochmittelalters

219. K. BOSL, Das Jahrhundert der Augustinerchorherren, in: Historiographia Mediaevalis. Fschr. f. F.-J. Schmale. Hrsg. v. D. Berg/H.-W. Goetz. Darmstadt 1988, 1-17.
220. P. CLASSEN, Gerhoch von Reichersberg. Eine Biographie. Mit einem Anhang über die Quellen, ihre handschriftliche Überlieferung und ihre Chronologie. Wiesbaden 1960.
221. H. FUHRMANN, Papst Urban II. und der Stand der Regularkanoniker. München 1984.
222. J. SEMMLER, Die Beschlüsse des Aachener Konzils im Jahre 816, in: Zeitschrift für Kirchengeschichte 74 (1963) 15-82.

223. St. Weinfurter, Neuere Forschung zu den Regularkanonikern im deutschen Reich des 11. und 12. Jahrhunderts, in: HZ 224 (1977) 379-397.
224. Ders., Salzburger Bistumsreform und Bischofspolitik im 12. Jahrhundert. Der Erzbischof Konrad I. von Salzburg (1106-1147) und die Regularkanoniker. Köln/Wien 1975.

10. Der Landklerus

225. P. Blickle (Hrsg.), Zugänge zur bäuerlichen Reformation. Zürich 1987.
226. Ders./J. Kunisch (Hrsg.), Kommunalisierung und Christianisierung. Voraussetzungen und Folgen der Reformation 1400-1600. Berlin 1989.
227. M. Borgolte, Der churrätische Bischofsstaat und die Lehre von der Eigenkirche, in: Geschichte und Kultur Churrätiens. Fschr. f. P. I. Müller. Hrsg. v. U. Brunold/ L. Deplazes. Disentis 1986, 83-103.
228. Ders., Stiftergrab und Eigenkirche, in: Zeitschrift für Archäologie des Mittelalters 13 (1985) 27-38.
229. B. Demandt, Die mittelalterliche Kirchenorganisation in Hessen südlich des Mains. Marburg 1966.
230. M. Erbe (Hrsg.), Pfarrkirche und Dorf. Ausgewählte Quellen zur Geschichte des Niederkirchenwesens in Nordwest- und Mitteldeutschland vom 8. bis zum 16. Jahrhundert. Gütersloh 1973.
231. W. Hartmann, Der rechtliche Zustand der Kirchen auf dem Lande: Die Eigenkirche in der fränkischen Gesetzgebung des 7. bis 9. Jahrhunderts, in: Cristianizzazione ed organizzazione [wie Nr. 101]. T. I, 397-441.
232. D. Kurze, Hoch- und spätmittelalterliche Wahlen im Niederkirchenbereich als Ausdruck von Rechten, Rechtsansprüchen und als Wege zur Konfliktlösung, in: Wahlen und Wählen im Mittelalter. Hrsg. v. R. Schneider/H. Zimmermann. Sigmaringen 1990, 197-225.
233. Ders., Ländliche Gemeinde und Kirche in Deutschland während des 11. und 12. Jahrhunderts, in: Le istituzioni ecclesiastiche della „Societas christiana" dei secoli XI-XII. Diocesi, pievi e parrocchie. Mailand 1977, 230-260.

234. DERS., Der niedere Klerus in der sozialen Welt des späteren Mittelalters, in: Beiträge zur Wirtschafts- und Sozialgeschichte des Mittelalters. Fschr. f. H. Helbig. Hrsg. v. K. Schulz. Köln/ Wien 1976, 273-305.
235. DERS., Pfarrerwahlen im Mittelalter. Ein Beitrag zur Geschichte der Gemeinde und des Niederkirchenwesens. Köln/ Graz 1966.
236. P. LANDAU, Jus Patronatus. Studien zur Entwicklung des Patronats im Dekretalenrecht und der Kanonistik des 12. und 13. Jahrhunderts. Köln/Wien 1975.
237. P. LEISCHING, Artt. Pfarrer, Pfarrgemeinde, Pfarrkirche, Pfarrsprengel, in: Handwörterbuch zur deutschen Rechtsgeschichte. Bd. III. Berlin 1984, 1707-1723.
238. H. MAURER, Die Hegau-Priester. Ein Beitrag zur kirchlichen Verfassungs- und Sozialgeschichte des früheren Mittelalters, in: ZRG 92 KA 61 (1975) 37-52.
239. G. MAY, Die Organisation der Erzdiözese Mainz unter Erzbischof Willigis, in: Willigis und sein Dom. Hrsg. v. A. Ph. Brück. Mainz 1975, 31-92.
240. F. PAULY, Siedlung und Pfarrorganisation im alten Erzbistum Trier. 10 Bde. Bonn/Trier/Koblenz 1957-1976.
241. A. PÖSCHL, Bischofsgut und Mensa Episcopalis. 2 Teile. Bonn 1908/1909.
242. Probleme des Niederkirchenwesens im Mittelalter (Protokoll über die Arbeitstagung des Konstanzer Arbeitskreises für mittelalterliche Geschichte vom 6.-9.10.1987, Nr. 296) [ungedruckt; erscheint in der Reihe Vorträge und Forschungen. Sigmaringen].
243. H. VON RÜTTE (Red.), Bäuerliche Frömmigkeit und kommunale Reformation. Basel 1988.
244. B. SCHIMMELPFENNIG, Zölibat und Lage der „Priestersöhne" vom 11. bis 14. Jahrhundert, in: HZ 227 (1978) 1-44.
245. A. SEILER, Studien zu den Anfängen der Pfarrei- und Landdekanatsorganisation in den rechtsrheinischen Archidiakonaten des Bistums Speyer. Stuttgart 1959.
246. J. SEMMLER, Zehntgebot und Pfarrtermination in karolingischer Zeit, in: Aus Kirche und Reich [wie Nr. 172] 33-44.
247. U. STUTZ, Die Eigenkirche als Element des mittelalterlich-germanischen Kirchenrechts. Berlin 1895. Ndr. Darmstadt 1971.

11. Klerus und Bürgerschaft

248. P. BAUR, Testament und Bürgerschaft. Alltagsleben und Sachkultur im spätmittelalterlichen Konstanz. Sigmaringen 1989.
249. K. BORCHARDT, Die geistlichen Institutionen in der Reichsstadt Rothenburg ob der Tauber und dem zugehörigen Landgebiet von den Anfängen bis zur Reformation. 2 Bde. Neustadt/Aisch 1988.
250. D. DEMANDT, Stadtherrschaft und Stadtfreiheit im Spannungsfeld von Geistlichkeit und Bürgerschaft in Mainz (11.-15. Jahrhundert). Wiesbaden 1977.
251. K. ELM (Hrsg.), Stellung und Wirksamkeit der Bettelorden in der städtischen Gesellschaft. Berlin 1981.
252. H. FLACHENECKER, Eine geistliche Stadt. Eichstätt vom 13. bis zum 16. Jahrhundert. Regensburg 1988.
253. K. FRÖLICH, Kirche und städtisches Verfassungsleben im Mittelalter, in: ZRG 53 KA 22 (1933) 188-287.
254. M. GECHTER, Kirche und Klerus in der stadtkölnischen Wirtschaft im Spätmittelalter. Wiesbaden 1983.
255. N. HECKER, Bettelorden und Bürgertum. Konflikt und Kooperation in deutschen Städten des Spätmittelalters. Frankfurt a.M./Bern/Circencester, U.K. 1981.
256. B.-U. HERGEMÖLLER, „Pfaffenkriege" im spätmittelalterlichen Hanseraum. Quellen und Studien zu Braunschweig, Osnabrück, Lüneburg und Rostock. 2 Teile. Köln/Wien 1988.
257. E. ISENMANN, Die deutsche Stadt im Spätmittelalter. 1250-1500. Stadtgestalt, Recht, Stadtregiment, Kirche, Gesellschaft, Wirtschaft. Stuttgart 1988.
258. H. JAKOBS, Verfassungstopographische Studien zur Kölner Stadtgeschichte des 10. bis 12. Jahrhunderts, in: Köln, das Reich und Europa. Köln 1971, 49-123.
259. H. JOHAG, Die Beziehungen zwischen Klerus und Bürgerschaft in Köln zwischen 1250 und 1350. Bonn 1977.
260. R. KIESSLING, Bürgerliche Gesellschaft und Kirche in Augsburg im Spätmittelalter. Ein Beitrag zur Strukturanalyse der oberdeutschen Reichsstadt. Augsburg 1971.
261. M. KINTZINGER, Das Bildungswesen in der Stadt Braunschweig im Hohen und Späten Mittelalter. Köln/ Wien 1990.
262. B. KIRCHGÄSSNER/W. BAER (Hrsg.), Stadt und Bischof. Sigmaringen 1988.

263. W. KOTHE, Kirchliche Zustände Strassburgs im vierzehnten Jahrhundert. Ein Beitrag zur Stadt- und Kulturgeschichte des Mittelalters. Freiburg 1903.
264. TH. G. LOY, Soziale und mentale Verflechtung von Bürgerschaft und Geistlichkeit in der spätmittelalterlichen deutschen Stadt. Vergleich der sozialgeschichtlichen Regionalforschung. Magisterarbeit Freiburg 1991 [ungedruckt].
265. B. MOELLER, Kleriker als Bürger, in: Fschr. f. H. Heimpel. Bd. II. Göttingen 1972, 195-224.
266. DERS., Pfarrer als Bürger. Göttingen 1972.
267. B. NEIDIGER, Mendikanten zwischen Ordensideal und städtischer Realität. Untersuchungen zum wirtschaftlichen Verhalten der Bettelorden in Basel. Berlin 1981.
268. F. PETRI (Hrsg.), Bischofs- und Kathedralstädte des Mittelalters und der frühen Neuzeit. Köln/Wien 1976.
269. H. RÜTHING, Höxter um 1500. Analyse einer Stadtgesellschaft. Paderborn 1986.
270. H.-J. SCHMIDT, Bettelorden in Trier. Wirksamkeit und Umfeld im hohen und späten Mittelalter. Trier 1986.
271. B. SCHWARZ, Stadt und Kirche im Spätmittelalter, in: Stadt im Wandel. Hrsg. v. C. Meckseper. Bd. 4. Stuttgart/Bad Cannstatt 1985, 63-73.
272. J. SYDOW (Hrsg.), Bürgerschaft und Kirche. Sigmaringen 1980.
273. K. Trüdinger, Stadt und Kirche im spätmittelalterlichen Würzburg. Stuttgart 1978.

12. Bruderschaften, Caritas und Stiftungswesen

12.1 Bruderschaften und Gilden

274. TH. HELMERT, Kalendae, Kalenden, Kalande, in: AfD 26 (1980) 1-55.
275. Le mouvement confraternel au Moyen Âge. France, Italie, Suisse. Genève 1987.
276. O.G. OEXLE, Gilden als soziale Gruppen in der Karolingerzeit, in: Das Handwerk in vor- und frühgeschichtlicher Zeit. Teil I. Hrsg. v. H. Jankuhn u.a. Göttingen 1981, 284-354.
277. L. REMLING, Bruderschaften in Franken. Kirchen- und sozialgeschichtliche Untersuchungen zum spätmittelalterlichen und frühneuzeitlichen Bruderschaftswesen. Würzburg 1986.

278. A. SCHNYDER, Die Ursulabruderschaften des Spätmittelalters. Ein Beitrag zur Erforschung der deutschsprachigen religiösen Literatur des 15. Jahrhunderts. Bern 1986.
279. B. SCHWINEKÖPER (Hrsg.), Gilden und Zünfte. Kaufmännische und gewerbliche Genossenschaften im frühen und hohen Mittelalter. Sigmaringen 1985.
280. H. ZAREMSKA, Bractwa w średniowiecznym Krakowie, studium form społecznych życia religijnego. Wrocław/Warszawa/ Kraków/Gdańsk 1977.

12.2 Caritas

281. A. BOLDT, Das Fürsorgewesen der Stadt Braunschweig in Spätmittelalter und Früher Neuzeit. Eine exemplarische Untersuchung am Beispiel des St. Thomae-Hospitals. Braunschweig 1988.
282. E. BOSHOF, Untersuchungen zur Armenfürsorge im fränkischen Reich des 9. Jahrhunderts, in: AKG 58 (1976) 265-339.
283. TH. FISCHER, Städtische Armut und Armenfürsorge im 15. und 16. Jahrhundert. Göttingen 1979.
284. U. KNEFELKAMP, Das Heilig-Geist-Spital in Nürnberg vom 14.-17. Jahrhundert. Geschichte, Struktur, Alltag. Nürnberg 1989.
285. DERS., Stiftungen und Haushaltsführung im Heilig-Geist-Spital in Nürnberg, 14.-17. Jahrhundert. Bamberg 1989.
286. S. REICKE, Das deutsche Spital und sein Recht im Mittelalter. 2 Teile. Stuttgart 1932. Ndr. Amsterdam 1970.
287. G. UHLHORN, Die christliche Liebesthätigkeit. 3 Bde. Stuttgart 1882-1890. 1895. Ndr. Darmstadt 1959.
288. A. WENDEHORST, Das Juliusspital in Würzburg. Bd. 1: Kulturgeschichte. Würzburg 1976.

12.3 Stiftungen

289. M. BESOLD-BACKMUND, Stiftungen und Stiftungswirklichkeit. Studien zur Sozialgeschichte der beiden oberfränkischen Kleinstädte Forchheim und Weismain. Neustadt an der Aisch 1986.
290. M. BORGOLTE, Stiftungen des Mittelalters im Spannungsfeld von Herrschaft und Genossenschaft, in: Memoria in der Gesellschaft des Mittelalters (im Druck).
291. DERS., Die Stiftungen des Mittelalters in rechts- und sozialhistorischer Sicht, in: ZRG 105 KA 74 (1988) 71-94.

292. Materielle Kultur und religiöse Stiftung im Spätmittelalter. Wien 1990.
293. O.G. OEXLE, Die Gegenwart der Toten, in: Death in the Middle Ages. Ed. by H. Braet/W. Verbeke. Leuven 1983, 19-77.
294. F. REXROTH, Deutsche Universitätsstiftungen von Prag bis Köln. Die Intentionen des Stifters und die Wege und Chancen ihrer Verwirklichung im spätmittelalterlichen deutschen Territorialstaat. Köln/Weimar/Wien 1992.
295. K. SCHMID, Stiftungen für das Seelenheil, in: Gedächtnis, das Gemeinschaft stiftet. Hrsg. v. Dems. München/Zürich 1985, 51-73.
296. DERS./J. WOLLASCH (Hrsg.), Memoria. Der geschichtliche Zeugniswert des liturgischen Gedenkens im Mittelalter. München 1984.

Register

1. Personen

Adalbero 42
Adalbert, Erzbischof von Hamburg-Bremen 13
Adalbert I., Erzbischof von Mainz 84
Agnes, Kaiserin 21
Albert, Bischof von Livland 15
Albrecht II., König 74
Albrecht der Bär, Markgraf von Brandenburg 14
Alexander II., Papst 21
Alexander III., Papst 15
ALTHOFF, G. 69
Altmann, Bischof von Passau 49
ANGENENDT, A. 76f.
ANGERMEIER, H. 26
Anna, Heilige 37
Ansgar, Erzbischof von Hamburg-Bremen 11
APPELT, H. 84
Arno von Reichersberg, Schriftsteller 50
Arnold II. von Wied, Erzbischof von Köln 24
Augustinus, Kirchenvater 4f., 34, 48

BADER, K. S. 99
Balduin, Erzbischof von Trier 31, 86
BAUR, P. 121
Benno II., Bischof von Osnabrück 104
BERGLAR, P. 80, 103
Bernhard von Anhalt, Herzog von Sachsen 24
Bernhard von Clairvaux, Kirchenlehrer 14, 76

Bernhard von Loccum, Bischof von Livland 15
BERNS, W.-R. 86
Berthold, Herzog von Kärnten 21
BESOLD-BACKMUND, M. 121
BEUMANN, H. 11, 76, 88
BLICKLE, P. 101
BLOCH, M. 81
BÖSTERLING-RÖTTGERMANN, A. 109
BOGUMIL, K. 108
BOLDT, A. 121
Boleslav, Herzog von Böhmen 12
Bonifatius, Erzbischof von Mainz 9–11, 40, 96
BORGOLTE, M. 70, 77, 82, 99f., 103, 121f.
BORNKAMM, K. 63f.
BOSHOF, E. 80, 120
BOSL, K. 69, 116
Brant, Sebastian, Schriftsteller 55
Brun, Erzbischof von Köln 20, 72
Brun von Querfurt, Missionserzbischof 76
BRUNNER, O. 69
Bruno, Bischof von Olmütz 77

Caesarius von Haisterbach, Schriftsteller 45
Calixt II., Papst 22f.
Cervo, de, Kölner Patrizierfamilie 57
Christian, Bischof der Prussen 16
Christian I., Erzbischof von Mainz 45
Chlodwig, König der Franken 6
Chrodegang, Bischof von Metz 40
CLASSEN, P. 49, 109
Clemens II., Papst 20

Clemens V., Papst 90
CONZEMIUS, V. 62 f.
Corbinian, Bischof in Freising 8, 78
COUÉ, ST. 103
CROCE, B. 64
CRONE, M.-L. 84
CRUSIUS, I. 109
Cyprian, Bischof von Carthago 38, 119
CZACHAROWSKI, A. 116

Dagobert I., König der Franken 7
Damasus II., Papst 20
DOPSCH, A. 99
VAN DÜLMEN, R. 68
Durand, Bischof von Lüttich 43

EBELING, G. 63
EHLERS, J. 71, 79
ELM, K. 118
Emmeram, Bischof in Regensburg 8, 78
ENGEL, E. 88
ENGEL, J. 75
Engelbert III., Erzbischof von Köln 47
ENGELS, O. 73, 80, 103
ERDMANN, C. 11
ERKENS, F.-R. 80
Eskil, Erzbischof von Lund 15
Eugen II., Papst 36
Eugen IV., Papst 74 f., 90 f.
Eusebius, Geschichtsschreiber 33

FEHRING, G. 77
FEINE, H. E. 86, 100
Ferdinand III., König 19
FICHTENAU, H. 90
FINCK VON FINCKENSTEIN, A. Graf 83
FLACHENECKER, H. 118
FLECKENSTEIN, J. 20, 72 f., 82–84
FOLZ, R. 81
FOUQUET, G. 69, 106 f., 111
FRANK, I. W. 28
FREISE, E. 10, 77, 79
FRIED, J. 12, 90
FRIEDERICI, A. 105
Friedrich I. Barbarossa, Kaiser 14, 23, 25 f., 83 f.

Friedrich II., Kaiser 16, 25
Friedrich III., Kaiser 17, 27 f., 75
Friedrich I., Erzbischof von Bremen 54
FRITZE, W. H. 8
FRÖLICH, K. 102
FROHNES, H. 78
FUHRMANN, H. 80, 88, 90, 92
FUHRMANN, R. 101
Fulco, Missionar 15

GANZER, K. 90
Gebhard, Erzbischof von Salzburg 17, 49
GECHTER, M. 118
Geiler von Kaysersberg, Prediger 58
Gerhard, Bischof von Cambrai 34
Gerhard, Geschichtsschreiber 42
Gerhoch von Reichersberg, Schriftsteller 50, 109
Gero, Bischof von Halberstadt 55
Gottschalk, Dompropst von Lüttich 43
Gottschalk, Fürst der Abodriten 13
Gratian, Kanonist 33, 36
GRAUS, F. 66, 90
Gregor II., Papst 9
Gregor III., Papst 9
Gregor VI., Papst 20
Gregor VII., Papst 21 f.
Gregor XI., Papst 90
GRESCHAT, M. 88
GROTEN, M. 82, 97
Gundekar, Bischof von Eichstätt 21

Hadrian IV., Papst 23
HÄNSELMANN, L. 58
HALLINGER, K. 108
Hardevust, Kölner Patrizierfamilie 57
HARNACK, A. 92
Hartwig I., Erzbischof von Hamburg-Bremen 14
HASHAGEN, J. 86
HAUCK, A. 71
HAUCK, K. 77, 103
HAUSBERGER, K. 71
HAUSMANN, F. 84
HECKER, N. 118

HEFELE, K. F. 91
HEHL, E.-D. 93
HEIMPEL, H. 81f., 85
HEINEMEYER, K. 79
Heinrich I., König 93
Heinrich II., Kaiser 12, 19f. 41, 43, 72, 76, 93
Heinrich III., Kaiser 20, 73, 93f.
Heinrich IV., König 17, 20–23, 83f., 120
Heinrich V., Kaiser 22f., 84
Heinrich VI., Kaiser 25
Heinrich der Löwe, Herzog von Sachsen 14, 24, 44
Heinrich, Priester 54
HELLMANN, M. 83
HELMERT, TH. 102, 116
HELMRATH, J. 75
HERGEMÖLLER, B.-U. 113, 118
HERSCHE, P. 107
HERZIG, A. 33
HEYEN, F.-J. 102
HINSCHIUS, P. 72
Hippolyt, Theologe 38
HÖLSCHER, W. 86
HOLBACH, R. 105
HOLTZ, E. 88
HUBENSTEINER, B. 71
HUBER, A. 83
HÜRTEN, H. 74
Humbert von Silva-Candida, Kardinal 21

Ignatios, Bischof von Antiocheia 38
Innozenz IV., Papst 90
ISENMANN, E. 32

Jakob von Sierck, Erzbischof von Trier 102
JAKOBS, H. 102
JANSSEN, W. 80
JEDIN, H. 62, 64
JOHAG, H. 116
JOHANEK, P. 94
Johannes XIII., Papst 12
Johannes XVIII., Papst 12

KAHL, H.-D. 5, 15, 76
KAISER, R. 103
KALUZA-BAUMRUKER, M. 105

KANTOROWICZ, E. H. 81
Karl d. Gr., Kaiser 10f., 35, 52, 77, 79
Karl IV., Kaiser 17, 27, 81, 83, 85f., 106
Karl VII., König von Frankreich 74
Karlmann, Hausmeier 9
Karl Martell, Hausmeier 9
KEHR, P. F. 73, 88
KELLER, H. 109
Kilian, Missionar 8
KIESSLING, R. 33, 69, 116f., 121
KINTZINGER, M. 118
KIRCHNER-FEYERABEND, C. 102
KISKY, W. 104
KNAPPE, K. A. 56
KNEFELKAMP, U. 120
KOCKA, J. 68
Konrad I., König 19, 90
Konrad II., Kaiser 20
Konrad III., König 23f., 84
Konrad, Herzog von Masowien 16
Konrad I., Erzbischof von Salzburg 40, 49f.
Konrad von Hochstaden, Erzbischof von Köln 31
Konrad von Wittelsbach, Erzbischof von Mainz 45
Konstantin d. Gr., Kaiser 3, 33
KOTHE, W. 104, 116
Kuno. Erzbischof von Trier 31
KURZE, D. 100f., 113f.

LANDAU, P. 100
LANG, P. TH. 94
LE BRAS, G. 37
LEISCHING, P. 97
Leo III., Papst 10
Leo IX., Papst 20f.
LIPPELT, H. 102
LOOFS, F. 92
LOSHER, G. 86
Lothar III., Kaiser 23f., 84
Ludwig der Bayer, Kaiser 26–28, 85, 89, 106
Ludwig der Fromme, Kaiser 10f., 35, 40f., 47
Lul, Erzbischof von Mainz 9
Luther, Martin, Reformator 63
LUTZ, H. 62

MACHILEK, F. 83
MAIER, K. 94
Manegold von Lautenbach,
 Schriftsteller 49
MARCHAL, G. P. 111 f.
Martin V., Papst 91
MAURER, H. 101
MAUSS, M. 115
Maximilian I., Kaiser 83, 86
Maximin, Bischof von Trier 4
MAY, G. 96 f.
MAYER-PFANNHOLZ, A. 18
MEIER, R. 105 f.
Meinhard, Bischof von Livland 15
MEUTHEN, E. 113
MEYER, A. 91
MIETHKE, J. 89
MILLER, I. 103
MILLET, H. 107
MOELLER, B. 32, 58, 60
MOIS, J. 108
MORAW, P. 28 f., 50, 69, 71, 85, 106, 109–112

NAENDRUP-REIMANN, J. 87
NAMIER, L. 107
NEIDIGER, B. 118, 121
Nikolaus V., Papst 28
Nikolaus von Kues, Kardinal 91
Norbert von Xanten,
 Ordensgründer 48

Odilo, Herzog von Bayern 9
OEXLE, O. G. 34 f., 64 f., 70, 116, 120
Origines, Kirchenvater 119
Otto I., Kaiser 11 f., 19, 42, 72, 84, 93
Otto II., Kaiser 12
Otto III., Kaiser 77, 93
Otto IV., Kaiser 25
Otto I., Bischof von Bamberg 13
Otto, Bischof von Freising 102
Overstolz, Kölner Patrizierfamilie 57

PARAVICINI, W. 77
Paulus, Apostel 34
PAULY, F. 98
PETERSOHN, J. 78
PETKE, W. 84

Philipp, König 15
Philipp von Heinsberg, Erzbischof von Köln 24
Pippin der Mittlere, Hausmeier 8
Pius XI., Papst 88
PLÖCHL, W. M. 52
PÖSCHL, A. 100
Přemysl II. Ottokar, König von Böhmen 77
PRESS, V. 69

Radbod, Fürst der Friesen 8
Rainald von Dassel, Erzbischof von Köln 24
RANKL, H. 87
REICKE, S. 120
REINDEL, K. 77
Reinhard, Bischof von Halberstadt 49
REINHARD, W. 68, 106
REINHARDT, R. 95
Remigius, Bischof von Reims 6
REMLING, L. 115
REUTER, T. 73, 80
REXROTH, F. 121
Rudolf von Rheinfelden, König 21 f.
Rudolf IV., Herzog von Österreich 28 f.
RÜTTE, H. VON 101
Rufinus, Kanonist 36
Rupert, Bischof in Salzburg 8, 78
Ruprecht, König 85

Salomo III., Bischof von Konstanz 103
SANTIFALLER, L. 42, 73, 86, 104, 106
SAUERLÄNDER, W. 121
SAURER, E. 62
SAWYER, B. 78
SCHÄFER, K. 85
SCHÄFERDIEK, K. 5
SCHATZ, K. 61 f.
SCHEIBELREITER, G. 102
SCHIEDER, W. 68
SCHIEFFER, R. 40 f., 74, 79, 100
SCHIMMELPFENNIG, B. 78, 114
SCHLESINGER, W. 71
Schlick, Kaspar, Kanzler 85
SCHMALE, F.-J. 92

SCHMID, K. 70, 101, 120f.
SCHMIDT, H.-J. 118
SCHNEIDER, R. 80
SCHRAMM, P. E. 81
SCHREINER, K. 69
SCHUBERT, E. 25, 81, 85
SCHUCHARD, CH. 90f.
SCHULTE, A. 67, 82, 104, 106
SCHWARTZ, E. 92
SCHWARZ, B. 88, 111
Sebastian, Heiliger 37
SEEBERG, E. 92
SEMMLER, J. 100
SIEBEN, H. J. 92
Siegfried I., Erzbischof von Mainz 54
SIEGLERSCHMIDT, J. 100
Siegmund, Kaiser 28, 46, 74, 85
SPEER, L. 84
STIEVERMANN, D. 86f.
STRAUB, TH. 29, 121
STREICH, G. 109
STUTZ, U. 35, 98f.
SYDOW, J. 116

TELLENBACH, G. 6, 18, 35, 70, 73, 80, 83, 89
VON THADDEN, R. 68
Theoderich von Treiden 15
Thietmar, Bischof von Merseburg 19, 41, 103
Thietmar, Bischof von Prag 12

THOMAS, H. 90
TREMP-UTZ, K. 113
TRÜDINGER, K. 118

UHLHORN, G. 119
Ulrich, Bischof von Augsburg 42
Ulrich, Bischof von Basel 20
Urban II., Papst 49
Urban V., Papst 90
Ursula, Heilige 37

Vener, Job, Protonotar 85
Viktor II., Papst 20

WALLACHE-HADRILL, J. M. 6
WEBER, M. 36
WEINFURTER, ST. 49, 108
WERMINGHOFF, A. 1, 66f., 74
WIESFLECKER, H. 83
Wilhelm von Modena, päpstlicher Legat 16
Willibald, Bischof von Eichstätt 9f.
Willibrord, Missionar 8f., 40
Wipo, Geschichtsschreiber 20
WOLLASCH, J. 70, 121
WOLTER, H. 72, 92–94
Wyclif, John 28

Zacharias, Papst 9
ZAREMSKA, H. 116
ZIELINSKI, H. 73, 103, 111, 121
ZOTZ, TH. 80

2. Orte

Aachen 19f., 40f., 44, 47–49, 82
Aarhus 11
Ägypten 119
Agde 52
Aguntum 4
Amorbach 10
Antwerpen 8
Aquileia 4, 13
Arras 4
Asien 38
Augsburg 4, 42, 56, 59, 69, 78, 116f.
Avignon 28, 48, 82, 90

Baltikum 14f.
Bamberg 12f., 41
Basel 13, 20, 28f., 48, 72, 74, 91
Baumburg 49
Bayern 7–10, 30, 35, 40, 50, 71, 87
Belgica I 3f.
Berchtesgaden 49
Bern 112f.
Bernried 49
Besançon 4, 13
Beuerberg 49
Bochum 88

Böhmen 17, 26f., 70, 77f.
Bologna 74, 85
Bonn 47, 59, 97
Bourges 74
Brandenburg 11f., 14, 26, 32
Braunschweig 32, 118, 120f.
Bremen 10f., 14f., 40, 44, 54
Breslau 17
Brixen 44, 104
Büraburg 9, 78, 96
Burgund 23, 70, 73

Cambrai 4, 13, 43
Celeia 4
Chiemsee 17
Chur 4f., 7, 41, 100
Clermont 52
Cluny 36, 47

Dießen 49
Dithmarschen 55
Dobrin 16
Dorpat 15f.
Dresden 56

Echternach 9f.
Eger 25, 85
Eichstätt 10, 12, 20f., 116, 118
Eilsdorf 55
Elsaß 49
England 10, 73f., 77, 79, 107
Erfurt 9, 56, 78, 96, 116
Ermland 16
Esslingen am Neckar 32, 116
Estland 15

Franken 24, 43, 96, 115
Frankfurt am Main 27, 51, 56, 59, 111
Frankreich 13, 41, 48, 73f., 77, 80, 90, 94, 107
Freiburg im Breisgau 56, 59
Freiburg im Üchtland 113
Freising 8f., 41, 48f., 79, 103, 109
Friesland 40, 55, 77
Fulda 10

Gallien 3, 6, 39, 42, 52
Geismar 9
Germania I, II 4

Gnesen 12, 14, 17
Göttingen 109, 116
Gorze 47
Goslar 105f.
Gran 12
Griechenland 35, 119
Gurk 17, 44

Halberstadt 10, 48, 54f., 105, 108
Hamburg 10–12, 14f., 78
Hamersleben 48f., 108
Hannover 56, 116
Havelberg 11f., 14
Hegau 101
Heidelberg 85
Heiligenkreuz 16
Hessen 9, 40, 110
Hildesheim 10, 32, 54, 56, 105, 109, 116
Hirsau 47, 49
Hodal 55
Höxter 56, 116
Hohenaltheim 90, 93
Holland 54

Ingolstadt 121
Italien 3, 13, 22f., 48, 70, 73, 87, 92f.

Jerusalem 15

Kärnten 17
Kaiseraugst 4
Kammin 14
Karden 4
Kitzingen 116
Klosterrath 49
Kobern 4
Köln 3, 8, 11, 19f., 24–27, 31, 41, 43, 46f., 50, 56f., 80, 82, 97, 103, 109, 116, 118, 121
Kolbatz 16
Kolberg 59
Konstanz 7f., 13, 28f., 40, 54, 94, 103f., 109, 113f.
Kraichgau 106
Krakau 116
Kulm 16
Kurland 15

Laon 48, 107
Lauriacum (Lorch) 4
Lausitz 54
Lavant 17
Leal 15
Lettland 15, 76
Litauen 77
Livland 15 f., 76
Loccum 119
Lothringen 43
Lübeck 14 f., 44, 56
Lüneburg 56, 59
Lüttich 10, 41, 43
Lund 14 f.
Luxeuil 8
Luzern 112
Lyon 4

Mähren 12, 78
Magdeburg 12, 14, 41
Mailand 4 f.
Mainz 3 f., 9, 11–13, 17, 24, 26, 41, 43 f., 50 f., 54, 72, 74, 79 f., 84, 96 f., 116
Marbach 48 f., 108
Maxima Sequanorum 4
Mecklenburg 13 f.
Meißen 12, 41, 55
Merseburg 12 f., 19, 41, 102
Metz 3, 43
Minden 10
Münster 10, 109

Neustadt 10
Niedersachsen 77, 88
Noricum 3 f., 7
Nürnberg 56, 120

Ösel 15
Österreich 17, 75
Oldenburg 12–15
Olmütz 12, 17, 77 f.
Orient 3
Orléans 52
Osnabrück 10, 104, 109
Ostfalen 105

Paderborn 10, 24
Paris 107

Passau 9, 12, 17, 49
Pforzheim 111
Poetovio (Pettau) 3 f.
Polen 12, 17, 20, 77, 116
Pomesanien 16
Pommern 13 f., 16
Prag 12 f., 17, 42, 121
Prémontré 48
Preußen 16, 70, 76 f.

Raetien 4, 6 f., 100
Ratzeburg 13 f.
Regensburg 8 f., 79, 116
Rhens 27
Reichenau 8, 32, 40
Reichersberg 50, 109
Reims 6, 13, 48, 53
Riga 15 f.
Ripen 11
Rom 8, 12, 19–21, 24, 26, 28 f., 36, 38 f., 42, 45, 47, 54, 70 f., 76 f., 82, 88 f., 91–94, 99, 115, 119
Rostock 32
Rottenbuch 48 f., 108
Rottenburg 94

Saarbrücken 24
Säben 4, 7, 44
Sachsen 10, 14, 24, 26, 29, 55, 71, 77, 79
Salzburg 8 f., 11–13, 17, 40, 44, 48–50, 79, 108
Samland 16, 77
Schlesien 54
Schleswig 11
Schottland 77
Schweiz 112
Schwerin 14
Seckau 17
Semgallen 15
Sirmium 4
Sizilien 25
Skandinavien 78
Solothurn 112
Spanien 77
Speyer 4, 8, 32, 41, 69, 78, 106, 109, 116
Springiersbach 48 f., 108
St. Gallen 8, 40, 103

Straßburg 4, 8, 43, 58–60, 85, 104, 116
Stuttgart 94, 106
Syrien 38

Teurnia 4
Thüringen 9, 40, 55
Tirol 44
Tongern 4
Toul 4
Tribur 53
Trient 13
Trier 3-5, 7, 11, 26, 31, 44, 47 f., 54, 79 f., 98, 108 f., 118

Überlingen 7
Üxküll 15
Ulm 32, 56, 116
Ungarn 12
Utrecht 8–10, 41, 54

Verden 10, 44

Verdun 4, 13
Virunum 4

Wessex 9
Westfalen 77, 79
Wiek 15
Wien 17, 28, 75, 99
Wiener Neustadt 17
Wimpfen am Neckar 116
Wollin 14
Worms 4, 13, 22 f., 25, 43, 79
Worringen 31
Württemberg 30, 86 f.
Würzburg 8 f., 12, 24, 31, 56, 58 f., 78, 85, 94, 109, 116, 118

Xanten 47, 97

Zeitz 12
Zürich 91

3. Sachen

Abgabe 35, 49, 94 f.; s. a. Steuer
Ablaß 15, 28
Adel 9, 19, 24 f., 27, 42–44, 49, 57, 67, 69, 74, 77, 79, 103 f., 105 f., 108, 111
Ämter 31
Altarist s. Niederklerus
Archäologie 77
Archidiakon 39, 50, 53 f., 95–97, 100
Archipresbyter 39, 52 f., 96 f.
Armut; s. a. Caritas 42, 48, 50, 108, 115

Bann 22, 46, 58
Bauern 34, 43 f., 55, 101, 104
Begine 56, 121
Benefiziat s. Niederklerus
Benefizium 27, 36
Bettelorden 33, 118
Bischofsfamilie 42, 103

Bischofswahl 19, 21–25, 27, 29, 46, 72 f., 75, 87, 104, 118
Bruderschaft 33, 37, 57 f., 70, 101 f., 115
Bürger 31–33, 36, 43 f., 51, 55, 57–60, 104–106, 112, 116 f.
Burg 31, 50, 109

Caritas 29, 37, 38, 116, 119–121
character indelebilis 59 f.
Chorbischof 39, 51, 95–97

Dekan 41, 53 f., 95–97, 101
Diakon 3, 33, 38 f., 52, 96, 119
Dismembration 53, 55, 101
Domkapitel 24, 27, 30, 40 f., 43–45, 67, 69, 71 f., 79, 82 f., 97, 100, 103–109, 113, 118
Dotation 7, 19, 79, 97

Eigenkirche (-kloster, -bistum, -priester) 17, 35 f., 49, 79, 95, 97–100
Einsiedelei 48, 49
Elektronische Datenverarbeitung 77, 107
Episkopalismus 39
Erste Bitte 27, 86
Erzkapellan 72, 83
Exemtion 89, 95
Exkommunikation 58

Fiskalismus 28, 90
Frau 37, 78
Freundschaft 69, 115

Gebetsdienst 20
Gebetsverbrüderung s. Memoria
Geistliches Fürstentum 15, 25, 29–31, 45 f., 80, 102 f.
Generalvikar 45, 95
Gericht 30, 34, 59, 95–97; s. a. Send
Gesellpriester s. Niederklerus
Gilde 37, 52 f., 57, 115 f.
Grab, Grablege 29, 35, 51, 53, 55, 103
Grafschaft 19, 31, 51
Grundherrschaft 31, 35, 52, 98 f.

Heerfahrt 20
Heilsgeschichte 62 f., 65
Herzogtum 20, 24, 31
Historismus 64 f.
Hochstift 24, 29–31, 87, 117
Hof 27
Hofkapelle 19, 23, 72 f., 83 f.
Hofrat 51, 83, 85
Hominium 23

Immunitätsprivileg 34, 59
Inkorporation 16, 113
Interdikt 46, 58
Investitur 14, 17, 21–23, 49, 84, 89, 101

Kaisertum 19, 23, 69, 76 f., 82, 88 f.
Kalande 101 f.
Kalende 53
Kammer 89

Kanoniker 39–41, 44, 47–50, 57, 67, 69, 72, 82–84, 104, 106, 108 f., 113
Kanonistik 36
Kanzlei 31, 83–85, 89
Kaplan s. Niederklerus
Kardinal 67, 90 f.
Kirchenbau 39, 42, 51, 55 f., 58
Kirchenpflegschaft 55, 114, 117
Kirchenprovinz 11–13, 16, 70–72, 80, 88, 93 f.
Königskanonikat 82
Königswahl (-krönung, -salbung) 17–19, 25–27, 72, 81, 89
Kollation 51, 91
Konkordat 25, 28 f., 74 f.
Konnubium 105
Konverse 49
Konziliarismus 29, 39
Kreuzzug 14 f., 76
Kriegsdienst des Klerus 34, 59
Krise 28, 91
Kurfürsten 26, 72, 74, 104
Kurialismus 39
Kurie 27–29, 47, 87, 90 f.

Landesherrliches Kirchenregiment 13 f., 16 f., 24, 28–30, 50, 64, 75, 76, 80 f., 86 f., 91, 95, 114
Landkapital 42, 101
Landeskirche 6
Landkirche 39, 54 f., 79; s. a. Eigenkirche
Lehnswesen 22–25, 70 f.
Liturgie 18, 20 f., 42, 44 f., 47 f., 51–53, 70, 76, 81 f., 84, 113, 115

Memoria 29, 31, 35, 37, 51 f., 70, 82, 115, 121 f.
Mentalität 43
Meßpriester s. Niederklerus
Ministerialer 43 f., 103–106, 108
Mönchtum, Orden 8 f., 15–17, 25, 27, 29–31, 34, 36, 40–42, 45, 47–50, 56–60, 70, 77, 79, 84 f., 87 f., 95, 103, 108 f., 112 f., 120

Nationalkirche 72, 74
Nepotismus 29 f., 42, 106
Niederklerus 30, 32, 36, 55, 57 f., 82, 87, 113–118

Nikolaitismus 21; s.a. Zölibat

Offizial 45, 95
Oralität 78

Papsttum 19–23, 27f., 39, 47, 49, 63f., 67, 70f., 73, 76, 87–92, 94, 99, 108, 114
Patrizier 36, 57, 117
Patronage 69, 106, 111; s.a. Nepotismus
Patronat, -srecht 27, 30, 36, 44, 55, 91, 100
Pfarrei 35–37, 51f., 54, 56f., 71, 95, 97f., 100, 113, 115f.; s.a. Dismembration
Pfarrerwahl 36, 55, 114
Pfründe 27f., 30, 32, 36, 44f., 47, 51, 57f., 75, 82, 85, 87, 91, 104–107, 109f., 113, 120f.
Pilgerschaft 15
Positivismus 64f.
Präsentation 27, 32, 36, 44
Predigt 4, 6, 46, 55, 58
Priester 3, 32, 38, 46, 57, 59f., 79, 101, 113f., 119; s.a. Eigenkirche, Niederklerus
Propst 32, 41, 44, 51, 97
Provision 91

Reform 21, 28f., 36, 44, 47–50, 73f., 87, 93f., 101, 108f.
Regalien 22–25, 27, 31, 109
Reich 25f., 28
Reichsfürstenstand 25
Reichskanzlei 23
Reichskirche 20, 41, 69, 72f., 84, 103
„Reichskirchensystem" 72f., 83
Reservationen 24, 90
Ritter 34, 43, 104, 106f.

Sachzeugnis 77, 121

Schisma 27–29, 90f.
Schriftlichkeit 30
Schulmeister 58
Seelsorge 46
Send 42, 52, 54, 95–97
servitium regis 19, 23
Simonie 20f.
Spiritualien 22
Spital 32f., 56, 59, 115, 120f.
Spolienrecht 23, 25
Stadt 4, 13f., 17, 31–33, 36, 50, 56, 58, 69, 112–118
Ständelehre 33f.
Statut 51, 94f., 110–112
Steuer 30f., 36, 42, 52–54, 58f., 87, 100
Stiftskirche 30, 41, 45, 47–51, 56f., 67, 69, 71, 82f., 96f., 109–113, 115, 120f.
Stiftung 29, 36, 44, 57, 70, 88, 100f., 114, 117, 121f.
Synode, Konzil 29, 39, 42, 52, 72, 74, 87, 90–95, 115

Taufe 4–6, 18, 35, 37, 38f., 53, 55, 66, 76, 97
Temporalien 22
Treueid 22f.

Universität 30, 51, 85, 91, 104, 121

Vierteilung des Kirchenvermögens 39
Vikar s. Niederklerus
Visitation 29, 42, 52, 54, 87, 95–97
vita communis 39, 48
Vogtei 29, 49, 87

Weihbischof 45

Zehnt s. Steuer
Zölibat 34, 39, 43, 52, 113f.

Enzyklopädie deutscher Geschichte
Themen und Autoren

Mittelalter

Agrarwirtschaft, Agrarverfassung und ländliche Gesellschaft im Mittelalter (Werner Rösener) 1992. EdG 13
Adel, Rittertum und Ministerialität im Mittelalter (Werner Hechberger) 2004. EdG 72
Die Stadt im Mittelalter (Frank Hirschmann)
Armut im Mittelalter (Otto Gerhard Oexle)
Geschlechtergeschichte des Mittelalters (Hedwig Röckelein)
Die Juden im mittelalterlichen Reich (Michael Toch) 2. Aufl. 2003. EdG 44

Gesellschaft

Wirtschaftlicher Wandel und Wirtschaftspolitik im Mittelalter (Michael Rothmann)

Wirtschaft

Wissen als soziales System im Frühen und Hochmittelalter (Johannes Fried)
Die geistige Kultur im späteren Mittelalter (Johannes Helmrath)
Die ritterlich-höfische Kultur des Mittelalters (Werner Paravicini) 2. Aufl. 1999. EdG 32

Kultur, Alltag, Mentalitäten

Die mittelalterliche Kirche (Michael Borgolte) 2. Aufl. 2004. EdG 17
Mönchtum und religiöse Bewegungen im Mittelalter (Gert Melville)
Grundformen der Frömmigkeit im Mittelalter (Arnold Angenendt) 2. Aufl. 2004. EdG 68

Religion und Kirche

Die Germanen (Walter Pohl) 2. Aufl. 2004. EDG 57
Die Slawen in der deutschen Geschichte des Mittelalters (Thomas Wünsch)
Das römische Erbe und das Merowingerreich (Reinhold Kaiser) 3., überarb. u. erw. Aufl. 2004. EdG 26
Das Karolingerreich (Klaus Zechiel-Eckes)
Die Entstehung des Deutschen Reiches (Joachim Ehlers) 2. Aufl. 1998. EdG 31
Königtum und Königsherrschaft im 10. und 11. Jahrhundert (Egon Boshof) 2. Aufl. 1997. EdG 27
Der Investiturstreit (Wilfried Hartmann) 2. Aufl. 1996. EdG 21
König und Fürsten, Kaiser und Papst nach dem Wormser Konkordat (Bernhard Schimmelpfennig) 1996. EdG 37
Deutschland und seine Nachbarn 1200–1500 (Dieter Berg) 1996. EdG 40
Die kirchliche Krise des Spätmittelalters (Heribert Müller)
König, Reich und Reichsreform im Spätmittelalter (Karl-Friedrich Krieger) 1992. EdG 14
Fürstliche Herrschaft und Territorien im späten Mittelalter (Ernst Schubert) 1996. EdG 35

Politik, Staat, Verfassung

Frühe Neuzeit

Bevölkerungsgeschichte und historische Demographie 1500–1800 (Christian Pfister) 1994. EdG 28
Umweltgeschichte der Frühen Neuzeit (Christian Pfister)

Gesellschaft

158 Themen und Autoren

Bauern zwischen Bauernkrieg und Dreißigjährigem Krieg (André Holenstein)
1996. EdG 38
Bauern 1648–1806 (Werner Troßbach) 1992. EdG 19
Adel in der Frühen Neuzeit (Rudolf Endres) 1993. EdG 18
Der Fürstenhof in der Frühen Neuzeit (Rainer A. Müller) 2. Aufl. 2004.
EdG 33
Die Stadt in der Frühen Neuzeit (Heinz Schilling) 2. Aufl. 2004. EdG 24
Armut, Unterschichten, Randgruppen in der Frühen Neuzeit
(Wolfgang von Hippel) 1995. EdG 34
Unruhen in der ständischen Gesellschaft 1300–1800 (Peter Blickle)
1988. EdG 1
Frauen- und Geschlechtergeschichte 1500–1800 (Heide Wunder)
Die Juden in Deutschland vom 16. bis zum Ende des 18. Jahrhunderts
(J. Friedrich Battenberg) 2001. EdG 60

Wirtschaft Die deutsche Wirtschaft im 16. Jahrhundert (Franz Mathis) 1992. EdG 11
Die Entwicklung der Wirtschaft im Zeitalter des Merkantilismus 1620–1800
(Rainer Gömmel) 1998. EdG 46
Landwirtschaft in der Frühen Neuzeit (Walter Achilles) 1991. EdG 10
Gewerbe in der Frühen Neuzeit (Wilfried Reininghaus) 1990. EdG 3
Kommunikation, Handel, Geld und Banken in der Frühen Neuzeit (Michael
North) 2000. EdG 59

Kultur, Alltag, Medien in der Frühen Neuzeit (Stephan Füssel)
Mentalitäten Bildung und Wissenschaft vom 15. bis zum 17. Jahrhundert (Notker Hammerstein) 2003. EdG 64
Bildung und Wissenschaft in der Frühen Neuzeit 1650–1800
(Anton Schindling) 2. Aufl. 1999. EdG 30
Die Aufklärung (Winfried Müller) 2002. EdG 61
Lebenswelt und Kultur des Bürgertums in der Frühen Neuzeit (Bernd Roeck)
1991. EdG 9
Lebenswelt und Kultur der unterständischen Schichten in der Frühen Neuzeit
(Robert von Friedeburg) 2002. EdG 62

Religion und Die Reformation. Voraussetzungen und Durchsetzung (Olaf Mörke)
Kirche Konfessionalisierung im 16. Jahrhundert (Heinrich Richard Schmidt)
1992. EdG 12
Kirche, Staat und Gesellschaft im 17. und 18. Jahrhundert (Michael Maurer)
1999. EdG 51
Religiöse Bewegungen in der Frühen Neuzeit (Hans-Jürgen Goertz)
1993. EdG 20

Politik, Staat Das Reich in der Frühen Neuzeit (Helmut Neuhaus) 2. Aufl. 2003. EdG 42
und Verfassung Landesherrschaft, Territorien und Staat in der Frühen Neuzeit (Joachim Bahlcke)
Die Landständische Verfassung (Kersten Krüger) 2003. EdG 67
Vom aufgeklärten Reformstaat zum bürokratischen Staatsabsolutismus
(Walter Demel) 1993. EdG 23
Militärgeschichte des späten Mittelalters und der Frühen Neuzeit
(Bernhard Kroener)

Staatensystem, Das Reich im Kampf um die Hegemonie in Europa 1521–1648 (Alfred Kohler)
internationale 1990. EdG 6
Beziehungen Altes Reich und europäische Staatenwelt 1648–1806 (Heinz Duchhardt)
1990. EdG 4

www.ingramcontent.com/pod-product-compliance
Lightning Source LLC
Chambersburg PA
CBHW020412230426

43664CB00009B/1266